BMW

UN SIÈCLE D'EXCELLENCE

Glénat

BMW
BAYERISCHE MOTOREN WERKE
MÜNCHEN

BMW

UN SIÈCLE D'EXCELLENCE

TONY LEWIN
AVANT-PROPOS TOM PURVES

Glénat

Quarto is the authority on a wide range of topics.
Quarto educates, entertains and enriches the lives of our readers—enthusiasts and lovers of hands-on living.
www.quartoknows.com

Tony Lewin a passé la majeure partie de sa vie professionnelle à tester et analyser des voitures pour des articles ou bien des livres. Il connaît les secrets de fabrication, les anecdotes et les grandes étapes de l'histoire de tous les constructeurs, notamment la marque BMW.

Publié pour la première fois en 2016 par Motorbooks,
une marque de Quarto Publishing Group USA Inc., 400 First Avenue North,
Suite 400, Minneapolis, MN 55401 États-Unis.
www.quartoknows.com

Édité par Éditions Glénat
Couvent Sainte-Cécile
37 rue Servan
38008 Grenoble
contact@glenat.com
www.glenat.com

Titre original : BMW CENTURY

Pour la première édition :
Éditeur : Zack Miller
Responsable du projet : Madeleine Vasaly
Directeur artistique : Brad Springer
Design de la couverture : Jay Smith–Juicebox Designs
Mise en page : Simon Larkin

Pour la version française :
Traduction de l'anglais : Audrey Favre pour ÉDICLIC
Lecture-correction : Bernadette Peillot pour ÉDICLIC
Adaptation et réalisation : ÉDICLIC

Pour la mise à jour (2025) :
Textes : Francis Dréer
Maquette : Else
Pré-presse et fabrication : Glénat Production

Toutes les images sont reproduites avec l'aimable autorisation de BMW AG PressClub et BMW Archive, sauf mention contraire.
Couverture : gros plan de l'emblème de BMW sur la voiture sportive hybride i8 William Stern
Garde avant : la fameuse BMW 507 prend la pose dans un col enneigé.
Garde arrière : la gamme de concepts Hommage de BMW ainsi que les voitures et motos classiques dont elle s'inspire.
Au premier plan, la BMW Hommage 2002, dévoilée en mai 2016.
Page de titre : la concession BMW à Berlin en 1929, avec la berline 3/15 et la moto R62 fraîchement sorties des chaînes de montage, ainsi que le sidecar Steib.

ISBN : 978-2-344-07031-4 / 001
Dépot légal : septembre 2025
Achevé d'imprimer en France en septembre 2025 par SEPEC - 20137250212,
sur papier provenant de forêts gérées de manière durable.

PEFC
10-31-1470

Sommaire

Avant-propos 6

1 Un décollage en trombe 8
2 Le pouvoir de voler. 18
3 Le pouvoir des six cylindres. 24
4 Le boxer, toute une légende 34
5 Guerre et après-guerre 44
6 Voir petit 56
7 Les années Quandt. 62
8 Place à l'imagination : les concept cars de BMW 74
9 Les années von Kuenheim, 1re partie : en route pour la gloire 86
10 Puissance, performance et art. 100
11 Les années von Kuenheim, 2nde partie : l'émergence d'un style nouveau 108
12 Le boxer et après 118
13 Les modèles M 128
14 Aventures et mésaventures 146
15 Du saccage à la suprématie. 162
16 Le phénomène Mini selon BMW. 180
17 La meilleure voiture au monde 196
18 À plein régime pendant la crise 206
19 BMW se dirige vers un avenir plus durable 228
20 BMW passe à l'électrique 238

Index 246
Bibliographie et remerciements 248

Avec l'aimable autorisation du Royal Automobile Club

Avant-propos

Tom Purves, président du Royal Automobile Club, Pall Mall, Londres

J'ai passé un quart de siècle chez BMW, tout d'abord en tant que directeur des ventes, puis directeur exécutif de BMW (GB) Ltd. dans les années 1980 et 1990. J'ai ensuite été directeur des ventes du groupe Rover lorsque cette entreprise appartenait à BMW, avant de passer dix ans au poste de président de BMW Amérique du Nord et directeur de BMW US Holding Corporation, pour enfin achever ma carrière au sein du groupe en tant que directeur général de Rolls-Royce Motor Cars Ltd. à Goodwood. Quarante-trois ans plus tôt, j'avais débuté ma vie professionnelle dans le secteur automobile en tant qu'apprenti ingénieur dans le département automobile de Rolls-Royce à Crewe : la boucle était bien bouclée.

BMW est une entreprise d'ingénieurs. En tant qu'ancien ingénieur devenu commercial, je me réjouissais de ne jamais avoir à mentir sur une conception, un développement ou une fabrication médiocre : même si les commerciaux souffraient alors d'un manque relatif de considération chez BMW, cela me semblait un bien maigre prix à payer pour pouvoir vendre des produits aussi exceptionnels.

À son apogée en tant que constructeur de moteurs – pensez à la puissance des premiers moteurs d'avion en étoile, au couple du moteur boxer de motos, ou à la fluidité irréprochable des moteurs essence 6 cylindres sur lesquels les berlines de sport de l'après-guerre ont bâti leur réputation, BMW n'a cessé d'innover dans tous les domaines. Le poids plume de la voiture de sport 328 dans les années 1930, l'utilisation de systèmes numériques de gestion du moteur avant tout le monde dans les années 1970 et l'ingéniosité de la fourche avant et de l'ABS sur les motos des années 1980 ne sont que quelques exemples du penchant de BMW pour l'innovation.

Mais lorsque Tony Lewin m'a proposé d'écrire l'avant-propos de ce livre, je me suis demandé quel était l'événement qui avait propulsé BMW sur la voie de son immense succès actuel. J'ai travaillé sous la direction d'Eberhard von Kuenheim, Bernd Pischetsrieder, Joachim Milberg, Helmut Panke et Norbert Reithofer. Ce sont l'orientation à long terme que chacun d'eux a donné à l'entreprise et leur insistance sur le fait que personne, et encore moins le directeur, n'était plus important que l'organisation, qui ont contribué plus que tout à sa prospérité. L'atmosphère dans les rangs de la direction délaissait la complaisance au profit de l'exigence, et à l'instar des moteurs des engins BMW, elle faisait preuve d'une efficacité redoutable. Ces dirigeants sûrs d'eux, qui n'ont jamais oublié qu'ils étaient à la tête d'une entreprise automobile, étaient tous persuadés que c'est en fabriquant les meilleurs produits que l'on convainc les clients. Et c'est ce qui a permis à BMW de se hisser à la place qu'elle occupe actuellement.

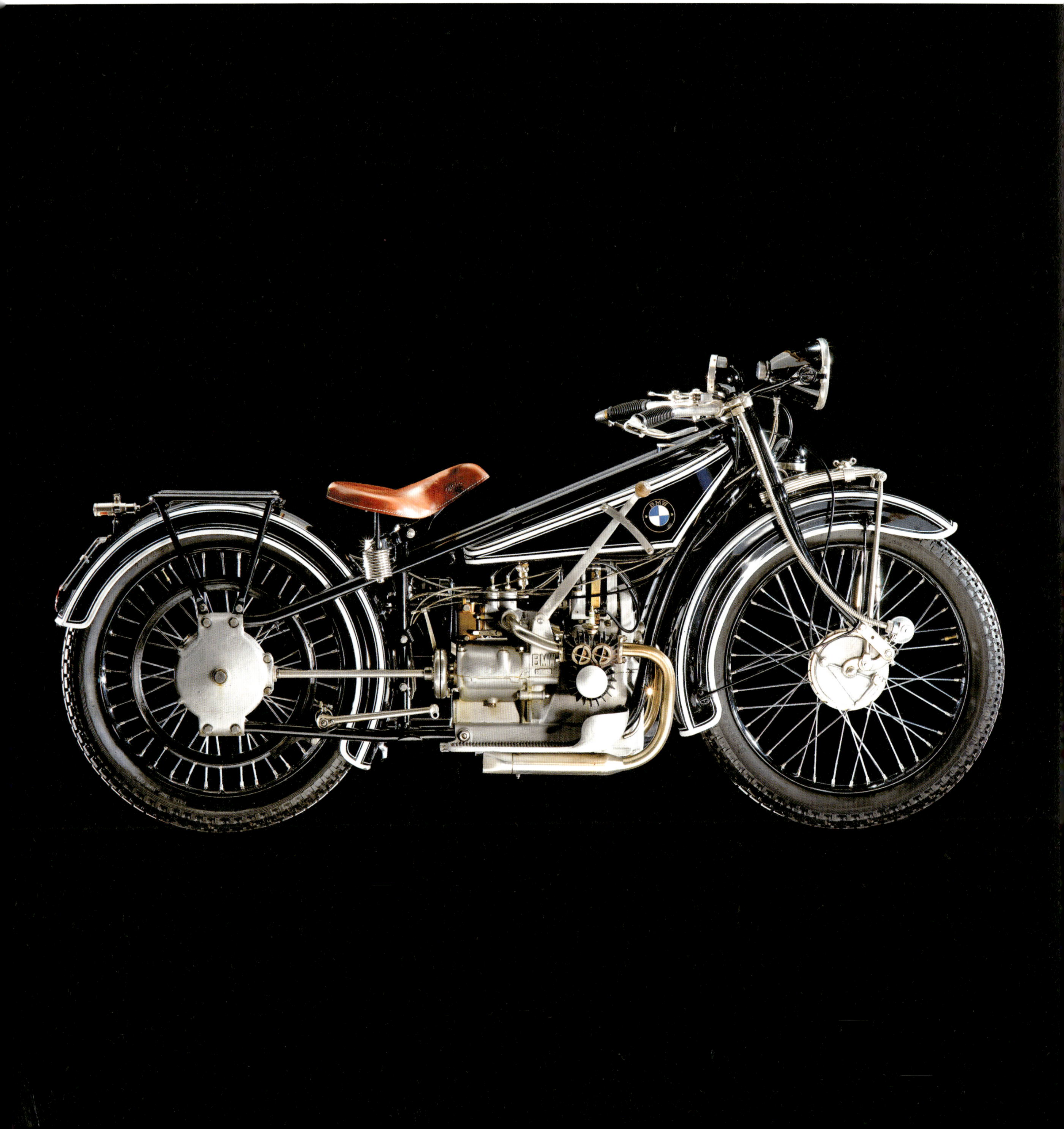

CHAPITRE

1

Un décollage en trombe

BMW n'a jamais aimé faire comme tout le monde, avant même que les entreprises qui la composent n'adoptent le nom BMW ou son emblème bleu et blanc.

La plupart des constructeurs automobiles qui prospéraient au début du XXe siècle peuvent remonter, non sans fierté, à une genèse qui coïncide exactement avec l'envie de mobilité toujours plus grande de leurs clients. C'est à la fin du XIXe siècle que l'on assiste à la naissance de ces entreprises ingénieuses, tout d'abord fabricantes de bicyclettes, avant de passer successivement aux deux-roues à moteur rudimentaire, aux motos, aux cyclecars à trois roues, aux automobiles légères, et enfin à de véritables voitures, avec un moteur, une direction et des freins dignes de ce nom. D'autres, à l'instar de BSA, Škoda et Hotchkiss, ont suivi une autre trajectoire, faisant leurs premiers pas dans la fabrication d'armes avant de passer aux motos et aux voitures.

Mais avec BMW, ce fut encore une autre histoire, une histoire qui plongea sur-le-champ la toute jeune entreprise dans un secteur où les performances extrêmes et la sophistication technique, loin d'être un luxe, sont tout simplement indispensables. Le baptême du feu de BMW eut lieu en plein cœur des combats aériens sur le front de l'Ouest pendant la Grande Guerre.

C'est pour créer un moteur d'avion performant alliant puissance maximale et poids minimal, qui resterait d'une fiabilité absolue même sous pression, que les fondateurs de BMW se mirent en quête de solutions techniques sophistiquées, de matériaux originaux et de techniques de production novatrices. Cette démarche était révolutionnaire, car elle délaissait les coûts et les solutions éphémères au profit de la qualité et de la performance. Et c'est cette approche technique sans compromis qui scellera la montée en puissance de BMW au fil des décennies, et donnera naissance à des monuments du design comme la moto R32, la voiture de sport 328 d'avant-guerre avec son moteur 6 cylindres, voire les berlines Neue Klasse de 1961, sans oublier la suite de modèles irréprochables qui, en 2005, finiront par asseoir définitivement BMW au sommet du marché des véhicules haut de gamme.

Le fabricant de moteurs, l'avionneur et le courtier

Les trois entreprises qui, en 1917, s'associèrent pour créer Bayerische Motoren-Werke, ou BMW, voient leurs origines remonter bien avant la première guerre mondiale. Karl Friedrich Rapp, ingénieur entrepreneur, fabriquait et vendait des moteurs d'avion à Munich, à côté de l'avionneur Gustav Otto, fils de l'inventeur du moteur à quatre temps. Rapp se mit à fournir Otto en moteurs 4 cylindres à refroidissement liquide conçus par ses soins, à la fois destinés au secteur aéronautique et naval, mais une commande urgente arriva bientôt : la construction des moteurs d'avion V12 conçus par Ferdinand Porsche, d'Austro-Daimler, dans le cadre d'un juteux contrat de sous-traitance en temps de guerre. Le 7 mars 1916, jour considéré comme la date de naissance

Là où tout a commencé : l'usine de moteurs d'avion de Gustav Otto sur le terrain d'aviation d'Oberwiesenfeld à Munich. Le siège social de BMW s'y trouve aujourd'hui encore.

›

officielle de l'entreprise qui deviendra BMW, la société d'Otto fut rebaptisée Bayerische Flugzeugwerke AG, et l'année suivante, Rapp Motorenwerke devint Bayerische Motoren-Werke GmbH ; les deux fusionnèrent en 1922 pour créer BMW AG.

Deux hommes avaient négocié le contrat : Franz Josef Popp, ingénieur de talent qui, à 32 ans à peine, avait déjà d'excellentes relations dans les cercles financiers et militaires autrichiens ; et Camillo Castiglioni, financier haut en couleur installé à Vienne. Popp jouera par la suite un rôle de premier plan dans le développement de BMW, jusqu'à se voir contraint de démissionner par le ministère nazi de l'Aviation en 1942, suite à un désaccord sur les quotas de production de moteurs d'avion. Avant de tirer sa révérence en 1929, Castiglioni finança les débuts de BMW grâce à ses combines financières, tout en aidant l'entreprise à décrocher un contrat clé pour la construction de l'Austin 7. Les premiers moteurs d'avion de Rapp laissaient à désirer, et il se laissa convaincre par Popp d'embaucher Max Friz, avec qui il avait déjà collaboré chez Daimler à Stuttgart. Friz était lui aussi un ingénieur de talent, et avait travaillé à la fois sur des voitures de Grands Prix et des moteurs d'avion. Son premier moteur pour BMW connut un succès inédit et fut le premier produit à arborer le mythique emblème bleu et blanc.

Trois grands hommes : l'aspirant ingénieur Karl Friedrich Rapp (gauche), le gestionnaire Franz Josef Popp (centre), qui dirigera BMW jusqu'en 1942, et le génie des moteurs Max Friz (droite), créateur de moteurs d'avion haute altitude et du fameux boxer.

›

Le moteur IIIa 6 cylindres, que Friz avait commencé à ébaucher chez Daimler, est resté dans l'Histoire pour avoir propulsé le Fokker D. VII, l'un des meilleurs avions de chasse de la Grande Guerre. Le IIIa est connu pour ses performances en altitude grâce à son carburateur spécial, qui laissait entrevoir son potentiel en temps de paix : il battra des records dans toute une série de dérivés toujours plus avancés.

Ce produit montrait déjà les préférences de BMW : conceptions avancées et matériaux novateurs, un parti pris qui reste, à ce jour encore, la marque de fabrique de l'entreprise. Seule ombre au tableau : trouver les matériaux et l'espace pour construire les moteurs. Le contrat pour l'Austro-Daimler V12 occupait l'ensemble du site aéronautique d'Oberwiesenfeld, où se trouve toujours le siège social de BMW, tandis qu'un nouveau hangar de montage ne serait pas prêt avant des mois. C'est pourquoi le ministère des Transports, convaincu par les performances du moteur 6 cylindres, prit la décision de transférer la production du V12 à Opel pour laisser le champ libre à BMW avec le IIIa.

Suite à l'armistice en 1918, cependant, BMW fut forcée de restructurer ses activités pour éliminer tout ce qui touchait

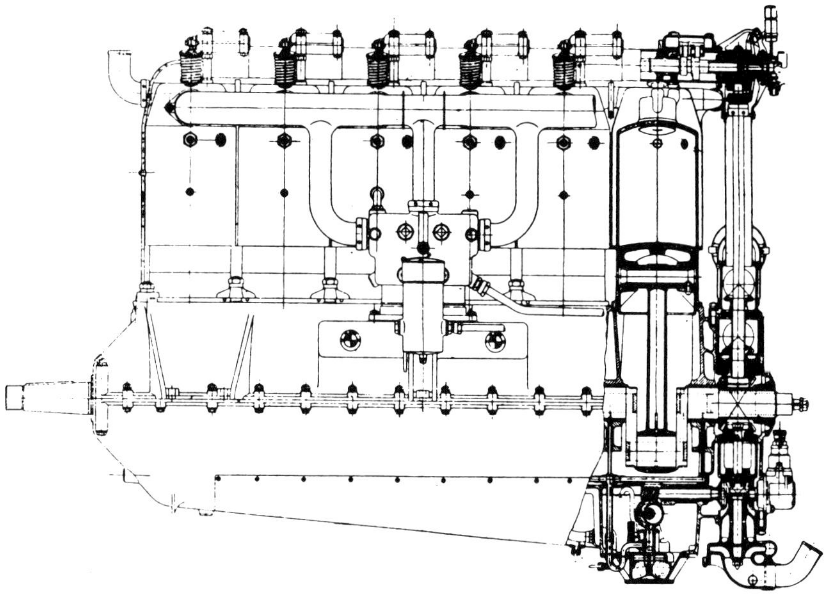

Les moteurs BMW IIIa et IV 6 cylindres en ligne, développés par Max Friz pour plus de performances en altitude, permettront au pilote Franz Zeno Diemer d'atteindre un record de 9 760 m en 1919.

BMW utilisait souvent ses records de vol en altitude dans ses réclames.

au domaine militaire ; la production de moteurs d'avion était alors expressément interdite. Suite au départ de Rapp et Otto, la société accepta des contrats de construction de freins de train et fit du IIIa un moteur 4 cylindres destiné à l'industrie et l'agriculture. Quant à Friz, il n'avait cessé de travailler en secret sur le IIIa et son dérivé, le IV, afin d'améliorer toujours plus ses performances en altitude. Son raisonnement était simple : si les accords d'après-guerre prohibaient la fabrication de moteurs d'avion, rien n'interdisait leur développement, voire leur perfectionnement.

Les longues heures passées par Friz dans l'atelier se révélèrent fructueuses : en juin 1919, le pilote d'essai Franz Zeno Diemer entama une série de vols à des altitudes record grâce à la technologie de BMW (voir Chapitre 2). Pourtant, même si ces prouesses médiatisées valurent à BMW le respect du secteur aéronautique et du grand public en Allemagne, il n'en restait pas moins qu'avec l'annulation de tous les contrats militaires, la capacité de production était largement excédentaire dans toute l'Europe. L'inflation de l'entre-deux-guerres menaçait de virer à l'hyperinflation, et BMW enchaînait les petits sous-contrats précaires en attendant la reprise de la production de moteurs d'avion. C'était du moins la position officielle. Popp, à présent aux commandes en tant que directeur général, avait déjà un plan à long terme qui donnerait à BMW trois grandes branches d'activité et ainsi une vraie stabilité. Sa recette consistait à poursuivre la production, fort rentable, de moteurs industriels en attendant la reprise des moteurs d'avion, tout en complétant cette activité par le développement d'une moto, qui permettrait ensuite de s'attaquer au marché automobile. L'entreprise avait déjà mis le pied dans le secteur des motos avec le petit moteur industriel portable conçu par Friz. Pour plus de simplicité et améliorer autant l'équilibre que le refroidissement, Friz avait choisi un moteur flat-twin 500 cm^3 refroidi à l'air : il marquera la genèse de la célèbre configuration « boxer » qui ferait autant le triomphe sur circuits de course, le succès commercial que la renommée mondiale des motos de BMW, dont la marque peut toujours se prévaloir au XXIe siècle.

Pourtant, en 1919, même si le moteur flat-twin était la norme sur les motos de marque BMW, ce sont d'autres entreprises qui utilisèrent en premier le moteur de Friz sur un deux-roues : Victoria, puis Helios (dépendant de Bayerische Flugzeugwerke avant son absorption par BMW AG en 1922). Mais Friz savait d'instinct que la configuration de l'Helios, avec le flat-twin étendu dans la longueur dans le cadre, était

vouée à l'échec : privé d'air de refroidissement, le cylindre arrière surchaufferait. Sa solution d'urgence fut d'améliorer les pièces de mauvaise qualité de l'Helios, de vendre le stock existant et de passer à la conception d'une vraie moto de marque BMW, digne de sa vision de toujours : celle d'une moto ultramoderne.

Un grand pas en avant

De nos jours, difficile d'imaginer l'impact qu'eut la BMW R32 sur les foules qui se pressèrent pour la voir lors du Salon de l'automobile de Paris en 1923. Immense pas en avant, rupture brutale avec les vieilles habitudes qui tenaient davantage de la construction artisanale de bicyclettes du XIXe siècle que de l'ingénierie moderne, elle provoqua probablement un séisme comparable à la Citroën DS en 1955, à l'Austin Mini en 1959 ou même à l'i8, voiture de sport hybride rechargeable d'avant-garde que concevra BMW en 2013. Avec la R32, la moto arrivait soudain à maturité, se métamorphosant en un produit moderne cohérent et pleinement intégré, avec un langage visuel à part entière. Du jour au lendemain, la plupart des autres motos, avec leur mélange disparate de pièces propriétaires achetées chez des fournisseurs traditionnels, prirent une allure improvisée, bricolée. La R32 donnait un aperçu prometteur d'une nouvelle ère.

L'idée de génie de Max Friz fut de monter les cylindres du flat-twin en travers du cadre (configuration désormais banale après les innombrables générations de motos de série R) et de cacher le moteur, la boîte de vitesses et toutes les pièces importantes derrière de beaux carénages en aluminium épurés. Surtout, avec le vilebrequin désormais dans l'axe du moteur, il était naturel d'entraîner la roue arrière avec un simple arbre, en se débarrassant par la même occasion des chaînes et des courroies à nu, graisseuses et encombrantes.

L'élégant module moteur de Friz était encastré dans un châssis tout aussi raffiné. Formant un triangle épuré dont le sommet se situait au niveau de la roue arrière, le cadre noir à double berceau arborait avec fierté ses rayures blanches et l'emblème de BMW. La conception était une réussite à bien des niveaux : la R32 était esthétique, sa mécanique permettait d'abaisser le centre de gravité et le siège pour les motards plus petits, et ce modèle était construit pour durer. Et avec un embiellage et un carter d'huile encastrés plutôt qu'une lubrification à perte, ce moteur était d'un entretien facile.

Malgré son prix élevé pour la catégorie 500 cm^3, la R32 trouva immédiatement son public, enflammant l'imaginaire populaire. BMW enchaîna rapidement en apportant des améliorations constantes, sources de dérivés novateurs comme des modèles plus sportifs avec des versions à soupapes en tête du moteur boxer. Une version monocylindre vit même le jour, toujours dotée d'un élégant arbre de transmission ; bientôt, les motos BMW se mirent à gagner des Grands Prix et, aux mains de l'ingénieur de développement et pilote de course Ernst Henne, à concourir pour le titre des motos les plus rapides au monde. Mais surtout, les motos de série de BMW atteignirent une immense diversité sur le marché grâce à l'utilisation ingénieuse de différentes variations de moteurs. Le moteur principal, malgré de nombreuses améliorations, resta un socle commun, tout comme le cadre tubulaire partagé par tous les modèles. Mais, annonçant encore une fois la marque de fabrique de BMW, l'allure des modèles de la marque resta la même, voire gagna en attrait.

En parallèle à leur travail lucratif sur les motos, Friz et ses collègues concepteurs avaient trouvé le temps d'ébaucher une nouvelle génération de moteurs d'avion (voir Chapitre 2), juste à temps pour la reprise de la production en 1925. Ils avaient aussi entamé leur réflexion sur ce qui deviendrait un objectif à long terme : percer dans le secteur automobile.

Depuis quelque temps, l'entreprise testait des prototypes d'une voiturette moderne, conçue et construite par Wunibald Kamm, aérodynamicien de renom. Mais le conseil d'administration semblait incapable de se prononcer, et en juillet 1928, l'idée fut abandonnée. On dit, à tort ou à raison,

Sir Herbert Austin dans la minuscule Austin 7, dont s'inspirera la Dixi, la toute première voiture de BMW.

que cette décision fut influencée par les membres du conseil d'administration qui siégeaient également chez Daimler-Benz. On soupçonne que les célèbres Daimler et Benz, qui avaient fusionné en 1926, redoutaient secrètement qu'une voiture particulière de BMW ne nuise à leurs activités.

Finalement, il fut décidé que BMW construirait bien une voiture, mais un modèle n'entrant pas en concurrence avec celles de Daimler-Benz. À l'inverse, elle serait petite et de qualité, et priorité serait donnée à la reprise de la production d'un modèle existant.

C'est ainsi qu'en octobre 1928, BMW acheta Dixi-Werke, installée à Eisenach, à 400 km au nord de Munich. Si la direction de BMW avait su que le krach de 1929 et la Grande Dépression attendaient le monde l'année suivante, elle aurait sûrement changé d'avis, mais Dixi offrait exactement ce que Popp et ses stratèges recherchaient à l'époque. Dixi venait de conclure un accord de licence avec la marque anglaise Austin, pour construire la minuscule Seven. Ce modèle quatre places léger, rebaptisé Dixi DA1 dans sa version allemande, se vendait bien depuis son lancement en décembre précédent.

Ernst Henne, ingénieur et pilote de l'écurie BMW, aux côtés de l'une de ses machines ayant battu des records dans les années 1920.

La BMW 3/15 DA3 de 1930, un bon de géant par rapport aux premiers modèles inspirés d'Austin.

M-XN 5945

La 3/20, qui remplaça la 3/15 en 1932, proposait un moteur à arbre à cames en tête et un châssis revisité.

L'une des premières Dixi, qui montre à quel point la carrosserie d'Austin était étroite, même pour l'époque.

La 3/20 était bien plus élégante et mieux construite que la légère Austin 7 et les modèles Dixi.

C'était la situation idéale pour BMW : l'entreprise pourrait appliquer son expertise incontestable en gestion et ingénierie à un produit novateur et séduisant, mais qui n'en restait pas moins brut et construit à moindres frais. Début 1929, BMW avait amélioré la carrosserie de la DA1, ses vitres et surtout, son système de freins. À l'été 1929, le modèle arborait l'emblème de BMW et avait gagné en allure, autant dans sa carrosserie que sa construction.

Mais Friz perdait patience devant les limites manifestes du matériel basique d'Austin. Lors de son travail sur la DA1, il parvint à ajouter une suspension avant indépendante et à actualiser une soupape en tête sur le moteur, encore minuscule à l'époque. En parallèle, le modèle fut rebaptisé 3/15, en témoignage des immenses avancées techniques du modèle. Mais alors que la Grande Dépression s'installait, BMW commençait à penser qu'une voiture plus moderne conçue par ses soins donnerait de meilleurs résultats. En 1931, Friz proposa et testa une voiture à traction dotée d'un moteur bicylindre à deux temps, mais devant ses performances décevantes, il démissionna pour passer chez Daimler-Benz. Popp exhorta sa nouvelle équipe à concevoir une voiture novatrice, sans aucune pièce d'Austin, et à l'été 1932, l'AM 1 (d'après Automobile München) était prête. Vendue sous le nom 3/20, elle arborait un nouveau châssis-poutre, une suspension indépendante intégrale et une carrosserie tout en acier initialement construite par Daimler-Benz. La 3/20 était plus imposante que la 3/15 inspirée du modèle d'Austin qui tirait les ventes de BMW vers le haut, mais si son espace et son raffinement lui valurent des éloges, les critiques de l'époque furent plus sceptiques devant sa direction et sa maniabilité, deux caractéristiques qui furent rectifiées par la suite pour devenir de véritables marques de fabrique de BMW.

Malgré le succès incontestable de la 3/20 en ces temps difficiles, l'équipe technique, sous la direction d'Alfred Böning, ne cessa de faire évoluer la conception, la dotant notamment d'une quatrième vitesse. Prophétiquement peut-être, Böning fut encouragé par les performances sportives de la 3/15 et s'efforça d'améliorer la puissance du moteur, toujours sur le matériel d'Austin. Rudolf Schleicher, directeur des tests moteur depuis 1931 après un poste chez le constructeur de luxe Horch, émit une idée révolutionnaire : au lieu de créer de toutes pièces une unité 4 cylindres, BMW pourrait se contenter d'ajouter deux cylindres pour porter le moteur existant à 1,2 L et 30 ch. C'est ainsi qu'en février 1933, lors du Salon de l'automobile de Berlin, la BMW 303 6 cylindres fit ses débuts auprès du grand public.

Même si elle restait une berline d'allure austère, son long capot en faisait la plus grande BMW de l'époque, mais aussi la première à arborer un moteur à 6 cylindres en ligne et la calandre en double haricot surmontée de l'emblème de BMW. Et avec l'arrivée de ces ingrédients essentiels, l'histoire de BMW pouvait réellement commencer.

CHAPITRE

2

Le pouvoir de voler

BMW IIIa, 1917 : paré au décollage

Le premier moteur d'avion de BMW (voir p. 11) fut remarquable non seulement car il s'agissait sans conteste du meilleur de la Grande Guerre, mais aussi car il donna de l'essor à toute l'entreprise.

En 1913, l'entreprise Rapp Motorenwerke fut créée à Munich par le concepteur en chef Karl Friedrich Rapp ; mais ses moteurs n'avaient rien d'extraordinaire et en 1917, Max Friz fut embauché pour concevoir un nouveau moteur. Le moteur de Friz utilisait la même configuration 6 cylindres en ligne que le Rapp III, mais avec un résultat infiniment supérieur. Rapp quitta l'entreprise, par la suite rebaptisée Bayerische Motoren-Werke GmbH ; le moteur de Friz fut nommé BMW IIIa, et la production en série débuta début 1918.

Ce moteur 6 cylindres en ligne 19,1 L à refroidissement liquide de 201 ch était léger et fluide, avec un carter et des pistons en aluminium. Les culasses et les cylindres d'un seul bloc remplaçaient les joints de culasse : les soupapes s'ouvraient par un seul arbre à cames en tête relié au vilebrequin par un arbre vertical.

Le IIIa révolutionnaire était conçu pour l'altitude et fonctionnait sur un taux de compression élevé de 6,4/1, alimenté par un « carburateur haute altitude ». Celui-ci se composait de trois chambres de mélange, trois gicleurs air et carburant et cinq papillons de gaz. Deux leviers situés dans le cockpit permettaient au pilote de régler le moteur pour différentes altitudes. Dans les combats aériens, l'altitude faisait toute la différence pour prendre l'avantage, et une fois doté du IIIa, le chasseur Fokker D V.II fut en mesure de surpasser tous les avions alliés.

BMW IV, 1917 : BMW s'envole et monte le volume

Le BMW IIIa était de loin le meilleur moteur d'avion de la Grande Guerre, mais heureusement pour les Alliés, il arriva trop tard. En septembre 1919, le deuxième moteur d'avion de BMW battit un record du monde pour les avions de ligne lorsque Franz Zeno Diemer emmena huit passagers à une altitude de 6 750 m sur un Ju F. 13 monoplan qui en était doté.

Auparavant, en juin 1919, Diemer avait battu un record d'altitude « absolu » en emmenant un DFW F37/III biplan monoplace à une altitude de 9 760 m. Cet avion n'était pas doté d'un BMW IIIa mais de l'un de ses successeurs, le BMW IV (voir page précédente). Les deux moteurs étaient à refroidissement liquide, mais le IV avait encore été optimisé par rapport à son prédécesseur pour atteindre 241 ch. Il fallut 87 minutes à Diemer pour grimper à cette altitude record, soit une vitesse moyenne de 113 m par minute. En comparaison, l'Eurofighter Typhoon contemporain, développé par un partenariat de nations européennes comme la Grande-Bretagne, l'Allemagne et la France, a une vitesse ascensionnelle moyenne de 19 077 m par minute.

BMW VI, 1926 : succès mondial pour le premier V12

Après l'armistice en 1918, BMW devra attendre 1922 pour avoir de nouveau le droit de fabriquer des moteurs d'avion, et 1923 pour relancer la production des IIIa et IV. Mais le monde de l'aviation avançait à toute vitesse, et on s'arrachait des moteurs toujours plus performants. C'est pourquoi, en 1924, on demanda à Max Friz de commencer à travailler à un monstre V12 de 46,9 L, 60° et 644 ch. Il s'agirait du premier moteur V12 de BMW, baptisé le BMW VI (ci-dessous). Bénéficiant lui aussi d'une conception avancée et performante, le V12 partait de la configuration 6 cylindres, selon une technique qui serait aujourd'hui qualifiée de « modulaire et évolutive ».

La production en série débuta en 1926, et ce moteur devint rapidement une référence. Début 1932, il fut utilisé sur le Schienenzeppelin (« Zeppelin sur rails »), train expérimental qui ressemblait à un dirigeable. Le 21 juin 1931, le Schienenzeppelin battit le record de vitesse sur rail en atteignant une vitesse de 230,2 km/h. Surtout, ce moteur fut installé sur un Dornier Wal piloté par Wolfgang von Gronau lors d'un vol transatlantique entre Sylt (Allemagne) et New York via l'Islande, le Groenland et le Labrador. L'appareil effectua la liaison au-dessus de l'Atlantique nord en 47 heures.

En 1932, un deuxième Dornier Wal piloté par von Gronau fit le tour du monde avec un BMW VII équipé d'une boîte de vitesses réduisant le rapport de transmission à 0,62 pour l'hélice. C'est aussi sur le V12 que reposèrent les premières expériences de BMW avec l'injection directe en 1933.

BMW 132, 1932 : Lufthansa insiste sur les moteurs en étoile de BMW

En 1929, BMW acheta les droits de construction des moteurs en étoile Hornet et Wasp de Pratt & Whitney. Le contrat fut annulé en 1931, mais les choses s'arrangèrent en 1932. Junkers avait dévoilé son nouvel avion de ligne, le Junkers 52 trimoteur (ci-contre, en bas), qui aurait dû être équipé de moteurs Junkers Jumo. Mais le principal client du constructeur, Lufthansa, insista pour que ce soit au contraire des moteurs en étoile de BMW qui propulsent l'appareil. BMW renouvela rapidement sa licence auprès de Pratt & Whitney et développa une version améliorée du R-1690 Hornet, appelée le BMW 132. Le moteur 9 cylindres offrait une cylindrée de 27,7 litres. Les moteurs en étoile sont différents des moteurs rotatifs utilisés pendant la Grande Guerre : le vilebrequin tourne dans le corps de l'étoile, qui reste statique, comme un moteur en ligne ; à l'inverse, le moteur rotatif tourne autour d'un vilebrequin fixe.

Les moteurs civils utilisés pour le Ju 52 étaient alimentés par des carburateurs, mais BMW en produisit plusieurs versions, s'essayant à l'injection directe au passage. De nombreux dérivés virent le jour, passant de 715 ch à 947 ch à injection directe. En plus du Ju 52, le 132 finira par équiper des avions de chasse pendant la deuxième guerre mondiale, comme les bombardiers Ju 86, les hydravions Arado Ar 196 ou les patrouilleurs bombardiers Focke-Wulf FW 200, entre autres. Avant la reprise des hostilités en 1939, le premier vol sans escale reliant Berlin à New York avait été réalisé par un Fw 200 Condor S-1 propulsé par quatre moteurs 132 de BMW.

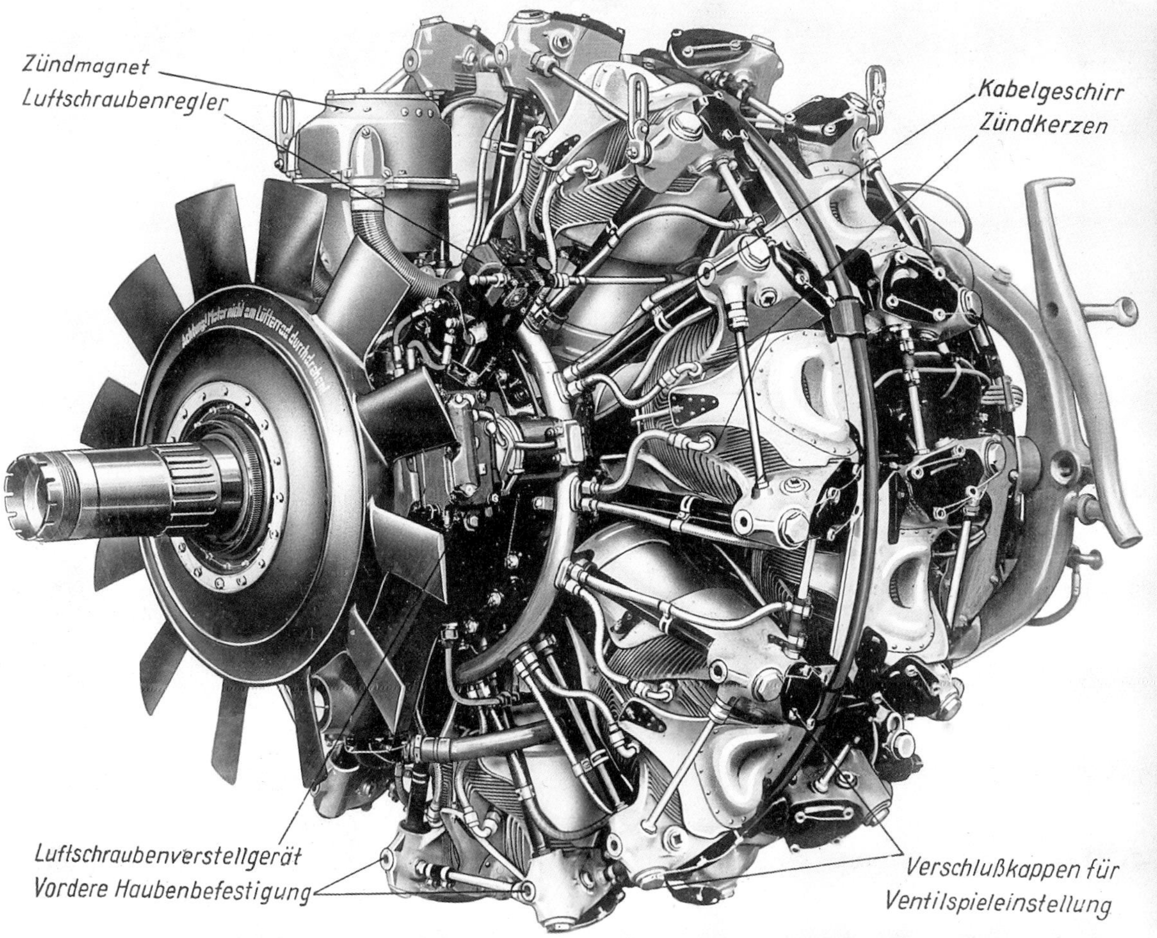

BMW 801, 1939 : le moteur en étoile deux rangs, aussi redouté que respecté

Comptant parmi les avions de chasse les plus respectés et redoutés de la deuxième guerre mondiale, le terrible Focke-Wulf Fw 190 était doté de l'un des meilleurs moteurs d'avion de BMW : le 801 en étoile deux rangs, 14 cylindres et refroidissement par air (ci-dessus). Plus de 28 000 exemplaires sortirent des usines pendant la guerre, et tous assurèrent des performances éblouissantes.

BMW racheta un concurrent, Bramo, en 1939 ; le 801 est le fruit de la fusion du BMW 139 et du Bramo 329, tous deux financés par le ministère allemand de l'Aviation en 1935. Chose surprenante, le 801 était équipé de seulement deux soupapes par cylindre, tandis que les moteurs en ligne de l'époque en utilisaient déjà quatre pour améliorer l'aspiration et les performances. À l'inverse, le 801 était doté de soupapes d'échappement refroidies au sodium et d'une injection directe.

L'idée initiale, qui vit le jour en 1939, prévoyait d'installer deux moteurs (le 801A et le 801B) sur un avion bimoteur. Les moteurs étaient équipés de boîtes de vitesse qui faisaient tourner les vis à air dans des directions opposées, pour annuler l'effet de torque. Le 801C, avec son refroidissement amélioré, fut le premier à équiper le Fw 190.

Le 801 évolua au fil de la guerre, poussé par la surenchère technique entre le Fw 190 et le Spitfire

britannique, avec son moteur Rolls-Royce Merlin. BMW revit son turbocompresseur initial pour améliorer ses performances à des altitudes plus élevées, et la puissance du 801 finit par atteindre un seuil incroyable de 2400 ch. En fin de compte, le 801 sera installé sur de nombreux appareils en plus du Fw 190, comme le redoutable chasseur-bombardier Ju 88 bimoteur.

BMW 803, 1942-1944 : un monstre à 28 cylindres

Le BMW 803 (page suivante) était un projet ambitieux composé de deux moteurs en étoile 801 accolés et refroidis

par eau pour éviter toute surchauffe. Le moteur était destiné à des versions plus grandes du bombardier longue portée Focke-Wulf Ta 400 et à d'autres appareils multimoteurs comparables, ainsi qu'à des chasseurs monomoteurs.

Afin d'éviter les défaillances et d'autres problèmes associés à la conception d'un seul long vilebrequin, le 803 devint d'une complexité redoutable. Là où le 801 était un moteur à 14 cylindres et 2 rangs, le 803 possédait 28 cylindres sur 4 rangs, mais chaque paire de rangs gardait des vilebrequins indépendants en ligne. L'unité avant entraînait directement la vis à air avant, mais l'unité arrière entraînait la vis à air arrière par une série d'arbres et un système de transmission. Par conséquent, une grande boîte de vitesses était fixée à l'avant du moteur, avec un arbre creux pour la vis à air arrière, traversé par le vilebrequin des 14 cylindres avant.

Autre problème posé par la présence de deux vilebrequins séparés : quelle était la meilleure transmission pour les pièces accessoires ? Parmi celles-ci, la plus importante était le turbocompresseur, qui consommait des centaines de chevaux-vapeur sur un moteur de cette taille. Les concepteurs prirent la décision de le relier au moteur arrière, ce qui réduit la puissance disponible pour la vis à air arrière, tout en gardant une puissance considérable de 3 847 ch pour le moteur. Cela en fit le moteur à piston allemand le plus puissant encore à ce jour, mais il était si lourd que le rapport puissance/poids était peu performant en comparaison à des modèles équivalents. Le 803 n'a jamais été produit en série, et avec l'appauvrissement des ressources de la machine de guerre nazie, l'avion auquel il était destiné non plus.

BMW 003, 1944 : le premier moteur à réaction sonne le glas de l'ère du piston

Sir Frank Whittle et Hans von Ohain sont entrés dans l'Histoire pour avoir inventé le moteur à réaction, chacun de son côté. Whittle déposa un brevet pour son modèle centrifuge en 1930, tandis qu'Ohain déposa son principe axial en 1936. Mais ce fut le moteur allemand qui décolla le premier, en 1939, tandis que celui de Whittle ne prit son envol qu'en 1941. C'est le modèle axial qui finira par devenir le moteur à réaction de référence dans le monde entier après la guerre.

Le moteur BMW 003 (ci-contre, en haut) était doté d'un compresseur 7 corps et de 16 brûleurs disposés dans une chambre de combustion en anneau. Les premiers tests du 003 se déroulèrent en 1940, avec le moteur fixé sous un Messerschmitt Bf 110 bimoteur. Mais il ne donna qu'une poussée décevante de 150 kg, soit la moitié de la puissance attendue. Son développement fut lent, en partie à cause de la pénurie des métaux de qualité qui entraient dans la fabrication des pièces de moteurs à réaction, comme le nickel, le cobalt et le molybdène.

Un deuxième test se déroula sur un Messerschmitt Me 262 bimoteur modifié, également doté d'un moteur « de sécurité » BMW 801 classique fixé au niveau du nez. Le test fut un désastre, et l'avion parvint à se poser de justesse grâce au seul moteur à pistons. Le développement se poursuivit, et après un test plus concluant en 1943, le 003 fut prêt à entrer en production en 1944. Ce moteur s'avéra cependant peu fiable, et à la place, le Me 262 bimoteur de série fut doté de deux moteurs à réaction Junkers Jumo. Le 003 fut installé sur le Heinkel He 162 et l'Arado Ar 234C quadrimoteurs, mais seuls 500 exemplaires virent le jour.

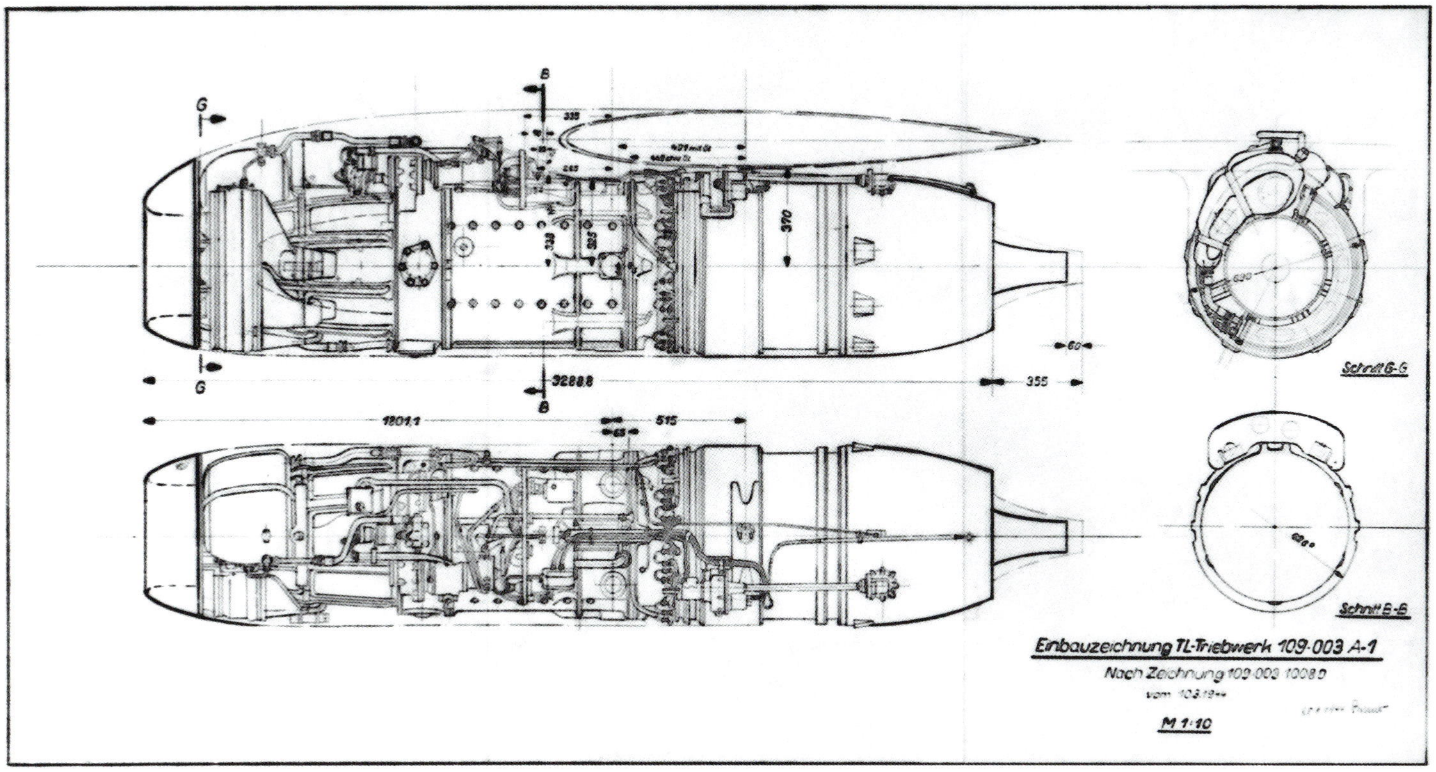

Moteurs à réaction BMW série J79-GE-11A et BR700

BMW prit part à deux projets de moteur à réaction après la guerre. Le premier s'inscrivait dans le consortium qui a donné naissance au moteur General Electric J79-GE-11A utilisé sur le Lockheed F-104G Starfighter. Le deuxième était une association éphémère avec Rolls-Royce pour construire le moteur à réaction BR700 destiné au transport régional (ci-contre à droite).

Le moteur du Starfighter atteignait 8 119 kg de poussée avec postcombustion, assez pour propulser ce chasseur controversé et peu maniable à 2 235 km/h, soit Mach 2,2. Le J79, turboréacteur axial comme le BMW 003 d'origine, restera en production pendant trente ans. Construit sous licence dans plusieurs pays, il fut installé sur une myriade d'appareils différents. La production atteignit 17 000 unités rien qu'aux États-Unis. Le compresseur axial fut finalement supplanté par des turbopropulseurs plus silencieux et efficaces sur les grands avions de ligne.

BMW reprit la construction de moteurs d'avion en 1990 et fonda une entreprise commune avec Rolls-Royce plc, appelée BMW Rolls-Royce AeroEngines GmbH, afin de construire le moteur civil de série BR700. Ce projet tourna néanmoins vite court, et Rolls-Royce reprit complètement l'entreprise en 2000.

Trois versions principales furent développées : le BR710, le BR715 et le BR725. Les deux premiers sont des turbopropulseurs à deux arbres. Le 710 est doté d'un ventilateur simple corps de 1 220 mm de diamètre entraîné par une turbine double corps ; de son côté, le BR715 possède un turbopropulseur de 1 321 mm entraîné par une turbine triple corps. Le BR725 a été conçu pour le Gulfstream G650 et possède une turbine axiale triple corps à faible pression. Il est doté d'un ventilateur de 1 270 mm et atteint 7 711 kg de poussée.

CHAPITRE

3

Le pouvoir des six cylindres

L'année 1933 fut un tournant non seulement pour l'industrie allemande, mais aussi, plus tragiquement, pour la nation allemande. Le monde entier bascula : l'arrivée d'Adolf Hitler au pouvoir au début de l'année aura des conséquences catastrophiques pour l'humanité vers la fin de la décennie. Une vérité qui dérange : aux premiers jours du nazisme, les grands chefs d'entreprise du pays accueillirent avec réserve, voire à contrecœur, bon nombre des mesures annoncées par le nouveau *Reichskanzler* (chancelier) virulent.

La démocratisation de la mobilité et des voitures a toujours fait partie des projets chers à Hitler. Deux semaines après son arrivée au pouvoir, il avait déjà inauguré le Salon de l'automobile de Berlin, dont les créations rutilantes symbolisaient à merveille sa vision d'un avenir technologique radieux, avec l'industrie allemande aux commandes. Quelques jours plus tard, il convoqua les dirigeants des cinq derniers constructeurs automobiles du pays – les temps avaient été durs – pour annoncer son plan national de démocratisation de la voiture en quatre étapes. Parmi ces dirigeants se trouvait Franz Josef Popp de BMW.

Ce que ces chefs d'entreprise ont entendu était un discours séduisant, malgré un ton menaçant. Après la stagnation des ventes de voitures suite à des années d'austérité nationale, de décisions économiques au point mort et de perspectives industrielles incertaines, la levée des taxes sur les voitures promettait de stimuler rapidement les

Pour la première fois, grâce aux Autobahns allemandes, les automobilistes pouvaient rouler à grande vitesse.

Né pour gagner : le roadster 328 haute performance avait une longueur d'avance autant par son style et sa sophistication que sa vitesse.

La 303, présentée en 1933, était la première voiture à 6 cylindres de BMW, même si son moteur initial ne dépassait pas 1173 cm³.

ventes. Et surtout, le projet du parti national-socialiste offrait sécurité et certitude à long terme (dont raffolaient toujours les investisseurs) à une époque où, pendant la dernière décennie de la république de Weimar, les tergiversations et les mesures provisoires étaient devenues la norme.

Ce projet jetterait en effet les bases qui feraient de l'Allemagne la première nation au monde en matière de conception automobile, statut qui survivra aux horreurs du Troisième Reich et dont le pays peut toujours se prévaloir aujourd'hui. Hitler prévoyait de construire un réseau national d'*Autobahn* à même de rivaliser avec les *autostrade* toujours plus nombreuses de son homologue dictateur Benito Mussolini en Italie, ainsi que des infrastructures pour les sports mécaniques, d'où émergerait le spectaculaire circuit automobile de Nürburgring, creusé à même le massif de l'Eifel. Suite directe de ce plan d'infrastructures grandiose, on assista à une rationalisation du secteur des pièces détachées et à une toute nouvelle génération de voitures puissantes, fraîchement libérées de la taxe sur les chevaux-vapeur et dynamisées par l'environnement à grande vitesse des autoroutes flambant neuves. Ce projet favorisera l'apparition de moteurs plus imposants, sera source de fierté et de prestige et ainsi améliorera les perspectives d'exportations, notamment vers les États-Unis, friands de moteurs puissants.

Coïncidence ou prémonition, c'est à ce moment que BMW, qui se démenait pour tirer quelques chevaux-vapeur de plus du minuscule moteur 4 cylindres d'Austin sur lequel l'entreprise reposait depuis bien trop longtemps, commença à développer un dérivé 6 cylindres destiné à une nouvelle vague de voitures de taille moyenne (et non plus de voiturettes). La 303, dont le prototype fit ses débuts au Salon de l'automobile de Berlin en février 1933, ne se contentait pas d'être élégante avec sa calandre à double haricot plus transparente et légèrement inclinée vers l'arrière, son long capot galbé et ses ailes aérodynamiques : c'était aussi le premier modèle de la marque doté d'un moteur 6 cylindres. Cet atout deviendrait synonyme de l'entreprise durant des décennies et formerait le socle de toutes les générations de BMW à venir.

Cela semble un exploit improbable pour un simple moteur atteignant à peine 1173 cm^3 et 30 petits chevaux-vapeur. Mais les ingénieurs Alfred Böning et Fritz Fiedler (ce dernier ayant suivi Rudolf Schleicher lorsqu'il quitta Horch, à Zwickau) avaient vu loin et conçu leur moteur en écartant les cylindres pour anticiper les futures évolutions. Et avec son imposant empattement qui donnait à la 303 un capot bien plus long, mais aussi plus de place sur la banquette arrière, les proportions familières du célèbre habitacle en retrait commençaient à se dessiner. En réponse aux critiques qui

^ L'élégante berline 315 reprit le flambeau de la 303 en 1934, avec une version 1,5 L du 6-cylindres d'origine.

avaient éreinté le système de direction de BMW, la 303 adopta une suspension plus sophistiquée, des freins hydrauliques et une crémaillère de direction, même si ce modèle offrait au début une conduite cahoteuse à cause de la différence de rigidité entre les suspensions avant et arrière. Malgré tout, une voiture indéniablement moderne était en train de naître, et son développement se déroula rapidement.

Avec l'émergence d'autres styles de carrosseries, le talent du concepteur en chef Peter Schimanowski fut salué. Le premier aperçu des merveilles à venir fut la 315/1, version roadster deux places de la classique 315, qui avait remplacé la 303 en 1934, avec une version agrandie (1,5 L) du petit moteur 6 cylindres. La 303 était proposée à un prix compétitif et se vendit très bien, réussissant l'exploit de doubler le chiffre d'affaires annuel de BMW entre 1932 et 1934, mais elle manquait de singularité. Dans ses versions berline familiale et cabriolet, la 315 représentait un immense pas en avant en termes de raffinement, tant sur le style que la conception. Mais moins de cinq ans après avoir pris la décision de pénétrer le

Les 315/1 et 319/1, élégamment dessinées par Schimanowski, firent de BMW une marque tout en subtilité et séduction.

segment automobile, BMW lança en 1935 le roadster 315/1, grâce auquel la marque devint véritablement une référence en matière d'élégance, de performance sportive et d'attrait global.

La décontraction du roadster de Szyimanowski tombait à point nommé, et bon nombre de ses qualités restent toujours d'actualité. Les calandres à double haricot et le pare-brise, légèrement inclinés vers l'arrière, et le long capot arrondi donnent une image racée, épurée, tout comme l'arrière se finissant en pointe gracieuse. Les portières échancrées donnent une bonne visibilité mais aussi un bel aperçu de l'habitacle, ne serait-ce que pour laisser admirer conducteur et passagers depuis la rue. Et les jantes en acier (qui remplacent les moyeux à rayons démodés) s'allient à des carénages intégraux sur les roues arrière pour une allure d'un minimalisme moderne. Une élégante palette bicolore venait compléter le tableau.

Contrairement à ses prédécesseurs, le roadster 315/1 ne se résumait pas à une belle allure sans puissance. Plus léger que les berlines, ce modèle possédait aussi une compression supérieure et trois carburateurs pour amener le moteur à 40 ch. La direction de BMW prit vite conscience de son potentiel pour la compétition et, en prévision de la version 55 ch et 1,9 L en cours de fabrication, l'entreprise se mit à sponsoriser des pilotes privés dans des courses comme l'International Alpine Trial.

En parallèle aux BMW 315 et 319 6 cylindres, la marque eut autant de succès avec une version 4 cylindres, la 309. Celle-ci se vendit d'ailleurs si bien que l'entreprise s'empara de 6 % de parts de marché en Allemagne en 1934, soit la quatrième place globale, devant Daimler-Benz. Ce succès, allié à l'augmentation de la demande envers les motos et au colossal programme de réarmement d'Hitler, qui multipliait les commandes de moteurs d'avion, fut le coup de fouet dont les comptes de BMW avaient besoin. Tout n'allait toutefois pas sans problème pour le département automobile : toutes les infrastructures de conception et de fabrication étaient concentrées sur le site d'Eisenach, hérité de Dixi. L'usine tournait à plein régime, et la seule façon d'augmenter la production aurait été d'investir dans un nouveau site. C'est alors que Popp prit une décision stratégique capitale qui allait consolider la stature de la marque tout au long du XXe siècle : au lieu d'investir dans une nouvelle usine pour fabriquer plus de voitures, BMW monterait en gamme en termes de taille, de puissance, de prestige et de prix, améliorant ainsi sa marge

^ Définir un style : ce sont des modèles comme ce coupé 327 de 1937 qui ont fait de BMW une marque raffinée et élégante.

Fritz Fiedler (tout à gauche) et Alfred Böning (centre), architectes d'une génération de 6-cylindres de BMW, avec l'ingénieur-pilote Alex von Falkenhausen (droite). Tous trois marqueront énormément l'entreprise.

‹

La nouvelle génération de grandes voitures, qui vit le jour avec la 326, bénéficiait d'un châssis bien plus rigide, de freins hydrauliques et d'une crémaillère de direction.

par véhicule, avec une offre toujours légèrement inférieure à la demande.

Ce changement de cap s'appuyait directement sur les atouts de BMW, à savoir Fritz Fiedler, concepteur de châssis, et Alex von Falkenhausen, jeune aristocrate qui avait étudié l'ingénierie automobile et aéronautique sous l'égide de Willy Messerschmitt. Fiedler et von Falkenhausen auront une immense influence sur toutes les sphères de l'ingénierie de BMW jusque dans les années 1960. Cette équipe de choc, qui comprenait aussi Böning et Ernst Loof (ce dernier faisant partie, aux côtés de von Falkenhausen, des pilotes de moto de l'écurie BMW), finit par créer tout un éventail de modèles pendant la période d'avant-guerre. Parmi ceux-ci, des classiques intemporels comme la 326 avec ses nombreuses variations de carrosserie, et le 328, roadster glamour qui compte parmi les voitures de course au succès le plus vif.

Les ingénieurs de BMW disposaient de ce que leurs homologues contemporains appelleraient une trousse à outils modulaire : le moteur 6 cylindres dans toute une gamme de tailles et versions, un tout nouveau châssis de différentes longueurs et d'une rigidité bien supérieure aux modèles tubulaires antérieurs, une nouvelle suspension arrière à barre

de torsion, une suspension avant indépendante révisée avec le ressort à lame transversal désormais en bas, et enfin tous les types de carrosserie possibles grâce aux créations de carrossiers externes et de l'équipe de conception interne de BMW. Parmi ces modèles, ce fut la 326 lancée début 1936 qui fit le plus fureur. Son moteur, proche d'une capacité de 2,0 L, atteignait 50 ch tout en douceur, la boîte à quatre vitesses était désormais synchronisée et dotée d'une roue libre, et les freins hydrauliques et la crémaillère de direction étaient proposés en série. Et surtout, Szymanowski avait imaginé une allure inédite, avec la désormais mythique calandre à double haricot inclinée vers le long capot et les ailes fuselées. Cette allure basse et aérodynamique fut reprise avec encore plus de brio avec la 327, version coupée de la 326, dont le toit bas vint compléter à la perfection le long capot, les phares désormais carénés et la tenue de route à toute épreuve. Ce fut la première BMW hardtop d'une allure inoubliable ; aux côtés du roadster deux places, celle-ci fit de BMW un véritable prescripteur du style d'avant-guerre.

À l'époque, les voitures 4 cylindres de BMW avaient été abandonnées et la course vers le sommet s'accélérait. Fiedler et son équipe s'attelèrent à la création d'une berline encore plus grande, la 335, qui serait dotée d'une version 3,5 L du désormais célèbre moteur 6 cylindres, à l'aide d'une direction à engrenage cylindrique sur l'arbre à cames en tête, au lieu de l'habituelle chaîne duplex. Présentée pour la première fois sous forme de prototype en 1938, la 335 n'apparut sur les chaînes de montage que l'année suivante, et relativement peu de modèles sortirent de l'usine avant l'arrêt forcé de la production automobile en 1941.

Et pourtant rien, pas même l'élégante 327 ou la luxueuse 335 en préparation, n'aurait pu préparer le monde automobile au séisme que provoqua le roadster 328. S'inspirant de l'image racée de la 315/1 et de la 319/1 deux places, Popp dessina les plans d'une mise à jour bien plus moderne. Il s'attela à l'amélioration ambitieuse du moteur 2,0 L, avec une culasse en alliage d'aluminium accueillant des chambres de combustion hémisphériques thermodynamiques, qui imposaient à leur tour des soupapes chanfreinées et une disposition complexe de bielles, de bras oscillants et de pistons pour les manœuvrer depuis l'arbre à cames en tête. Avec ses trois carburateurs, un ratio de compression élevé de 7,5/1 et une limite de régime confortable, supérieure à 5 000 tr/mn, le moteur fonctionnait à merveille même sous sa forme de série, atteignant aisément 80 ch. Les évolutions liées à la

compétition amèneront bientôt la puissance à dépasser la centaine de chevaux-vapeur.

Rivalisant en termes de technologie avec la 328, modèle qui comprenait aussi un carénage intégral sous moteur pour une bonne ventilation sous le châssis, un roadster deux places vit le jour avec une carrosserie tout simplement époustouflante. Galbée, aérodynamique et bien proportionnée, avec sa calandre en double haricot et ses grands phares carénés, mais aussi son élégante queue de bateau chanfreinée, cette voiture débordait d'une énergie sportive. Deux sangles de capot en cuir de type Le Mans faisaient un clin d'œil visuel, et les portières échancrées laissaient au pilote assez de place pour manœuvrer le volant dans le feu de l'action.

La 328 démarra sur les chapeaux de roues, alors que le prototype remporta sa première course (la prestigieuse Eifelrennen sur le circuit Nürburgring en juin 1936) avec au volant Ernst Henne, qui arriva avec une longueur d'avance sur tous ses concurrents, dont des voitures de course à surcompresseur. Lorsque des 328 de route furent commercialisées cet été-là, leur vitesse maximale de 150 km/h en fit des vainqueurs prêts à l'emploi, et en un rien de temps, ce modèle se mit à accumuler les victoires. Il domina les courses sur route et sur circuit, ainsi que les courses en montagne, alors populaires, tout au long de l'année 1937. Il remporta des victoires dans sa catégorie lors de l'édition 1938 des Mille Miglia et du Grand Prix allemand, et fut aussi la voiture la plus rapide de l'Avusrennen cette même année.

Le roadster 328 fit sensation dès ses débuts en 1936, avec une allure flamboyante et une performance
digne de la compétition grâce
à son moteur 2 L offrant 80 ch.

Les performances remarquables du 328 reposaient en grande partie sur un jeu ingénieux de soupapes et des triples carburateurs.

L'année suivante, l'écurie officielle de BMW se présenta aux 24 Heures du Mans : son coupé aérodynamique à carrosserie spéciale se classa premier de la catégorie 2,0 L et quatrième au classement général. De leur côté, deux roadsters standard finirent septième et neuvième au général. La série de victoires de la 328 se poursuivit même pendant la guerre, alors que Fritz Huschke von Hanstein décrocha une victoire éclatante lors des Mille Miglia 1940 sur un circuit modifié.

Toutes ces victoires n'auraient pu faire meilleure publicité à cette voiture dont le statut de classique instantané est inversement proportionnel au petit nombre d'unités produites (entre 410 et 462 selon les sources). Si l'on fait abstraction de l'hystérie collective qu'elle suscita, la 328 représente un cap technique important. Elle donna la preuve tangible que les voitures de sport n'avaient pas besoin d'être grandes, lourdes et d'une puissance insensée pour réussir. Elle montra surtout que n'importe quelle voiture, pour peu qu'elle ait un châssis rigide et bien conçu, pouvait être à la fois confortable et maniable au quotidien, et atteindre des performances sur les circuits de course.

C'est avec cette réputation incroyable que BMW plongea dans l'inconnu de la guerre. Une seule certitude : les activités de l'entreprise ne seraient plus seulement dirigées par ses responsables de talent, mais devraient aussi composer avec les diktats politiques de Berlin.

Les 328 de tous types déferlèrent sur les sports automobiles dès la saison 1937, avec des victoires au Mans, à Ulster
et aux Mille Miglia, entre autres ; les voitures finales arboraient une carrosserie coupée spéciale par Touring.

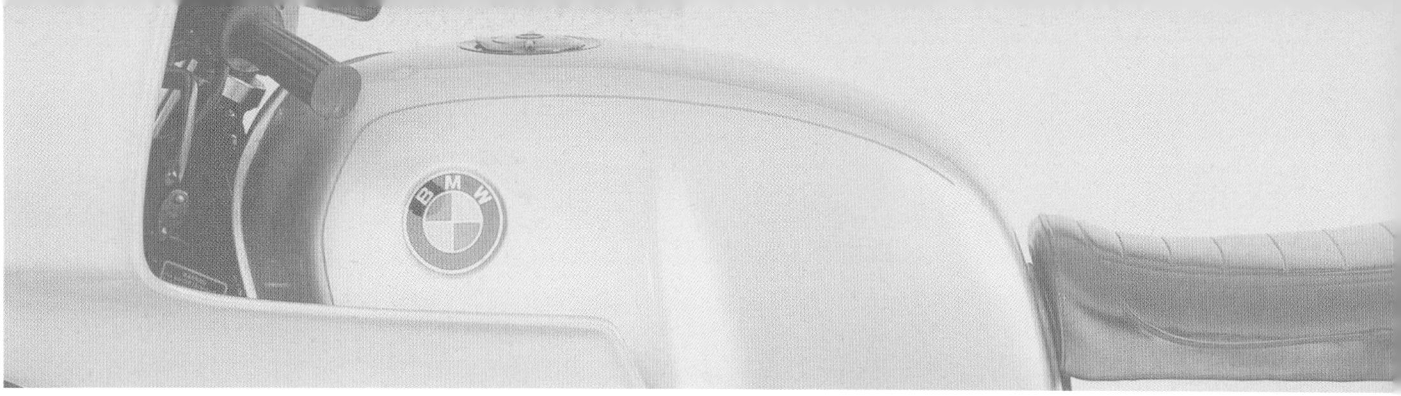
BMW

CHAPITRE

4

Le Boxer toute une légende

Le moteur flat-twin horizontal 500 cm^3, sur lequel le département moto de BMW bâtit sa réputation, était à l'origine un moteur industriel. Il avait d'abord été installé, sans grand succès, sur l'éphémère moto Helios de son entreprise jumelle Bayerische Flugzeugwerke. Le coup de maître du trio de talentueux ingénieurs moto de BMW fut de tourner le moteur en travers du cadre pour que les deux cylindres reçoivent l'air de refroidissement, tout en ayant une roue arrière motrice via un arbre moteur, autre coup de génie.

C'est ainsi que naquit la première moto avec moteur boxer de BMW, qui fera l'effet d'un séisme dans le secteur, et accédera au statut de référence durant les cent ans suivants. Mais la contribution de BMW au secteur de la moto est loin de se résumer au flat-twin et à l'arbre moteur. Ses modèles tout en élégance donnèrent un second souffle à ce secteur grâce à leur approche intégrée, qui tirait un trait sur le superflu, les fuites d'huile et l'image poisseuse et artisanale dont souffraient même les meilleures motos de l'époque. Surtout, la conception ingénieuse et les petites touches luxueuses, autrefois l'apanage des grosses cylindrées haut de gamme, devinrent définitivement la norme.

BMW R32, 1923

Décrire la R32 (à droite) comme un tournant dans l'histoire des motos serait un euphémisme. Lors de son dévoilement en 1923, le grand public resta bouche bée devant cette irruption inopinée du futur dans le quotidien. Avec son cadre et son réservoir lovés autour du flat-twin de série, et son arbre moteur dans le boîtier arrière en aluminium, cette moto fut la toute première à être pensée comme un ensemble cohérent. Toutes les autres motos pâlirent soudain en comparaison, avec leur allure décousue, dilettante et datée ; la R32 représentait une rupture décisive avec les habitudes héritées de l'époque de la bicyclette, qui avaient fait leur temps. Malgré une puissance relativement modeste de 8,5 ch, la R32 était souple, fiable et propre, et devint immédiatement un classique. Incroyablement influente à la fois chez BMW et le reste du secteur, elle annonçait une vision systématique et professionnelle de la conception, dont l'entreprise ferait bientôt sa philosophie.

BMW R39, 1925

Tout aussi sophistiquée que la R32 dont elle s'inspire, la R39 (non présentée) fut la première moto monocylindre de BMW. Avec son moteur 250 cm^3 monté droit dans le cadre et ses 6,5 ch, elle fut la première moto à pouvoir se vanter d'une culasse en tête entièrement carénée. Autre nouveauté : un carénage intégral en alliage léger pour le barillet et le carter, avec un revêtement pressé pour les cylindres. Surtout, cette petite moto gardait l'arbre moteur souple et sans entretien de sa grande sœur, gage d'une conception irréprochable.

BMW R37, 1925

Avec la R37 (ci-dessus), BMW s'aventura pour la première fois dans le monde des motos de sport. Directement inspirée de la R32, elle gardait la même cylindrée de 494 cm^3, mais avec une innovation technique de premier plan : les culasses en tête. Avec son taux de compression de 6,2/1, la R37 était désormais deux fois plus puissante et donnait 16 ch à la vitesse alors ébouriffante de 4 000 tr/mn. Avec un poids total de tout juste 125 kg, cette moto était ultra-performante – assez, d'ailleurs, pour remporter le Grand Prix allemand dès sa première année d'existence avant de s'emparer de l'or lors de l'International Six Days Trial de 1926 en Angleterre, avec le jeune ingénieur Rudolf Schleicher aux manettes.

BMW R62 et R63, 1928

À l'exception de la commande de soupape dans le moteur, la R62 (ci-contre, en haut) et la R63 étaient globalement identiques. Elles furent les premières machines de BMW dans la catégorie 750 cm^3, alors en plein essor avec l'avènement du side-car. Avec le moteur standard à soupapes latérales et un faible taux de compression, la R62 affichait 18 ch, tandis que le moteur à soupapes en tête de la R63 atteignait une vitesse de pointe de 120 km/h du haut de ses 24 ch. Jusqu'alors, toutes les motos de BMW présentaient encore une roue arrière sans suspension reliée à des freins à bande.

BMW R11 et R16, 1929

La moto routière R11 et son homologue sportive R16 (ci-contre, au centre) reprirent le flambeau des R62 et R63. D'allure semblable, elles n'en firent pas moins avancer le secteur de la moto, surtout au niveau de la fabrication. Leur principale

innovation : le cadre en acier pressé, pour une meilleure raideur de torsion du side-car ; à l'instar des motos antérieures, elles utilisaient des variantes d'un même moteur 750 cm³, mais avec des soupapes latérales ou en tête. Ces modèles avaient un autre atout : les phares, le compteur de vitesse et le klaxon, autrefois en option, étaient désormais disponibles en série.

BMW R2, R3 et R4, 1931-1936

Le charme faisait défaut à ces modestes machines monocylindres, souvent absentes des histoires abrégées de la moto. Mais pour BMW, la R2 (200 cm³) et les modèles R3 (300 cm³) et R3 (400 cm³) (en bas à droite) qui suivirent furent une source fiable de recettes dans une conjoncture difficile, avec plus de 30 000 exemplaires écoulés au total. Curiosité technique de cette série, le moteur était monté en décalé par rapport à la ligne centrale du châssis. À plein régime, cela se traduisait par une transmission directe efficace du vilebrequin à la roue arrière, exploit que Lexus tenterait de reproduire à grand renfort de millions sur sa première voiture de luxe à la fin des années 1980.

BMW R12 et R17, 1935

Les R12 et R17 marquent une étape importante dans l'histoire de la moto : ce furent les premières à arborer des fourches avant télescopiques, désormais quasi universelles. Introduites après des années d'essais avec différentes suspensions, les fourches hydrauliques permettaient de rouler plus longtemps que les solutions traditionnelles ; elles amélioraient le confort et le raffinement, mais aussi les déplacements en ligne droite et la sécurité dans les virages. Atteignant désormais 33 ch et une vitesse de 140 km/h avec la R17, cette génération affichait aussi, pour la première fois, une boîte à 4 vitesses et un frein arrière à tambour.

International Six Days Trial, 1935

De l'opinion générale, BMW prenait des risques en participant à cette prestigieuse course de motos à surcompresseur sur plus de 1500 km, d'autant plus qu'elle mêlait route, tests de vitesse, chemins et sections tout-terrain. Sans compter des règles qui encadraient strictement le transport de pièces détachées, mais aussi les réparations, réservées aux pilotes. Malgré des modifications pour dépasser 50 ch à partir de 500 cm^3, les BMW à surcompresseur connurent le succès avec des pilotes comme Henne, prouvant par la même occasion que les moteurs haute performance pouvaient être tout aussi fiables que leurs homologues classiques.

BMW R5, 1935

Cette 500 cm³ haute performance marqua à nouveau une étape technique importante. En s'appuyant sur l'expérience de la compétition de BMW, elle offrait un nouveau moteur, avec des doubles arbres à cames à chaîne et soupapes en tête, sans oublier un cadre à montants ovales soudés à l'aide d'un processus électrique novateur, pour toujours plus de résistance et de rigidité. La boîte à quatre vitesses fut déplacée vers une pédale, même si un levier auxiliaire fut gardé pour ménager les pilotes traditionnels. Les marchepieds laissèrent la place à des repose-pieds modernes et un frein actionné par les orteils (et non plus les talons). Avec 24 ch à une vitesse impressionnante de 5 500 tr/mn, la R5 peut être considérée comme l'une des premières motos sportives modernes de poids moyen. En 1938, elle fut aussi dotée d'une suspension arrière.

Les records de vitesse de BMW, 1937

Ernst Henne, pilote enthousiaste et touche-à-tout, s'était lancé dans une course aux records de vitesse en ligne droite sur motos BMW à la fin des années 1920. Au milieu des années 1930, les motos étaient des streamliners spécialisés à surcompresseur 500 cm³ capables de dépasser 250 km/h, et d'ici 1937, BMW pouvait se vanter d'avoir fabriqué la moto la plus rapide au monde : 280 km/h sur l'Autobahn A3 près de Darmstadt. Ce record ne serait battu qu'en 1951 par Wilhelm Herz sur une moto spéciale NSU.

BMW dans le Senior Tourist Trophy, 1939

Les 60 km du Senior Tourist Trophy (TT), sur le dangereux circuit Mountain Course sur l'Île de Man, sont considérés comme la course sur route la plus prestigieuse au monde. Le Britannique John « Jock » West créa la surprise en se classant seulement sixième lors de l'édition 1937 sur une BMW 500 cm³ à surcompresseur, et en 1939, la domination allemande fut complète : Georg Meier, sur une machine comparable, s'empara de la première place, en reléguant Stanley Woods, pourtant dix fois champion, à la quatrième place. Meier était le premier pilote étranger à remporter le Senior TT sur une moto étrangère.

BMW R75, 1941

La moto militaire R75, développée sous la houlette du pilote et ingénieur Alex von Falkenhausen, était remarquable. Pensée pour rouler sur tous les terrains, des déserts de sable aux steppes enneigées en passant par les marécages, la R75 était une moto à part entière, dotée de plusieurs roues motrices : la traditionnelle roue arrière, mais aussi la roue de side-car. Elle offrait une boîte de vitesses ingénieuse avec huit rapports de marche avant et deux de marche arrière, ainsi qu'un blocage du différentiel pour la transmission du side-car, et avec son moteur à soupapes latérales 750 cm³ généreux en couple, elle avait une capacité de charge légendaire. Elle joua un rôle de premier plan dans la mobilité de l'armée allemande pendant la guerre.

BMW R24 et R25, 1948

Ces modèles furent les premiers construits par BMW après la guerre, à une époque où les cylindrées de plus de 250 cm³ étaient prohibées. L'élégante R24 (ci-dessus), inspirée de la R23 d'avant-guerre, mais agrémentée d'une toute nouvelle boîte à quatre vitesses, garda le célèbre arbre moteur de BMW ; elle connut un franc succès. Sa conception fut sans cesse améliorée avec l'apparition de pièces détachées et de matériaux de meilleure qualité. En 1950, elle avait fait place à la R25, dotée de suspensions arrière coulissantes au lieu d'un cadre rigide, pour un gain de confort bienvenu. Loin d'être bon marché, la R25 se vendit pourtant à plus de 108 000 exemplaires avant d'être remplacée en 1956 par la R26 et ses suspensions arrière à bras oscillants.

BMW R51/2, R67 et R68

Le retour du légendaire flat-twin de BMW suscita l'enthousiasme en 1950, lorsque les restrictions sur la fabrication de grosses cylindrées furent enfin levées. La R51/2 (ci-dessous) était quasi identique à sa version d'avant-guerre, à quelques améliorations près : les carburateurs et les arbres à cames dépendaient désormais d'engrenages et non plus d'une chaîne bruyante. Le cadre coulissant était toujours là, mais les freins étaient désormais intégraux et l'amortissement des fourches avant télescopiques fut revu et corrigé. La R67 (600 cm³), destinée aux side-cars, vit bientôt le jour, et en 1952 la R68 solo, avec une version 35 ch du flat-twin, devint la première moto de série allemande à atteindre 160 km/h.

BMW R50 et R69, 1955

Lancées à peine cinq ans après la reprise des flat-twins, les R50 (500 cm³, ci-dessus) et R69 (600 cm³) millésime 1955 marquèrent un grand pas en avant dans la conception de châssis de BMW. Après avoir lancé les fourches télescopiques en 1935, BMW était désormais passée à un cadre complètement novateur, avec des bras oscillants avant et arrière. Parfois appelés « fourches Earles », les bras avant étaient insérés avec précision dans des rouleaux coniques réglables, pour améliorer non seulement le confort et la précision, mais aussi la stabilité et le freinage : la moto ne piquait plus du nez en freinant, et la roue arrière participait davantage au freinage.

BMW R69S, 1960

Cette moto sportive emblématique des années 1960 (ci-dessus) a vu le jour en réponse au succès grandissant des bicylindres parallèles racés des marques britanniques Triumph et BSA sur le marché américain. Elle bénéficia également de l'appui du nouveau « moteur » de BMW, Herbert Quandt. En augmentant la compression et le régime maximal, cette moto produisait une puissance honorable de 42 ch. Un amortisseur à direction hydraulique exclusif atténuait les tremblements des lourdes fourches Earles, une fois l'engin lancé à grande vitesse. Mais vers la fin de la décennie, les BMW R69, et la marque elle-même, pâlissaient face aux superbikes 4 cylindres rutilantes des constructeurs japonais.

BMW R27, 1960

Face au changement de fond qui s'opéra sur le marché des motos au début des années 1960, BMW sortit sa R27 monocylindre sophistiquée (à gauche). Les motos devenaient un loisir à part entière plutôt qu'un moyen de transport, et les fabricants japonais comme Honda sortaient des modèles rapides et bien équipés, notamment dans les petites catégories. À l'inverse, la R27 proposait une conduite souple et silencieuse, avec un moteur novateur en élastomère, un montage en ligne droite, et bien sûr, un arbre moteur. Mais les performances et le charme lui faisaient défaut, et en tant que modèle haut de gamme, son prix n'avait rien de compétitif. Tous les monocylindres de BMW furent abandonnés en 1966, et les motards durent attendre 1993 pour voir réapparaître un modèle de ce type.

BMW Série /5, 1969

Les temps étaient durs pour les motos de BMW dans les années 1960 : les motos japonaises se taillaient la part du lion dans le segment porteur des motos de loisir, tandis que les acheteurs délaissaient ce qui semblait désormais un véhicule lent, coûteux et démodé. BMW envisagea même de mettre un point final à sa production de motos, mais se ravisa en remettant son fleuron, le flat-twin, au goût du jour. Les modèles de la série /5 (ci-dessus), commercialisés à partir de 1969, étaient plus légers, maniables, modernes et puissants et arboraient enfin un allumage électrique et des couleurs plus éclatantes que le sempiternel noir. Ces motos furent les premières à sortir de l'usine de Spandau, à Berlin.

BMW R90S, 1973

Le lancement de la R90S (ci-dessus) en 1973 a sans doute révolutionné la façon dont le grand public voyait les motos de BMW. Fleuron de la série /6, elle comportait non seulement une boîte cinq vitesses et des freins avant à disques, mais aussi un puissant moteur de 67 ch et 900 cm^3, le plus gros boxer de l'époque. Mais surtout, elle était l'œuvre du designer Hans Muth, qui maria des carénages épurés à une élégante selle biplace et une tête de fourche aérodynamique pour une allure sportive. Impeccable avec sa finition en peinture métallisée, la R90S enterra l'image de « moto de vieux » dont souffrait BMW et avec elle, une nouvelle identité était née.

BMW R100 RS et RT, 1976

Avec la R100 RS de 1976 et sa petite sœur la RT (à gauche) débuta une nouvelle ère : celle des motos grand tourisme, capables de garder des vitesses de croisière élevées toute la journée, sans effort pour le pilote ni le moteur. Rebondissant intelligemment sur le succès de la R90S, BMW développa un beau profilage intégral dans une soufflerie pour protéger le pilote et son passager des éléments. Le moteur 70 ch, le passage de vitesse amélioré et les freins arrière à disque rendaient cette moto maniable dans les virages, mais si la RS et la RT, avec ses casiers de rangement, sont passées à la postérité, c'est grâce à leur équilibre parfait entre leurs côtés grand tourisme et sportif.

BMW R45 et R65, 1978

Après le succès de la R90S et de la R100 RS, signe d'un regain d'intérêt envers des motos haut de gamme, les dirigeants de BMW se sentaient capables de s'attaquer aux poids moyens japonais avec un nouveau modèle plus léger. Doté d'un flat-twin plus petit dans un cadre plus compact, la R45 ciblait les marchés européens, plus prudents, tandis que la R65 (ci-dessus) reprit le flambeau de la R60/5, plus imposante. Dépassant à peine 200 kg, ces motos étaient compactes, maniables, séduisantes et évidemment, d'une conception irréprochable. Mais le rapport performance/prix ne pouvait pas rivaliser avec les marques asiatiques, et ces beaux modèles de BMW eurent du mal à s'imposer. Dernier modèle remarquable, la R65LS de 1982, comprenait une tête de fourche aérodynamique qui rappelait la R90S.

BMW R80 G/S, 1980

À la fin des années 1970, BMW et ses homologues comme Triumph avaient perdu d'avance face aux machines japonaises racées et super rapides. BMW savait qu'il fallait agir : elle développa la série K 4 cylindres, inspirée de la technologie automobile, dans le but de tourner la page du moteur boxer. Mais le flat-twin eut droit à un baroud d'honneur sur une moto complètement novatrice : une grosse cylindrée de route qui, forte de l'expérience du Paris-Dakar, s'attaquait aussi au tout-terrain. Avec son moteur 800 cm^3, son bras oscillant unilatéral et son image aventurière, la R80 G/S (ci-dessous) ne se contenta pas de sauver le moteur boxer et de lancer une gamme fructueuse de nouvelles motos BMW : elle donna naissance au segment des sports d'aventure.

CHAPITRE

5

Guerre et après-guerre

Pour BMW, tout comme pour le reste de l'industrie allemande, les années de guerre furent une période de pression stupéfiante sur tous les fronts. En plein effort de guerre, l'ingénierie, les technologies de fabrication, l'emploi et les calendriers de production repoussèrent largement leurs limites habituelles. En 1945, une fois les combats terminés, le prix à payer fut aberrant en termes de pertes et le stigmate était dur à porter pour de nombreuses entreprises, désormais vues comme des marchands d'armes usant du travail forcé.

Mais à bien des égards, BMW souffrit plus que ses concurrents. La machine de guerre nazie ne lui avait laissé d'autre choix que de changer complètement de secteur d'activité, démarche qui, avant la guerre, lui avait pourtant permis de doper ses performances techniques et industrielles. Mais c'est précisément à cause de ce succès que l'entreprise se retrouva anéantie : tout d'abord par les bombardements alliés, puis les restrictions imposées par les forces d'occupation américaines, et enfin, le découpage de l'Allemagne suite à la victoire des Alliés.

C'est ainsi qu'à l'été 1945, BMW se retrouva avec ses trois branches d'activité réduites à néant. L'usine de Milbertshofen à Munich était en cendres, et ses machines sur le point d'être confisquées, tout comme l'usine aéronautique d'Allach, au nord de la ville. Fabriquer quoi que ce soit ayant trait, de près ou de loin, aux avions et aux motos était

L'usine de BMW à Milbertshofen fut presque réduite en poussière par les bombardements alliés, et les forces d'occupation confisquèrent tous les stocks et équipements.

De retour au travail : la fabrication de motocyclettes reprit en 1948 avec la R24 monocylindre.

La 325 KFz3 construite pour l'armée n'avait pas été conçue par BMW, mais offrait un châssis de pointe avec transmission et direction intégrales.

strictement interdit, à supposer que des matériaux aient été disponibles. Pire encore, toute la branche automobile de BMW était hors d'accès à Eisenach, désormais dans le secteur soviétique derrière ce qui deviendrait le Rideau de fer. C'est à Eisenach que se trouvaient les bureaux de conception, les plans et la majorité de l'expertise automobile.

Cette situation fut une belle leçon d'humilité après une décennie de frénésie pendant laquelle BMW était montée au firmament des constructeurs de moteurs d'avion, et s'était taillée une réputation dans le secteur des deux, trois et quatre roues. Ce sont de ces technologies de pointe que les Alliés s'emparèrent allègrement en libérant le site de BMW en 1945.

Malgré ses activités aéronautiques d'envergure, BMW n'en restait pas moins un important producteur de véhicules militaires terrestres. Avec les fabricants Stoewer et Hanomag, BMW avait construit le 325 KFz3, la Jeep allemande. La marque n'avait pas conçu ce modèle, mais son moteur 6 cylindres (inspiré de la 326) et un châssis sophistiqué, à transmission intégrale et suspensions indépendantes.

L'emblème de BMW n'apparut jamais sur la KFz3, mais fut arboré avec une certaine fierté par les motos militaires de l'entreprise, notamment le side-car tout-terrain R75 (voir page 39). Le R75 marque la première tentative de side-car intégré, au lieu de se contenter d'accoler un panier à une moto ordinaire. Et surtout, la roue du side-car était motrice. Les performances de ce modèle dans des conditions tout-terrain extrêmes séduisirent la Wehrmacht, et 16 000 exemplaires furent livrés avant qu'un raid aérien ne mette un terme à la production.

Pourtant, minée par la pression impitoyable sur la construction de moteurs d'avion imposée directement par Berlin, la direction de BMW perdait sa détermination à garder le contrôle de ses activités. À l'été 1941, quelques voitures avaient été construites, mais dès l'année suivante, les SS exhortèrent Franz Joseph Popp à se consacrer exclusivement à la production de moteurs d'avion. Popp s'y refusa malgré des

craintes évidentes pour sa vie, et fut rapidement remercié. Dès lors, après avoir assis Fritz Hille (qui avait rejoint l'entreprise lors du rachat de Bramo) au poste de directeur fantoche, les SS dirigèrent BMW bien plus directement, en recourant davantage au travail forcé.

Dans une manœuvre qui aurait pu s'avérer fatale pour BMW, l'armée américaine libéra en avril 1945 la région de Munich et ordonna la reddition ou la destruction de tous les équipements, stocks et plans de BMW. Ce n'est qu'à la faveur de bonnes relations entre la direction de BMW et les forces américaines que le démantèlement fut évité et que l'entreprise fut autorisée à revenir à des productions plus modestes : casseroles et poêles, bicyclettes, voire machines agricoles.

Cette production remit la chaîne d'assemblage sur les rails et surtout, encouragea les anciens employés à revenir. Sous peu, bien que dans un secret relatif, une moto flat-twin 2 temps 125 cm^3 (la plus grosse permise selon les restrictions d'après-guerre) vit le jour sur le papier et les concessionnaires

Un excès de zèle de la part du marketing annonça la R24 monocylindre trop tôt ; en voici une parodie astucieuse.

Franz Josef Popp, co-fondateur de BMW, fut une figure incontournable de l'entreprise jusqu'en 1942, date à laquelle les SS le remercièrent pour avoir refusé de consacrer toute les chaînes de montage aux moteurs d'avion.

La voluptueuse 501 de 1951, surnommée l'Ange baroque, était chère et sous-puissante, et les ventes furent lentes à démarrer.

BMW de tout le pays furent passés au peigne fin pour trouver des pièces détachées de machines 250 cm³. L'idée était de mesurer chaque pièce afin de dessiner les plans d'un tout nouveau modèle monocylindre, en attendant la levée du seuil de cylindrée à 250 cm³ ; à l'été 1947, sa phase de conception était finie. Au grand désespoir des ingénieurs de production, dépourvus d'équipements et qui ne savaient que trop bien que les matériaux étaient rares et chers dans le chaos économique d'après-guerre, la R24 fut dévoilée au Salon de l'automobile de Genève dès le printemps suivant, avec une promesse optimiste du responsable des exportations, Fritz Trösch : celle de livrer l'engin avant Noël. Seuls quelques officiels de BMW dans la confidence savaient que l'élégant prototype, avec son arbre moteur, ses fourches télescopiques, son astucieux moteur et ses boîtes de vitesse de série, n'était qu'une coquille vide. Sans pièces internes, son moteur était même affublé de pièces externes en bois sculptées de main de maître.

BMW put tenir sa promesse de livraison avant Noël, non par miracle, mais à la faveur d'une restructuration de l'entreprise placée en redressement et sous une nouvelle direction, imposée par la Deutsche Bank. Le nouveau président, le Dr Hans Karl von Mangoldt-Reiboldt, avait l'art d'obtenir du matériel et des équipements et, grâce au filet de sécurité assuré par la réforme de la devise en juin et la stabilisation du nouveau deutsche mark, la production put repartir.

Les motos ouvrent la voie

L'élégante R24, suivie de la R25, trouvèrent vite leur public, et en 1950, près de 30 000 exemplaires étaient sortis des usines. On pouvait à nouveau produire des grosses cylindrées et le travail sur le moteur boxer twin de la R51 était en bonne voie. Mais les bénéfices des ventes de motos étaient trop faibles pour financer une reprise de l'activité automobile, et, pour empirer encore les choses, la question cruciale de l'usine de BMW à Eisenach, inaccessible du côté soviétique, était tout sauf résolue. La colère de BMW à Munich était compréhensible : alors que l'entreprise avait hâte de reprendre la production automobile, son site d'Eisenach construisait et vendait des modèles d'avant-guerre, dont bon nombre trouvaient acheteurs dans ce qu'on appellerait bientôt « l'Ouest », au nez et à la barbe de l'entreprise.

Face à ce problème, BMW Munich décida tout simplement de dissoudre la succursale d'Eisenach, faisant de Munich le seul propriétaire de la marque BMW. De son côté, Eisenach répondit en rebaptisant ses modèles EMW, mais le litige fut de courte durée : l'usine est-allemande passa bientôt à la production de nouveaux modèles sous la marque Wartburg.

BMW n'était pas non plus exempte de tensions internes, surtout concernant le type de voiture qu'elle produirait une fois les interdictions levées. Des tentatives pour revenir au secteur automobile par des raccourcis, comme un partenariat avec Ford ou Simca, ou encore une fusion avec Auto Union, n'avaient mené à rien. Le projet de petit coupé élégant deux places 331, propulsé par un moteur de moto bicylindre et refroidi à l'air, proposé par les ingénieurs fut rejeté par le directeur commercial Hans Grewenig, dont l'ambition était

La belle compacte 331 fut développée mais ne vit jamais le jour, car la direction estimait que des grandes voitures seraient plus rentables.

de revenir aux marges plus confortables du secteur haut de gamme. Avec cette démarche, Grewenig, issu du secteur bancaire, faisait écho à la montée en gamme initiée par Popp dans les années 1930.

La grande 501 flamboyante qui en découla en 1951 utilisait le classique moteur 6 cylindres d'avant-guerre, mais avec une suspension, une direction et des freins flambant neufs, tous fixés à un châssis-caisson massif. Bien reçue, la 501 n'en restait pas moins très chère, lourde et sous-puissante. Les ingénieurs en avaient déjà conscience, et travaillaient à un moteur V8 2,6 L, projet que Fritz Fiedler put mener à bien en quittant Bristol pour revenir à BMW en 1952. Ce moteur moderne 100 % alliage, avec ses 100 ch, fut annoncé lors du Salon de l'automobile de Genève en 1954 ; la moto 502 était identique à la 501, à quelques détails près. En parallèle, l'entreprise prit la décision de baisser le prix de la 501, et eut le plaisir de voir son chiffre d'affaires doubler en 1954.

La même année, Mercedes-Benz lança un modèle qui inspirera tant BMW qu'elle créera l'une des voitures les plus mythiques de toute son histoire. Dévoilée lors du Salon de l'automobile de New York, la voiture de sport 300SL était une petite merveille moderniste : directement inspirée des voitures de course de la marque, elle présentait des performances inouïes à un prix qui ne l'était pas moins. L'idée de la 300SL avait été encouragée par Max Hoffman, charismatique émigré autrichien qui avait fait fortune dans l'importation de voitures

BMW 501 et 502, 1951-1963

La 501, vite surnommée l' « Ange baroque », fut la première voiture construite par BMW après la guerre. Cette voluptueuse berline conçue par Schimanowski possédait un nouveau châssis rigide, deux triangles de suspension avant indépendants avec barre de torsion, une crémaillère de direction et un placement central novateur de la boîte de vitesses. Le moteur 6 cylindres 2 L se résumait à un modèle d'avant-guerre offrant seulement 65 ch, qui avait du mal à dompter les 1340 kg du modèle.

1951 : Présentation du prototype de la 501 au grand public.
1952 : Début de la production : les carrosseries sont construites par Baur en attendant que l'équipement interne de BMW soit prêt. Les prix élevés freinent les ventes.
1954 : Annonce de la 502, dotée d'un moteur V8. Peu de différences sur la forme, mais un moteur V8 100 % alliage de 100 ch (le premier au monde) offrant une performance bien supérieure. Les modèles 501A et 501B, moins chers, voient leurs ventes doubler.
1955 : Amélioration du moteur V8, qui passe à 3,2 L et 120 ch.
1957 : Mise à jour du 3.2 Super, qui offre 140 ch et une vitesse de pointe de 177 km/h.
1959 : Ajout de la direction assistée et assistance au freinage, une grande première sur une voiture allemande.
1961 : La gamme est rebaptisée 2600 et 3200, tandis que la 3200S 160 ch devient officiellement la berline la plus rapide d'Allemagne, à 190 km/h.
1963 : Abandon de la production, après 8 900 6-cylindres et 13 000 V8 construits.

BMW 507, 1955–1959

Le roadster 2 places 507 compte désormais parmi les modèles les plus célèbres de BMW grâce à sa sublime carrosserie dessinée par Goertz, son moteur V8 de pointe et son impeccable construction à la main. Il incarne toutes les valeurs sportives et esthétiques de BMW, et marque un tournant malgré les rares exemplaires vendus pendant ses courtes années de production très peu rentables. Construit sur un nouveau châssis plus court avec un triangle de suspension avant et un essieu arrière mieux placé, le 507 atteignait 150 ch grâce à son moteur V8 haute compression, doté de sorties impeccables et d'un arbre à cames haute portée. Contrairement à la berline 502 et au coupé 503, la 507 comportait un levier de vitesse au plancher. Mais son prix élevé l'empêcha d'atteindre des résultats à la hauteur de ses ambitions.

1955 : Lancement lors du salon de l'automobile à Francfort.
1956 : Premières livraisons.
1959 : Débuts de la version à freins à disques ; abandon de la production en décembre après seulement 252 modèles construits.

Le succès de la sensationnelle Mercedes 300SL amena BMW à construire la 507.

européennes aux États-Unis. Hoffman avait un vrai flair pour les segments de marché lucratifs, et il suggéra à la direction de BMW d'envisager un modèle ciblant des régions chic et tendance comme la Côte Est et la Californie ; il conseillait cependant un positionnement à mi-chemin entre la Mercedes hors de prix, et les Britanniques Triumph et MG bon marché et pétillantes que s'arrachaient la plupart des Américains amateurs de sportives.

C'est ainsi que l'inoubliable BMW 507 vit le jour, joyeux amalgame entre le moteur V8 de la 502 (désormais à 3,2 L et 150 ch), un châssis rigide plus court et une carrosserie de roadster deux places aux superbes proportions. Ce style désormais intemporel avait été dessiné en un temps record par le comte Albrecht Goertz, autre émigré allemand qui faisait partie des proches de Hoffman, qui avait rejeté des propositions en interne. L'histoire ne dit pas si ces dessins étaient effectivement destinés à la 507 ou à la 503 4 places, plus longue et moins sportive, alors développée en parallèle. Goertz avait collaboré avec le notable Raymond Loewy pour la marque Studebaker et serait plus tard embauché par Nissan en tant que consultant pour sa série de coupés sport Z. Selon la légende, le conseil d'administration s'empressa d'approuver le projet alors que le président Kurt Donath, opposé à la 507 qui détournait BMW d'autres priorités, était hospitalisé.

Le fameux roadster 507 de 1955 avec son concepteur, Albrecht Goertz, et la Z8 de 1999 qui s'en inspire (haut).

Les coupés et cabriolets 503 4 places étaient moins glamour que la 507, mais leurs ventes furent plus régulières. ❯

Mais Donath n'avait pas entièrement tort : BMW perdait énormément d'argent et avait besoin de petites voitures qui se vendraient rapidement, plutôt que de modèles complaisants destinés à redorer son blason auprès des clients fortunés. Le temps lui donna raison : dans les décennies qui suivirent ses débuts en 1956, la 507 aurait pu devenir l'un des enfants chéris du design automobile, mais dans la difficile conjoncture des années 1950, elle fut un désastre commercial, qui amena BMW au bord de la faillite.

Hoffman avait prévu de vendre 5 000 exemplaires par an aux États-Unis, pour 5 000 dollars chacun. Mais le coût de production en Allemagne était tel que le prix de lancement dépassa 9 000 dollars (plus que la 300SL), voire 10 000 dollars par la suite. Les clients ne furent pas au rendez-vous, et même à ce prix, l'entreprise perdait de l'argent à chaque exemplaire construit. Au grand soulagement des comptables, et au grand désespoir des amateurs de sport, l'entreprise abandonna la production en mars 1959, après seulement 252 exemplaires sortis des lignes de production de Munich. La 503, moins élancée, moins connue et paradoxalement deux fois plus vendue, fut abandonnée au même moment. Malgré l'échec commercial de la 507, elle n'en avait pas moins atteint son objectif initial, même brièvement : faire revenir BMW sur le devant de la scène des sports automobiles en mettant en avant le talent des ingénieurs de la marque bavaroise.

^ Dans les années 1950, le catalogue de BMW offrait autant de voitures de luxe extravagantes que de micro-voitures basiques, mais rien pour les familles. Dans le musée de l'entreprise, une 502 cabriolet côtoie un châssis de 502 et une Isetta.

La 507 s'avéra une voiture extraordinaire à bien des niveaux, notamment en ayant une influence profonde sur l'univers de la conception automobile, inversement proportionnelle au nombre d'exemplaires vendus. Elle est désormais considérée comme un cap dans l'histoire de BMW et a inspiré de nombreux autres modèles sportifs comme la Z3, le concept Z07 et la Z8. Ses proportions intemporelles en font une incontournable du top 10 des icônes automobiles, et il n'est pas rare qu'elle se vende à des centaines de milliers d'euros lorsqu'une rare survivante est mise aux enchères.

L'ambition au détriment du réalisme

Si l'obstination avec la 503, la 507 et des versions encore plus puissantes de la 502 sur V8 ressemblait à une certaine folie des grandeurs de la part du conseil d'administration de BMW, le projet avorté de la 505 ne fit que le confirmer. Présentée en 1955, au même Salon de l'automobile de Francfort que la 507, la 505 était une manœuvre audacieuse pour battre Mercedes sur son propre terrain : les limousines grandioses pour chefs d'État, diplomates et magnats. Malgré son allure chic et formelle dessinée par Giovanni Michelotti, la 505 prit un mauvais départ au Salon de Francfort lorsque, selon la légende, le chancelier allemand Konrad Adenauer fit tomber son chapeau en prenant place sur la banquette arrière. Cette humiliation publique fit une mauvaise publicité à la 505, et la Mercedes 300 garda son titre honorifique de « Mercedes d'Adenauer ».

Imperturbable, BMW ne se départit pas de son objectif : détrôner Mercedes sur le segment des voitures de luxe. Le duel commença vingt ans plus tard, avec l'arrivée de la Série 7, et dans les années 1980, BMW était même en passe de l'emporter.

Mais pour chaque projet grandiose concocté par la direction de BMW, une équipe plus terre à terre s'efforçait de trouver des solutions réalistes à ses ambitions. Dès 1954, les statisticiens avaient remarqué un ralentissement de la demande envers les motos alors que le *Wirtschaftswunder* (miracle économique) allemand s'accélérait et que les

BMW 503, 1955–1960

Également dessinée par Goertz, la 503 est la petite sœur moins glamour et souvent oubliée de la populaire 507. Construite sur un châssis plus long pour accueillir quatre sièges, elle reprenait une grande partie de la technologie de la 507 mais se vendit avec plus de régularité, malgré son prix plus élevé. La version cabriolet, l'une des premières voitures européennes avec une capote électrique, fut particulièrement appréciée.

1955 : Lancement lors du salon de l'automobile à Francfort.
1956 : Premières livraisons aux clients.
1960 : Abandon de la production.

❮ Tentant de défier Mercedes, la limousine 505 ne dépassa pas l'étape du prototype.

L'Isetta en « pot de yaourt » se vendit bien et sortit BMW de la faillite.

Heinrich Richter-Brohm prit la tête de l'entreprise en 1956 avec pour mission de développer une voiture de milieu de gamme, mais les financements n'arrivèrent qu'après 1960.

acheteurs délaissaient les deux-roues au profit des voitures. Devant ce qui était une tendance préoccupante, BMW se rapprocha de la marque italienne Iso, dont la micro-voiture Isetta faisait fureur en Italie, dans l'optique d'acheter sa licence pour la construire en Allemagne avec le moteur pour moto monocylindre de BMW. Le propriétaire d'Iso, Renzo Rivolta, était ravi de l'arrangement, et les choses s'enchaînèrent si vite que le prototype fut présenté au Salon de l'automobile de Genève à peine quelques mois plus tard.

La production démarra bientôt, et l'Isetta connut un succès immédiat, avec près de 13 000 exemplaires vendus en 1955 et trois fois plus les deux années suivantes. En 1958, avec un chiffre d'affaires dépassant les centaines de milliers de deutsche marks, elle représentait l'une des meilleures ventes de toute l'histoire de l'entreprise. Mais même ce regain d'activité ne suffit pas à compenser les recettes en chute libre des motos, sans même parler des pertes constantes des voitures de luxe. BMW était un constructeur automobile sans produits de milieu de gamme, segment vecteur de croissance et de bénéfices : il fallait remédier à cela.

Deutsche Bank n'avait jamais cessé d'augmenter ses parts dans l'entreprise, et dans les années 1930, cet actionnaire loyal avait aidé BMW à pénétrer dans le secteur automobile. En 1956, son représentant au sein du conseil d'administration de BMW, Heinrich Richter-Brohm, avait vu assez de signes préoccupants pour précipiter un remaniement de la direction, dont il ressortit directeur général. Lors de sa nomination, il demanda à voir la stratégie de l'entreprise, et fut sidéré de constater qu'elle n'en possédait aucune. Richter-Brohm prit la décision de rédiger un rapport de 133 pages analysant la situation et suggérant des solutions adaptées. « Cette entreprise doit changer à tous les niveaux », conseilla-t-il en ordonnant la fabrication d'une nouvelle BMW de milieu de gamme, produite à 24 000 exemplaires par an pour générer un chiffre d'affaires de 300 millions de DM et un bénéfice comptable de 14 millions. Le lancement du véhicule était prévu pour 1959, et lors de l'assemblée générale fin 1957, un Richter-Brohm gonflé à bloc déclara disposer des fonds pour « le nouveau programme de production, qui fera office de chaînon manquant entre l'Isetta et les grosses voitures ».

Peu d'entreprises avaient eu un tel écart de gamme à combler, et malgré cette situation désespérée, les fonds de Richter-Brohm se ne matérialisèrent pas totalement. Seul un projet intermédiaire, la « grande micro-voiture » BMW 600, vit le jour. Malgré des ventes satisfaisantes la première année, elle fut un échec et la trésorerie se réduisit à nouveau comme peau de chagrin. Une étincelle d'espoir surgit en septembre 1959 lors du Salon de l'automobile de Francfort, sous la forme de l'élégant coupé 700 de Michelotti, inspiré de la 600 : les commandes affluèrent, mais il était trop tard pour échapper à la faillite.

Lors de la réunion des actionnaires de décembre, les vautours, notamment Mercedes-Benz, se rapprochaient dangereusement, et la partie semblait perdue. Et c'était le cas, jusqu'à ce que la réunion soit ajournée pour agitation. Les avocats trouvèrent une erreur fatale dans les chiffres du conseil, ce qui permit à un actionnaire discret, Herbert Quandt, de s'emparer des actions indésirables pour renverser le vote : BMW resterait indépendante.

Sans l'action décisive de Quandt, BMW serait devenue une petite marque de l'empire Mercedes ou pire encore, aurait disparu. Mais le nouveau départ et la nouvelle vision de Quandt étaient exactement ce dont BMW avait besoin : l'inspiration qui lui manquait pour donner à l'entreprise de Munich, durant les années à venir, une longueur d'avance sur sa rivale de toujours, afin de devenir le premier constructeur mondial de voitures de luxe.

Typ	Länge	Höhe	Breite	Radstd.	Sitze	Gew.kg	Gg.	km/h	Preis mit Heizung	PS
BMW 600	2900	1375	1400	1700	4	565	4	100	3985.-	19.5
Fiat 600	3215	1405	1380	2000	4	560	4	101	4460.-	19
Lloyd 600	3355	1400	1410	2000	4	540	4	100	3858.-	19
Goggo 600	3430	1380	1470	2000	4	640	4	100	4330.-	20
Goggo 300	2900	1310	1280	1800	4	370	4	95	3102.-	14,8
Goggo400TS Coupé	3035	1235	1370	1800	2/2	460	4	100	3742.-	20
BMW107 Coupé	3540	1240	1480	2100	2/2					

^ Version adulte de l'Isetta, la BMW 600 connut une étincelle de succès avant de s'éteindre rapidement.

La mécanique de l'élégante mini-voiture 700 s'inspirait de celle de la 600. ˅

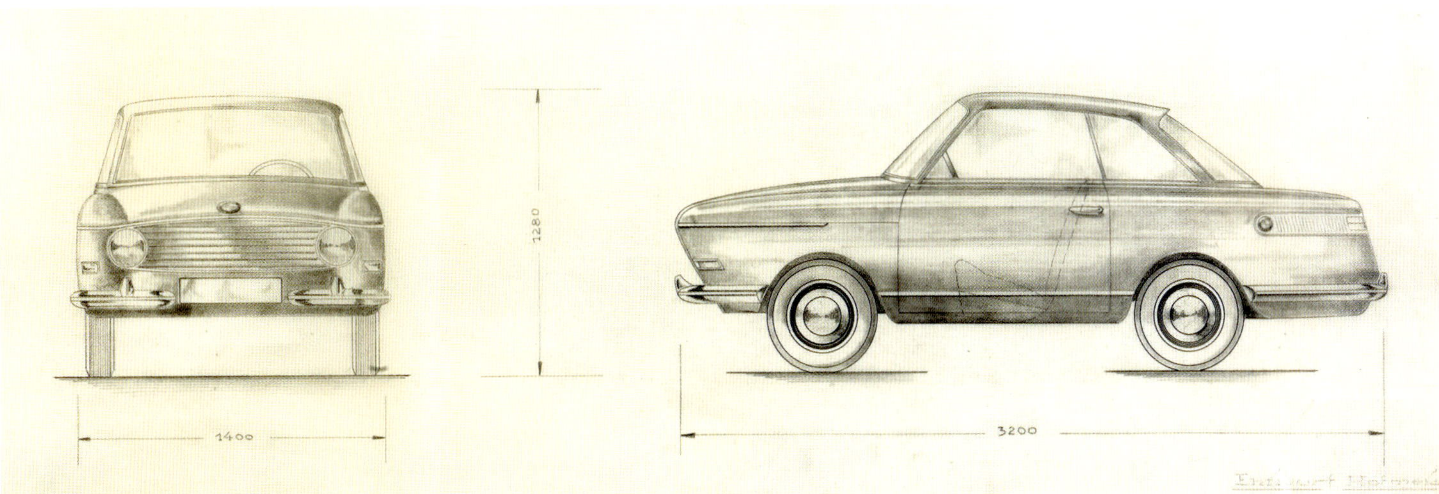

Breite 1400

M-KR 294

CHAPITRE

6

Voir petit

BMW débuta sa carrière de constructeur automobile en 1928, dans des temps difficiles où les ventes de grands modèles stagnaient. Le parti pris de l'entreprise, qui avait opté pour une petite voiture clés en main, s'avéra avisé : le succès de la Dixi permit à BMW de passer à des modèles plus grands et plus rentables. Dès que sa stratégie l'imposait, BMW avait toujours fait preuve, avec brio, de l'ingéniosité indispensable pour dessiner des petites voitures qui feraient recette, qu'il s'agisse des micro-voitures lors des pénuries de carburant des années 1950, des coupés miniatures tout en élégance des années 1960, ou de la première petite voiture de luxe en 2001, la Mini Cooper.

Dixi DA1, 1928

De ses débuts de constructeur de moteurs d'avion et de motos, BMW avait gardé l'ambition de s'implanter dans le secteur automobile. Après une série de déconvenues, autant au niveau de prototypes avancés internes que de sa direction paralysée par l'indécision, l'entreprise se jeta sur une occasion en or : construire l'Austin 7 britannique sous licence, en reprenant la Dixi et son contrat de construction de cette minuscule quatre places. BMW améliora méthodiquement la carrosserie légère, le freinage, la direction, la suspension et la qualité jusqu'à en faire une petite voiture séduisante. Cette expérience ouvrit la voie à d'autres, qui devaient moins aux économies agressives d'Austin qu'aux compétences techniques de BMW, tandis que son dérivé 3/15 eut l'honneur d'arborer l'emblème BMW et le précurseur de la mythique calandre.

BMW 331, 1950

De nombreuses personnes regrettent que la belle 331 (ci-dessus) n'ait jamais dépassé l'étape du prototype. Pensée par le concepteur en chef Alfred Böning à la fin des années 1940 au milieu d'une pénurie de trésorerie et de matériaux et un avenir incertain, la 331, aussi appelée 531, semblait taillée pour le succès, avec son moteur de moto flat-twin 750 cm^3 monté à l'avant, ses roues arrière motrices et sa boîte 4 vitesses. Malgré son format de coupé deux places, peu populaire, ses lignes galbées qui n'étaient pas sans rappeler la Fiat 500 auraient pu en faire un petit classique. La 331 aurait pu être la première voiture de série de BMW après la guerre, mais elle fut abandonnée au profit du plus gros potentiel de l'extravagante série de luxe 501 Ange baroque, à l'autre extrémité de la gamme.

BMW Isetta, 1955

Consciente du ralentissement de ses ventes de motos classiques, victimes de la prospérité des années 1950 qui poussait les acheteurs allemands à privilégier les quatre-roues, plus confortables et valorisants, BMW se mit à la recherche de solutions en Europe. En Italie, le comte Rivolta lui proposa avec plaisir sa micro-voiture Isetta (à droite), petit « pot de yaourt » que BMW dota du moteur monocylindre 4 temps 250 cm^3 de la moto R25. Les ventes de l'Isetta souffrant en Italie de la concurrence de la toute nouvelle Fiat 500, Rivolta souhaitait aussi céder ses équipements à BMW. Ce fut un bon investissement, et l'Isetta connut un franc succès jusqu'en 1958. Elle reste à ce jour le plus grand succès de BMW chez les modèles d'exposition. Des améliorations ingénieuses, notamment un moteur plus gros et des vitres latérales coulissantes, permirent à l'Isetta de garder fière allure, mais à la fin des années 1950, les micro-voitures avaient fait leur temps, et elle tira sa révérence avec panache en ayant réussi à garder BMW à flot pendant des temps difficiles.

BMW 600, 1957

Les troubles financiers de BMW au milieu des années 1950 étaient surtout dus au fossé béant entre la micro-voiture Isetta et les modèles de luxe, aux ventes lentes sur un segment peu rentable. Le manque de trésorerie éliminait d'office la familiale de milieu de gamme dont l'entreprise avait pourtant besoin. La direction opta pour un modèle intermédiaire pour appliquer le concept de la micro-voiture au modèle 600, bien plus grand (ci-dessus). Avec ses quatre places et sa portière latérale en plus d'une portière avant, à laquelle le volant était fixé, la 600 utilisait le moteur de moto bicylindre et refroidi par ventilateur, si cher à la marque et caché à l'arrière. Après une étincelle de succès en 1958, la 600 s'évanouit sans bruit, victime de son allure disgracieuse de micro-bus. Elle est restée dans les annales comme une curiosité de marketing, mais aussi pour avoir été la première voiture dotée d'une suspension arrière à bras semi-oscillant, châssis qui permettrait par la suite à BMW de prendre une longueur d'avance sur sa rivale Mercedes.

BMW 700, 1959

Par ses désaccords, ses divisions et ses intrigues, l'histoire de la BMW 700 (à droite) est unique au sein de la marque. Mécontent de l'accueil en demi-teinte réservé à la grande micro-voiture 600 et de l'obstination de son designer, Willy Black, le directeur général Richter-Brohm accepta l'offre de son agent autrichien Wolfgang Denzel, qui souhaitait produire un design plus élégant avec les mêmes éléments mécaniques. Travaillant à Vienne avec le designer italien Michelotti dans des conditions qui n'étaient pas sans rappeler celles d'un laboratoire secret, Denzel esquissa ce qui deviendrait la 700, et obtint l'aval de Richter-Brohm. À l'été 1958, il dévoila son prototype au repaire de l'entreprise sur le lac de Starnberg.

Son design d'une élégance contemporaine, aux lignes épurées, fit l'unanimité. L'année suivante, la 700 fit son apparition au format berline et coupé au Salon de l'automobile de Francfort, déclenchant une avalanche de commandes. Son design, qui comportait aussi la première structure monocoque de BMW, survécut à la faillite quasi totale de l'entreprise en 1959 et deviendra un grand succès auprès des clients, ainsi qu'un concurrent sérieux sur la scène des sports mécaniques.

BMW E1 (Z11), 1991

Une fois les ventes et l'image sportive de BMW en plein essor dans les années 1960, retourner aux petites voitures pour attirer de nouveaux clients ne présentait que peu d'intérêt. Mais dans les années 1990, sur fond de préoccupations écologiques et redoutant un quota obligatoire de voitures non polluantes en Californie, BMW s'attela à des concepts de citadines électriques. Bien plus tôt, l'entreprise avait développé une version électrique de la 1602 à l'occasion des Jeux olympiques d'été de 1972 à Munich. Présentée en 1991, la micro-citadine E1utilisait une carrosserie aluminium et composite, comptait quatre places (et un coffre), se vantait d'une vitesse de pointe peut-être optimiste de 120 km/h et d'une autonomie de 200 km grâce à sa batterie sodium-soufre installée sous la banquette arrière. La E1 (ci-contre, en haut), ainsi baptisée en l'honneur de son moteur 100 % électrique, était parfaitement opérationnelle et reste considérée par BMW comme une étape importante dans le cheminement technique qui aboutit à la méga-citadine i3 en 2013.

BMW Z13, 1993

Cette citadine basse (ci-contre, bas) annonçait très clairement les méga-citadines qu'imaginerait BMW vingt ans plus tard, dans une vision d'avenir qui donnerait naissance à la révolutionnaire i3 100 % électrique. Malgré une allure datée avec son capot ultra-bas et son pare-brise incurvé, la Z13 était le précurseur de nombreuses évolutions modernes. Le moteur 4 cylindres à l'arrière fait écho à la Smart et à la Renault Twingo contemporaines, et la configuration trois places, avec un seul conducteur central, est précisément celle qu'utilise Gordon Murray, à la fois pour sa supercar McLaren F1 propulsée par BMW présentée en 1992, et pour sa récente série de concepts citadins dotés de sa construction radicale iStream. Fidèle à ses ambitions haut de gamme, la Z13 regorgeait d'équipements de luxe, comme un télécopieur embarqué. Avec sa structure ultralégère en aluminium, la Z13 promettait d'excellents résultats pour son époque. Mais son heure ne vint jamais, car la reprise de Rover, spécialiste de petites voitures, sonna le glas de tout projet de production chez BMW.

Mini Cooper, 2001

En rachetant le groupe Rover en 1994, BMW s'empara d'une marque convoitée : Mini. Rover et BMW entamèrent rapidement des discussions sur le nouveau visage à donner à la Mini classique de 1959. Certaines factions plaidaient en faveur d'un arrière radical ou du moteur sous châssis pour rester fidèle à l'esprit d'innovation de Mini ; selon d'autres, tout le charme de la Mini d'origine résidait dans son allure et son image ludique. C'est la deuxième perspective qui l'emporta et le prototype de la Mini II qui ressortit de ce long processus en 1999 s'en faisait l'écho. Même si elle reprenait avec authenticité et tendresse des éléments visuels de cette grande dame, elle était désormais bien plus massive, Mais en tant que première petite voiture de luxe, la Mini II de BMW connut un franc succès dès sa sortie en 2001, et changea la façon dont le monde envisageait les petites voitures haut de gamme. Disponible en version Mini One et sportive Cooper, la voiture évolue au cours des années. En 2006 est lancée la Mini III légèrement retouchée et animée par des motorisations plus performantes et moins gourmandes. Dès 2009 est essayée une Mini E électrique et l'année suivante, la Mini II donne naissance à un SUV compact, la Mini Countryman, suivi du modèle Coupé, du Roadster et du Paceman. Pour 2014, l'auto s'offre un léger lifting avec la Mini IV avec châssis UKL et en 2019 est définitivement commercialisée la Mini SE équipée du groupe motopropulseur de la BMW I3.

BMW

F-ME 222

CHAPITRE

7

Les années Quandt

Les événements dramatiques de la réunion des actionnaires du 9 décembre 1959 ont été repris à profusion dans les nombreux comptes-rendus de ce jour fatidique : l'ultimatum du bloc pro-Mercedes, la découverte d'une falsification potentielle des comptes de la société, appelant un ajournement de la réunion, et enfin l'émergence d'une minorité bloquante de petits actionnaires loyaux et de concessionnaires avec à sa tête un riche support, la famille Quandt.

Mais tout à l'euphorie d'avoir échappé aux griffes de Mercedes-Benz, l'entreprise avait occulté une dure réalité : elle était toujours mal en point. Ses frais généraux étaient exorbitants, son modèle commercial (divisé en micro-voitures et modèles de luxe démodés, deux segments sur le déclin) n'avait aucun sens, et les ventes de motos ralentissaient elles aussi. La seule éclaircie provenait de la petite série de coupés 700, dont le carnet de commandes était encourageant.

Herbert Quandt et son demi-frère, Harald, avaient une personnalité diamétralement opposée. Herbert était décrit à l'époque comme quelqu'un de secret mais audacieux en affaires, tandis qu'Harald (dont la mère s'était remariée à Joseph Goebbels, chef de la propagande nazie) était sociable mais plus prudent. Pourtant, aucun des deux ne dirigea BMW ni n'accepta de siège au conseil d'administration. À l'inverse,

La toute nouvelle BMW 1500 attire les foules lors de sa présentation sur un salon de l'automobile en 1961.

c'est à l'extérieur qu'ils embauchèrent les personnes qu'ils jugeaient les plus aptes à occuper un poste de direction. Herbert savait gagner la confiance des banques et attirer les bonnes personnes ; il débaucha bientôt l'ingénieur en chef Wilhelm Heinrich Gieschen chez le constructeur Borgward, alors en difficulté, ainsi que le directeur commercial Paul Hahnemann, qui s'apprêtait à quitter Auto Union.

Quant à Gerhard Wilcke, il rejoignit l'équipe après avoir été le conseiller juridique de Quandt pendant des années. Il était particulièrement doué pour gérer la relation avec Daimler-Benz, chez qui Herbert avait encore des intérêts, et qui semblait n'attendre qu'une occasion pour fondre sur BMW. Wilcke parvint aussi à négocier des sollicitations de la part d'entreprises comme American Motors (qui espérait faire construire sa Rambler à Munich), Chrysler, Simca, le groupe britannique Rootes, Fiat et Ford.

Mais Quandt apportait bien plus que la simple confiance des banques. Il définit vite un plan de route clair des ambitions de BMW ainsi que son positionnement en termes d'image et de produits sur un horizon de cinq à dix ans.

Herbert Quandt (droite) était un actionnaire majoritaire non interventionniste de BMW, qui avait le don pour embaucher les bonnes personnes aux postes clés.

Grâce à ses conseils, BMW gagna la stabilité dont ses talents techniques bridés avaient besoin pour s'épanouir. Alex von Falkenhausen, pilote de course devenu ingénieur de génie, en témoigna dans le livre d'Éric Dymock, *BMW: A Celebration* :

> *« À mon avis, le problème venait du fait que nous avions un nouveau conseil d'administration tous les ans, expliqua von Falkenhausen. Les membres changeaient à tour de bras. Il était quasiment impossible de parler avec un nouveau directeur : tous étaient désespérés. Mais les personnes sous leurs ordres souhaitaient agir, et ne ménageaient pas leurs efforts. »*

Herbert Quandt avait toujours su que BMW devait faire une priorité absolue du développement et du lancement de son arlésienne : une voiture de milieu de gamme. Tous les efforts devaient être consacrés à la « Neue Klasse », la nouvelle catégorie. Quandt fut en mesure de lever rapidement les fonds nécessaires, aidé par l'effondrement opportun de Borgward, constructeur de voitures sur le segment milieu de gamme ciblé par BMW. En plus d'éliminer un concurrent potentiel, cette situation libéra aussi une manne d'ingénieurs avec l'expérience dont BMW avait justement besoin : ingénierie de production, tests et contrôle de la qualité.

Quandt avait défini un calendrier de développement extrêmement serré, et pourtant les génies de BMW et les anciens ingénieurs de Borgward réussirent à boucler le prototype à temps pour le Salon de l'automobile de Francfort en septembre 1961, et la voiture fut dévoilée sous le nom BMW 1500. Cette petite dernière, une berline 4 portes de 4,5 m de long, était d'une séduisante originalité, dessinée par Wilhelm Hofmeister avec l'aide du studio de design italien Bertone au poste de consultant. La carrosserie fut saluée pour son style et son allure moderne ; quant au moteur, il impressionna les critiques avec son arbre à cames en tête et ses 75 ch, une solide performance pour un moteur 1,5 L.

L'importance de ce modèle, qui tenait d'une véritable renaissance, n'échappait pas non plus à BMW. Les communiqués de presse de l'entreprise décrivaient le lancement de la 1500 en des termes grandioses : « De toute l'histoire de l'automobile, peu de modèles ont autant fait couler d'encre que la nouvelle BMW de taille moyenne. » Le communiqué surenchérit en vantant « le côté sportif,

le raffinement, le confort absolu et l'élégance intemporelle » de la 1500, notant que sa raison d'être était de transposer les qualités des grands V8 de BMW sur une voiture plus petite et que les modèles de BMW avaient pour habitude d'être en avance sur leur temps.

La 1500 pesait tout juste 900 kg, selon BMW, ce qui permettait à l'entreprise de se passer d'assistance au freinage sur les freins avant à disque et les freins arrière à tambour. De même, la direction assistée était encore chose rare, sauf sur les voitures les plus luxueuses. L'intérieur, austère selon les critères actuels, était considéré comme élégant. Les éléments de sécurité comprenaient des points de montage pour quatre ceintures de sécurité, un volant capitonné et des commandes minimales : compteur de vitesse, horloge, thermomètre et jauge de carburant.

La Neue Klasse fit ses débuts au Salon de l'automobile de Francfort en 1961, et impressionna par son style et sa mécanique de pointe.

Les communiqués de presse de BMW vantaient le moteur M10 « garanti à la pointe pendant dix ans », à juste titre. La mécanique de Von Falkenhausen, qui alliait un bloc en fer à la culasse en aluminium contenant l'arbre à cames en tête à chaîne, était délibérément conçue en prévision d'une augmentation de cylindrée, jusqu'à 2 L. Bien évidemment, ce fut vite le cas, et le M10 resta en production jusqu'en 1988, dépassant 3,2 millions d'exemplaires construits. Il équipa non seulement les voitures de la Neue Klasse, mais aussi la Série 2, dont la célèbre Turbo, deux générations des Séries 3 et 5 et surtout, la première incursion de BMW dans la Formule 1, où il généra plus de 1 300 ch sur une version à turbocompresseur lors d'un tour de qualification.

L'entreprise attendait beaucoup de la BMW 1500, mais même le directeur le plus optimiste resta sans voix devant l'enthousiasme qu'elle suscita chez le grand public. Même son prix, 9 485 marks, semblait acceptable aux yeux des clients qui s'étaient allègrement mis sur liste d'attente. Lors de son lancement au Salon de l'automobile de Francfort, Paul Hahnemann déclara que le prix comprenait tous les équipements de série, comme les freins à disque, le chauffage, des essuie-glaces deux vitesses et le lave-glace, laissant « peu de place aux bénéfices ». Pour augmenter les bénéfices, il faudrait augmenter les volumes, avait-il prédit.

Hahnemann, de concert avec un psychologue en marketing, fut l'un des premiers acteurs du secteur automobile à avoir l'idée des niches de marché. Selon lui, BMW devait renouer avec la recette – des voitures compactes, sportives et de qualité – qui avait fait son succès dans les années 1930. Avec son prix inférieur à 9 500 marks, la 1500 visait, toujours selon lui, le marché porteur des clients de classe moyenne. Il cita ensuite ses rivales : l'Opel Rekord, la Peugeot 404, la Taunus 17M TS et la Volvo Amazon en entrée de gamme, et les Mercedes 180 et 190, la Citroën ID19 et l'Opel Kapitän dans les segments haut de gamme.

La BMW 1500 créa un style qui fera recette pendant plus de vingt ans, et son moteur endurant lui survivra. Le tableau de bord était considéré comme un exemple de clarté et de goût.

Dans une interview en 2003 avec l'auteur, Eberhard von Kuenheim, qui n'avait pas encore entamé son étonnant mandat de 24 ans à la tête de BMW, expliquait comment Herbert Quandt avait expressément encouragé un positionnement haut de gamme :

> *« Oui, nos voitures étaient chères, mais les acheteurs se disaient qu'ils pouvaient se le permettre, qu'ils n'allaient plus conduire une Coccinelle – tout le monde avait une Coccinelle. » Le résultat ? BMW devint la marque des* Aufsteiger, *les ambitieux de l'époque, en pleine ascension de l'échelle sociale. La Série 1500 se portait bien, tout comme la petite deux portes 1600, 1800, puis 2002.*

Sans grande surprise, les acheteurs qui avaient commandé la BMW du renouveau durent faire preuve de patience. Ce n'est qu'en octobre de l'année suivante que les premiers modèles furent livrés, mais on s'accorda à dire que la 1500, malgré ses quelques soucis techniques, en valait la peine. Le moteur, qui atteignait désormais 80 ch de série, donnait des performances explosives sur route, et la suspension arrière à bras semi-oscillant indépendante, inspirée de celle du coupé 700, offrait une conduite maniable et agréable. Rapidement, la BMW 1500 devint *la* voiture que tout conducteur sportif se devait d'avoir.

L'ampleur inattendue du succès de ce modèle n'était toutefois pas sans problèmes pour la direction de BMW. Le plus pressant était l'incapacité des nouvelles usines de l'entreprise à suivre la demande pour cette nouvelle voiture, problème inédit car BMW n'avait pas connu un tel succès depuis au moins une génération. C'est ainsi qu'afin d'augmenter la capacité de production pour la Neue Klasse, BMW prit la difficile décision d'abandonner deux modèles sentimentaux mais dont les bénéfices étaient anecdotiques : l'Isetta et la fidèle limousine « Ange baroque ». À l'inverse, la berline et le coupé 700, petits mais pimpants, furent conservés

BMW 1500–2000, 1961–1972

La Neue Klasse (« nouvelle classe ») était la voiture de milieu de gamme que prévoyait BMW depuis le milieu des années 1950. Elle ne fut développée qu'une fois l'entreprise renflouée en 1960, après avoir échappé à la faillite. Originale dans son style et sa conception, avec un puissant moteur à cames en tête et une suspension arrière indépendante, la 1500 4 portes représentait un retour aux sources pour BMW : les compactes sportives. Elle donnera naissance aux berlines de Série 3, 5 et 7 et mettra BMW sur la voie de la première place du marché.

1961 : Présentation du prototype de la 1500 au salon de Francfort.
1962 : Livraison des premiers modèles de série, avec un moteur offrant désormais 80 ch.
1963 : Ajout de la 1800, avec 90 ch.
1964 : La 1500 devient la 1600, et la 1800 TI est lancée avec 110 ch ou sous la forme de la 1800 TI/SA haute performance, série limitée de deux cents voitures réservées aux détenteurs d'une licence de course. Le moteur offre 130 ch avec un collecteur et un silencieux d'échappement complets.
1966 : Lancement de la nouvelle 2000, avec son moteur 2 L issu du coupé 2000, de 100 et 120 ch pour une vitesse de pointe de 168 et 180 km/h.
1968 : La 1800 revisitée est dotée d'un nouveau moteur, avec un bloc-moteur de 2 L et des pistons, et du vilebrequin court de la 1600.
1969 : Lancement de la 2000 tii avec la pompe à injection mécanique Kugelfischer.
1972 : Abandon de la production en vue de la série 5, après un total de 350 000 exemplaires construits.

car ils se vendaient bien, à la faveur d'une augmentation de la demande depuis le lancement de la version LS, à l'habitacle plus long et agréable.

Certain d'avoir décroché le gros lot avec la 1500, Hahnemann se mit à appliquer une autre recette gagnante des années 1930 : renforcer la gamme avec des variations sur un même thème. Il s'agissait clairement du bon moment pour exploiter ce nouvel élan, et des variantes virent bientôt le jour.

La BMW 1800 offrait une puissance impressionnante de 90 ch, mais surtout, elle annonçait la 1800 TI 110 ch, première d'une longue lignée de dérivés destinés aux amateurs de sportives. En option sur la TI, des équipements de course comme des suspensions rigides, une boîte 5 vitesses, différents rapports d'essieux, des garnitures de freins, un réservoir de 105 litres et différentes pièces moteur pour toujours plus de puissance.

« La 1800 TI est la voiture de tous ceux qui conduisent pour le plaisir », selon BMW. Mais à son tour, ce modèle spécial donna naissance à une édition encore plus spéciale. La 1800 TI/SA 130 ch, de l'allemand SportAusführung (« version sport »), était une édition limitée de deux cents voitures réservées aux titulaires d'une licence de course automobile. En dépit de son prix intimidant de 13 500 marks, la TI/SA, qui dépassait allègrement les 180 km/h, devint rapidement l'objet de toutes les convoitises chez les pilotes de tourisme en Allemagne et en Europe, et fut la première d'une longue série de berlines haute performance de BMW à enflammer autant les circuits que la route. La TI/SA et la tii ultérieure ouvrirent la voie aux versions M des générations suivantes.

Une version 2 L standard du moteur M10 avait déjà vu le jour sur la BMW 2000 CS, élégant coupé 2+2 sur plate-forme Neue Klasse, dessiné par Manfred Rennen sous la direction de Hofmeister, mais influencé par la 3200 CS de Bertone, ultime modèle doté du V8 et du vieux châssis 502. Bientôt, BMW équipa la berline 4 portes du moteur 4 cylindres, plus imposant, pour monter encore en gamme, autant au niveau du prix que de la performance.

Selon BMW, la 2000 TI 120 ch était « la voiture de série la plus rapide du Nürburgring », et ce modèle devint vite la berline sportive rapide dans laquelle il fallait être vu. Mais fin 1969, BMW adopta un meilleur circuit d'injection (une première sur une voiture de route) pour la 2000 : la tii était née, et ce nom deviendra encore plus mythique avec la compacte 2002, lancée 18 mois plus tard.

La courte BMW 1600/2 2 portes fut lancée à l'occasion du 50e anniversaire de BMW, devant l'opéra de Munich. Son succès fou sous forme de Série 2 prit même BMW par surprise.

Le circuit d'injection, à l'époque un gadget novateur cantonné à quelques voitures haut de gamme, donnait au moteur 2 L10 ch supplémentaires par rapport au bicarburateur TI, poussant la vitesse de pointe jusqu'à 185 km/h et laissant ses concurrents loin derrière. Les acheteurs durent payer le prix fort pour la version tii, ce qui explique pourquoi cette version ne représenta qu'une infime fraction des ventes de la 2000 standard ; la BMW 1800 reste le best-seller de toutes.

L'émergence d'un plan à long terme

Sur le versant industriel, un élan était en train de se créer. De 1960 à 1969, la production et l'emploi avaient triplé, tandis que le chiffre d'affaires avait été multiplié par six. Une vraie stratégie à long terme avait vu le jour en 1965, lorsque BMW acheta l'entreprise Glas à Dingolfing, autant pour sa capacité de production et ses terrains que pour ses beaux coupés aux moteurs novateurs. En sport automobile, la BMW 1800 TI remporta les 24 Heures de Spa en 1964 et 1965, et un vrai réseau international de concessionnaires prenait forme.

Sentant que cette dynamique favorable était partie pour durer, Hahnemann voyait toujours plus grand. Son plan d'attaque consistait à étoffer à la fois le haut de gamme, en construisant un 6-cylindres destiné à une grande voiture pour envoyer un coup de semonce à Mercedes, et le bas de gamme, en produisant une version 2 portes économique et simplifiée d'un modèle phare pour le vendre moins cher, stratégie considérée plus prudente.

BMW 2000 C et 2000 CS, 1965-1968, et 2800 CS, 3.0 CSi et CSL, 1968-1975

Dessiné en interne par Wilhelm Hofmeister, l'élégant coupé 2000 utilisait la mécanique de la berline Neue Klasse, tout en ajoutant 2 L à la cylindrée du moteur M10. À cause de ses performances modestes en dépit d'un prix élevé, ses ventes furent limitées et si le modèle est resté dans les annales, c'est pour avoir été le précurseur des célèbres CSi et CSL. Ces coupés puissants 6 cylindres comptent parmi les plus grandes réussites de BMW et dominèrent les courses d'endurance des années 1970.

1965 : Présentation des 2000 C et CS lors du Salon de l'automobile de Francfort, avec un moteur 100 ou 120 ch.
1968 : Passage de flambeau à un 2800 CSi 6 cylindres et 170 ch pour de meilleures performances ; révision du style à l'avant, avec une calandre pleine largeur et quatre phares arrondis.
1971 : Lancement du 3.0 CS avec deux carburateurs et 180 ch, et du léger 3.0 CSL, avec un capot, des portes et un coffre en aluminium, pour économiser 200 kg.
1972 : Le CSL et son homologue CSi adoptent l'injection, faisant passer la puissance à 200 ch et la vitesse de pointe à 220 km/h.
1973 : Le moteur CSL passe à 3153 cm^3 ; des détails aérodynamiques spectaculaires lui valent son surnom de Batmobile.

^ L'injection faisait de la 2002 tii une superbe berline sportive compacte.

v L'un des rares échecs de BMW : la version Touring à hayon de la Série 2 ne trouva pas son public, malgré une nature pratique, des performances de pointe et une maniabilité exceptionnelle.

Ce modèle phare était, bien entendu, la désormais mythique Série 2, qui commença avec la BMW 1600-2 (2 portes) en 1966 et rencontra un succès bien au-delà des rêves les plus fous de BMW. La carrosserie raccourcie, créée par George Bertram, semblait au premier abord déséquilibrée, mais avec ses 85 ch et un poids inférieur à 940 kg, la 1600 filait comme l'éclair.

Dès les premiers instants, les acheteurs s'arrachèrent ces modèles de « débutants ». Lors de sa première année de vente, la 2 portes égala sa grande sœur sur les salons ; dès la deuxième année, elle se vendit deux fois mieux, et au bout de trois ans, à près de 85 000 exemplaires, elle se vendait quatre fois mieux. Les Américains s'arrachaient cette petite BMW. À une époque où les produits de Détroit restaient massifs et peu excitants à conduire, la précision, la rapidité et l'énergie du groupe motopropulseur de cette machine modeste firent l'effet d'une révélation. Soudain, les Américains découvrirent que conduire pouvait être agréable, sans coûter les yeux de la tête, et que les produits allemands, avec leur qualité et leur intégrité, étaient moins chers qu'ils ne le pensaient. La 1600-2 fit la une de *Car and Driver*, qui la couronna « meilleure voiture à 2500 $ au monde ».

Des versions plus puissantes suivirent bientôt, et avec la 2002 tii, BMW décrocha le gros lot. Ce modèle était incontestablement le petit modèle le plus intéressant du moment, et elle fit bientôt parler d'elle dans le monde entier. Parmi les amateurs de voitures, la nouveauté ne venait plus d'Alfa, de Porsche ou de Jaguar : la voiture que tous les amateurs de vitesse se devaient d'avoir, même les plus riches, ceux qui pouvaient se permettre d'aligner Porsche et Mercedes dans leur garage, était une tii. Métaphore des

^ Le grand vainqueur : la BMW 1800 TI enchaîna les victoires en endurance.

valeurs de BMW, la tii symbolisait à la perfection une conduite aussi rapide que ludique.

La Série 2 donna naissance à trois autres variantes : deux cabriolets et la Touring à hayon. Cette dernière est l'un des rares contre-exemples de la théorie de niche de Hahnemann, et ne parvint pas attiser l'intérêt escompté chez les acheteurs. Son dérivé le plus extrême fut cependant la Turbo 2002 avec un moteur explosif de 170 ch inspiré directement de la Turbo originale, concept car futuriste de 1972. Même s'il fit l'unanimité chez les amateurs de voiture, ce modèle était difficile à conduire et sa sortie coïncida avec la crise mondiale du pétrole. BMW, sentant que la Turbo n'était pas dans l'air du temps, la retira discrètement, et seuls 1672 exemplaires virent le jour.

À l'autre extrémité de la gamme, les limousines 6 cylindres de BMW ne proposaient pas la maniabilité dont jouissaient les petites voitures. Hahnemann avait délibérément fait des BMW 2500 et 2800 des voitures maniables et sportives, dans une catégorie où les suspensions molles et la direction lente étaient la norme. La direction de BMW accueillit avec plaisir les avis des clients et professionnels sur la puissance et la souplesse des moteurs, et la conduite ferme, autant de

BMW 1602–2002, 1966–1977

Pensée comme une alternative bon marché à la berline Neue Klasse, la série 2 était plus légère, tout aussi puissante et connut un succès impressionnant. La 2002 tii, plus sportive, contribua à la réputation de BMW chez les pilotes passionnés, tandis que le lancement de Turbo fut un échec et l'échec incompréhensible de la Touring à hayon reste l'un des rares mauvais calculs de BMW.

1966 : Présentation de la 1600-2 lors du 50e anniversaire de BMW ; avec ses 85 ch et un poids à vide de 940 kg, elle séduit les amateurs de sportives.
1967 : Lancement de la 1600 ti, à 105 ch.
1968 : Lancement de la 2002, à 100 ch, suivie de la 2002 ti, avec ses deux carburateurs et ses 120 ch. Lancement du cabriolet construit par Baur, qui sera remplacé par un cabriolet décapotable construit en interne en 1971.
1971 : Lancement de la 1602 Touring à hayon et sièges arrière rabattables, disponible par la suite avec un moteur plus puissant ; abandon du modèle en 1974 à cause des ventes trop faibles.
1971 : La 2002 tii à injection et 130 ch fait un tabac ; ajout de la 1802, à 90 ch.
1973 : Lancement de la Turbo 2002, avec injection mécanique, turbocompresseur et 170 ch, et une vitesse de pointe de 211 km/h ; abandon en 1975 suite au choc pétrolier.
1975 : Succès inattendu de la 1502 avec un moteur économique de 75 ch. Elle restera en production jusqu'en 1977, en parallèle à son successeur, la Série 3 ; plus de 830 000 exemplaires de la série 2 verront le jour.

BMW 2500 et 2800, 1968-1978

Le retour de BMW sur le marché des 6-cylindres en 1968 lui donne l'occasion de se mesurer à Mercedes-Benz avec une voiture de luxe imposante reflétant le caractère sportif de la marque. Le prix jugé élevé et la suspension rigide limitèrent l'attrait des modèles à l'internationale, mais sa performance et sa technologie furent systématiquement améliorées au cours des dix années de production.

1968 : Débuts des berlines 2500 et 2800, offrant 150 et 170 ch. Freins à disque et suspension indépendante sur les quatre roues, transmission automatique en option, direction assistée et différentiel autobloquant ; il s'agit de la première BMW à offrir une trousse à outils montée sur le coffre.

1971 : Modèle spécial Bavaria pour les États-Unis, avec un moteur plus grand et des fonctions plus simples, pour dynamiser les ventes ; le moteur 2,8 L passe à 3 L et 200 ch.

1973 : Lancement d'un modèle à 3,3 L avec un empattement allongé et un carburateur 190 ch.

1976 : Moteur 3,3 L aux normes américaines avec injection et 197 ch.

1977 : Abandon de tous les modèles, après un total de 222 000 exemplaires.

^ L'élégant coupé CS 2000 s'inspirait de la mécanique de la Neue Klasse, mais arborait un capot plus long pour accueillir un 6-cylindres, qui donnera naissance au légendaire CSL.

qualités qui selon Hahnemann renforçaient l'image sportive de BMW. Mais ce mélange fut encore plus mal reçu en Amérique du Nord, principal marché ciblé, et avec un taux de change défavorable, ces grosses voitures eurent du mal à s'imposer et n'atteignirent pas leurs objectifs de ventes, laissant des stocks entiers invendus.

Ce n'était pas le seul problème de BMW à l'époque. Frappées de plein fouet par l'avènement des concurrents japonais, les ventes de motos étaient tombées à moins de 5 000 exemplaires en 1969, et l'abandon complet du marché des deux-roues fut envisagé. À l'inverse, BMW décida de transférer toutes les activités liées aux motos sur le site de Spandau, à Berlin, et le lancement de la toute nouvelle Série 5 suscita un regain d'intérêt.

L'une des premières voitures à turbocompresseur du marché, la BMW Turbo 2002 était rapide mais difficile à conduire ; elle fut abandonnée suite au choc pétrolier de 1973.

La 2800 CS de 1968 passa le relais au puissant 3.0 CSL, désormais légendaire dans le monde des sports automobiles.

Les grandes berlines 2500 et 2800, avec leur moteur 6 cylindres ultra souple, ramenèrent BMW sur le segment haut de gamme.

L'entreprise fut frappée par la tragédie lorsque Harald Quandt trouva la mort dans un accident d'avion fin 1967, et les rumeurs allèrent de nouveau bon train sur l'éventuel rachat de BMW. Plusieurs repreneurs potentiels avaient émis des offres, rapidement balayées par Herbert Quandt. Mais pour l'entreprise, c'est en 1969 que la vraie crise frappa, lorsque Gerhard Wilcke quitta son poste de président. Le directeur commercial Paul Hahnemann, souvent pris pour le directeur en raison de sa personnalité exubérante, s'attendait à prendre la succession de Wilcke. Mais c'est à un assistant de Harald Quandt, un jeune aristocrate prussien du nom d'Eberhard von Kuenheim, que revint ce poste. Son nom resta étroitement lié à l'histoire de BMW pendant plus d'un quart de siècle.

EfficientDynamics
Vision

CHAPITRE

8

PLACE À L'IMAGINATION

Les concept cars de BMW

Confiante en son identité et sa dynamique, BMW s'est rarement vue contrainte à recourir aux concept cars pour faire parler de ses prouesses techniques ou tester l'opinion publique. Mais des réussites comme la Turbo 1972 et la Vision EfficientDynamics 2009 marquent le début d'une révolution dans la philosophie du secteur automobile, et la série d'études Hommage salue avec élégance les modèles classiques qui ont fait de BMW ce qu'elle est aujourd'hui.

Turbo, 1972

Avec l'annonce de la tenue des Jeux olympiques d'été de 1972 dans sa ville, à Munich, BMW savait qu'elle serait au centre du monde l'espace de quelques précieuses semaines. Un nouveau véhicule de luxe fut commandé, et le concepteur en chef Paul Bracq fit un excellent travail avec l'incroyable Turbo, mini-supercar 2 places qui posa les bases d'un langage qui allait influencer les voitures de sports extrêmes pendant les décennies à venir. Elle inspirera d'ailleurs directement la M1 de Giorgio Giugiaro en 1971, tout aussi éblouissante.

Citant un brevet anglais de 1938, la Turbo renouait avec l'idée des portes papillon, particularité qui deviendrait un passage obligé des supercars. Mais malgré ses proportions basses, larges et plates – en définitive, extrêmement modernes – et la puissance alors explosive de son moteur 2 L et 8 soupapes, qui offrait 280 ch, la Turbo n'était rien de plus qu'un laboratoire de recherche

sur roues aux yeux de BMW. Son rôle se limitait à tester des fonctions de sécurité actives et passives qui dépassaient de très loin la réglementation américaine, qui faisait alors office de norme : pare-chocs hydrauliques avant et arrière, ceintures de sécurité synchronisées sur le démarrage pour éviter de rouler sans protection, et capteur radar ajustant automatiquement la vitesse si le conducteur s'approchait trop du véhicule le précédant. Il faudra attendre trente ans avant que le radar de régulation de distance ne devienne accessible au commun des mortels, mais le style sensationnel de Bracq aura un impact bien plus tôt, et bien plus vaste.

Z21, 1995

Mélange de curiosité historique et technique, la Z21 (ci-dessous, à droite) de 1995 était une étude réalisée par BMW Technik GmbH en vue d'une deux-places sportive, minimaliste, aussi excitante qu'une Caterham ou, plus récemment, que la X-Bow de KTM. Comme sur ces voitures conçues pour la piste, les roues et la suspension de la Z21 étaient séparées du fuselage principal, et un cadre léger exposé supportait les points de montage des suspensions avant et arrière, ainsi que les arceaux de sécurité et les points d'ancrage du moteur 4 cylindres 100 ch issu de la moto K1100. Malgré l'absence de pare-brise ou de toit, l'aérodynamique de BMW, testée en soufflerie, promettait une protection raisonnable contre les éléments. Malheureusement, ces qualités ne furent jamais mises à l'épreuve car la production de la Z21, aussi appelée la Just 4/2, ne fut jamais envisagée.

Z07, 1997

Les designers de BMW prirent un risque calculé lors du Salon de l'automobile de Tokyo de 1997, en décidant de réinterpréter l'icône à quatre roues la plus intouchable de l'entreprise : la quadragénaire 507. L'idée était de réactualiser le design comme s'il avait subi les mêmes évolutions sur plusieurs générations que les autres gammes, comme les Séries 3 ou 5. Le résultat ? La Z07 (ci-dessus), roadster coupé léger dont les lignes rétro assumées rappelaient la 507, dessiné par le designer danois Henrik Fisker, qui deviendrait plus tard

le directeur du design d'Aston Martin avant de fonder sa propre marque de voitures en Californie.

La Z07 avait tout du prototype et fit fureur avec son puissant moteur V8 M5 et son habitacle délicat, sans oublier un volant vintage. Et malgré certaines réserves sur le fait que le design rétro empêchait BMW d'aller de l'avant, la voiture suscita une telle vague d'enthousiasme (et tant de demandes de clients conquis) que BMW mit en place une ligne de production spéciale pour sa structure en aluminium. Sous un peu moins d'un an, elle était disponible à la vente, avec de rares changements visuels (hormis la perte du hardtop), sous le nom Z8.

Z9, 1999 et 2000

Comme déclaration d'intention, le concept de la Z9 Gran Turismo de 1999 pouvait difficilement faire plus catégorique. À l'aube du nouveau millénaire et avec Chris Bangle tout juste nommé concepteur en chef, cette voiture affichait un design radicalement novateur, remplaçant de nombreux détails jadis intouchables par toute une série d'éléments qui suscitèrent au mieux la surprise, au pire l'incompréhension. L'ailette arrière exagérée déclencha les passions, et ce que Bangle appelait l'Intuitive Interaction Concept resta généralement incompris,

alors que ce bouton en métal poli est désormais bien connu sous le nom d'iDrive.

Si la Gran Turismo, avec ses longues portes papillon, donnait l'avant-goût d'un coupé sport de luxe 2+2, la Z9 Cabrio de l'année suivante montrait une configuration ouverte ainsi qu'une version simplifiée des systèmes de l'habitacle. Les deux voitures restèrent extrêmement controversées durant de nombreuses années, surtout chez les puristes convaincus que les voitures de luxe se devaient d'avoir une allure classique et non iconoclaste. Mais la Z9 fut le précurseur d'un séisme encore plus grand : la BMW Série 7 E65 de 2001, même si en 2016, il est difficile de comprendre pourquoi elle fit couler autant d'encre.

X-Coupé, 2001

L'Histoire a été moins clémente avec le X-Coupé de 2001 qu'avec d'autres modèles de BMW. Ce modèle était aux yeux de nombreux critiques de l'époque le plus choquant jamais imaginé par Bangle, son concepteur en chef ; il avait déjà été éreinté par la presse généraliste pour le concept de la Z9, et l'X-Coupé était vu comme la preuve irréfutable que Bangle vivait sur une autre planète.

À vrai dire, peu de critiques furent capables de comprendre ce design, et encore moins ses fonctions ou ses nombreuses caractéristiques détonantes, parmi lesquelles une carrosserie asymétrique dont le coffre s'ouvrait par le bas pour mieux accéder à l'un des sièges arrière. La taille du X-Coupé était tout aussi déconcertante ; sans échelle, il ressemblait à une élégante voiture de sport compacte, mais ses dimensions immenses renvoyaient une image macho, avec des roues massives, un toit haut et une haute garde au sol. Ces caractéristiques sont désormais celles des « Sports Activity Coupés » de BMW, comme son propre X6 de 2008. C'est au design clivant de Bangle que l'on doit cette nouvelle niche, désormais très tendance.

Mille Miglia, 2006

Jamais présenté à un salon de l'automobile international d'envergure, le concept du coupé Mille Miglia fut le premier d'une série d'hommages aux stars du catalogue d'antan de BMW. Loin de recopier à la lettre cette icône classique (à l'instar de la Z07, qui reprenait fidèlement la 507), la Mille Miglia est une authentique réinterprétation des coupés

328 légers à carrosserie Touring qui dominèrent cette course italienne en 1940.

Tous les détails sont là, mais revus et corrigés pour une voiture contemporaine : la haute calandre qui s'élance jusqu'au capot, les grands phares ronds loin des ailes, et le pare-brise double avec deux essuie-glaces montés au sommet. Les jantes percées rendent hommage aux roues d'origine, et les découpes verticales derrière les passages de roues arrière font écho aux grilles sur les ailes du modèle de 1940. L'arrière aérodynamique en pointe, avec son pare-brise arrière asymétrique et un carénage intégral des roues, est particulièrement agréable à l'œil.

CS, 2007

Ressuscitant un nom aussi familier que cher à BMW, le concept CS de 2007 était envisagé par la direction comme une future Série 8 : un coupé 4 portes de luxe, format tendance à l'époque, appelé à devenir le fleuron des berlines haut de gamme de l'entreprise. En tant que porte-étendard de la gamme de luxe, la CS était imposante ; pas tant à cause de son gabarit ou de sa stature, mais de sa posture basse, racée et extrêmement large, et sa réinterprétation des fameuses calandres de BMW, plus larges et d'allure plus vindicative. Les ailes comportaient des lignes acérées que l'on retrouverait sur d'autres modèles de série, et la carrosserie fastback influença d'autres coupés, amorçant la rupture avec les lignes complexes de bon nombre de modèles issus de l'époque Bangle.

Au niveau de l'habitacle, le CS était d'excellente facture, et comprenait même des molettes en céramique sur le tableau de bord en bronze métallisé. Le modèle de série était attendu avec impatience, mais le projet fut annulé à l'aube de la crise financière qui frappa la planète de plein fouet à la fin de la décennie.

Gina, 2008

Concrétisant son envie d'étudier les interactions entre humain et machine, le projet Gina (ci-dessous, à gauche) de Chris Bangle était plus une expérience tout-terrain qu'un concept car parachevé. Son innovation la plus spectaculaire fut le recours à une « peau » en tissu tendue sur un squelette faisant office de structure, en l'occurrence un cadre en fibres de carbone surmonté de grillage, entre autres. L'idée de génie de Bangle fut de présenter une surface lisse mais souple, qui permettait d'ouvrir les portières sans laisser de fentes inesthétiques entre les panneaux : au contraire, le revêtement se plissait à la charnière. De même, le moteur était accessible en ouvrant la fermeture éclair au centre du capot. Selon Bangle, ce design marquait le premier pas vers le développement de matériaux qui permettraient aux véhicules de changer de forme selon les envies du conducteur et leur fonction.

M1 Hommage, 2008

Remettre un grand classique au goût du jour est toujours un pari audacieux, surtout si l'icône en question n'est autre qu'une supercar de luxe, qui plus est dessinée par un maestro de la stature de Giorgio Giugiaro. À l'aube du trentième anniversaire de la M1 de 1978, l'équipe de design de BMW, dirigée par Adrian van Hooydonk, a sûrement douté du bien-fondé de l'hommage à ce chef-d'œuvre, d'autant plus que dans les années 1990, la réinterprétation de deux classiques de cette époque, la Ford GT40 et la Lamborghini Miura, n'avait remporté qu'un accueil mitigé.

Mais BMW n'avait rien à craindre. La M1 Hommage (ci-contre, en haut), fidèle à son nom, revisita avec brio sa version de 1978, saisissant l'esprit et l'émotion de l'originale, malgré des proportions exagérées et un langage différent : les surfaces planes et les contours acérés de Giugiaro avaient fait place à des courbes douces contemporaines et un mélange bien plus complexe de surfaces, lignes et formes. Plus de trace de la silhouette de Giugiaro : les proportions étaient déformées, et les éléments graphiques parodiés plutôt que copiés à la lettre. Mais le résultat fut salué de toutes parts et cette supercar moderne fut reconnue comme la digne héritière de l'esprit de la M1. Seule vraie déception : l'Hommage n'avait jamais été qu'une étude ; dépourvue de moteur, de transmission ou d'intérieur fonctionnels, il n'avait jamais été question de la produire en série.

Vision EfficientDynamics, 2009

Pour l'avant-gardiste BMW, la Vision EfficientDynamics ne se résumait pas à un étalage brillant de technologie de pointe : il s'agissait surtout d'un grand pas créatif en matière de design visuel.

Présenté en 2009, au beau milieu de la crise financière, ce concept de coupé 2+2, avec ses proportions trapues, sa surface complexe tout en superpositions et ses carénages bleu électrique enlaçant une carrosserie blanc immaculé et noir de jais, semblait incarner le futur. Et c'était le cas : sous cet extérieur complexe se cachaient d'autres petits bijoux futuristes, comme un groupe motopropulseur hybride rechargeable qui promettait des performances à jeu égal avec la M3, mais avec l'économie d'une micro-voiture.

L'excitation était palpable et les réactions ne se firent pas attendre : ce modèle représentait un prodigieux bond en avant à tous les niveaux du design automobile, ce qui en fait peut-être le concept car le plus important de toute l'histoire de BMW, voire de tout le secteur. Encouragée par ces éloges, BMW s'employa à faire de la Vision EfficientDynamics un modèle de série. Fidèle à son concept, l'i8 fut lancée en 2014, première supercar de l'ère écologique : aussi propre qu'une voiture électrique pour les trajets du quotidien, mais rapide et ludique quand le besoin s'en fait sentir.

Vision ConnectedDrive, 2011

De l'extérieur, la Vision ConnectedDrive (page suivante, bas à gauche) n'est qu'un roadster compact ludique comme

les autres ; il aurait pu être un dérivé plus provocateur de la classique Z4, voire baissé de gamme pour concurrencer la Mazda MX-5. Mais ce n'était pas sa raison d'être. Au lieu d'assurer les sempiternelles sensations sur route d'une sportive classique, ce concept cherchait à sublimer la conduite tout en la rendant plus simple et pratique, en connectant le véhicule à son environnement.

Affirmant dans un communiqué de presse à l'occasion de sa présentation, en 2011, que ce concept était « le véhicule connecté le plus intelligent de tous les temps », BMW dota le deux-places de tout ce qu'elle pouvait sur la communication, la connectivité, le réseau et le recueil d'informations. Grâce à cette idée de génie – une conduite connectée – le véhicule recueillait des informations sur la route et son environnement, grâce à des fibres optiques de différentes couleurs, pour les transmettre au conducteur exactement au bon moment. Si ce concept ressemble à de la poudre aux yeux digne d'un salon de l'auto, une infime fraction de ses innovations suffit à prouver à quel point il est performant : affichage tête haute, synchronisation automatique des téléphones, contrôle gestuel, cartographie intelligente, stationnement autonome, freinage automatique d'urgence et écrans intégrés.

328 Hommage, 2011

Avec sa carrosserie 2 places sans portières rappelant celle de la Vision ConnectedDrive présentée à peine deux mois plus tôt, la 328 Hommage (ci-dessus et ci-dessous) change de priorité, comme son nom l'indique, et délaisse les communications et la connectivité au profit d'un charme sportif épuré, brut.

En hommage au mythique roadster des années 1930, la 328 Hommage arbore un siège bas, des découpes en guise de portières ainsi qu'une calandre en double haricot, plus haute et fine. Le pare-brise sans arceau est long et bas, et deux carénages s'élancent du dos des sièges baquets jusqu'à l'arrière. Dans sa configuration autant que sa stature, la 328

est d'une modernité indisputable, surtout à l'arrière : c'est l'adaptation respectueuse des caractéristiques de l'original, sous forme d'éléments graphiques, qui fait tout le charme de ce modèle. Parmi les détails les plus frappants, les roues en alliage perforées avec leurs enjoliveurs à déblocage par choc, ses deux sangles diagonales sur chaque flanc et sur le capot, et les phares circulaires à motif en croix.

Pininfarina Gran Lusso coupé et BMW Vision Future Luxury, 2013-2014

Ces deux grandes voitures de luxe ont été conçues en parallèle par Pininfarina et BMW, dans ce que cette dernière qualifia d'échange créatif de perspectives haut de gamme. Au même moment, le studio de BMW terminait son travail sur la Série 7 de 2015, faisant des interactions entre les trois modèles de prestige une question fascinante. Pininfarina est réputée pour l'élégance classique de ses designs, et son coupé 2 portes Gran Lusso (en haut et ci-dessus à droite) garde l'empattement et le capot longs si chers à BMW, avec l'habitacle placé en retrait ; la calandre de BMW remonte en surplomb pour déborder légèrement sur le capot. Le corps de la carrosserie est fluide et haut, et l'arrière, avec une fine bande lumineuse en guise de feux, est relativement court.

Avec quatre portes et non deux, la Vision Future Luxury (page suivante) conçue en interne par BMW semble plus massive, et les fins phares laser ainsi que la calandre plus large donnent l'illusion d'un capot plus grand. Les ailes arborent des sculptures complexes à la main, prouesse qui, selon BMW, dépasse même les capacités de ses meilleurs ordinateurs. L'arrière haut perché affiche une bande lumineuse en DEL organiques, qui revisitent les fameux feux en L de la marque. Les trois modèles comprennent un reniflard juste derrière chaque passage de roue, avec un conduit s'évasant vers l'arrière pour donner de la profondeur au bas de caisse.

Les deux habitacles sont une ode aux matériaux nobles, comme le bois de kauri vieux de 48 000 ans, et les meilleurs cuirs et laines. Mais si le design de BMW se focalise sur l'affichage tête haute, les écrans tactiles et le contrôle gestuel, le modèle de Pininfarina, quant à lui, semble plus proche d'une voiture de série réaliste.

3.0 CSL Hommage, 2015

Troisième hommage de BMW à ses anciens fleurons, la CSL (ci-dessus) de 2015 fut sans doute le plus sentimental de la série. Comme ses prédécesseurs, elle fut dévoilée lors du concours d'élégance de la Villa d'Este, dans la région des lacs italiens.

Les élégants coupés CS 3 L sont les porte-étendards de BMW depuis la fin des années 1960, gagnant en puissance et en énergie à mesure des séries de victoires de leurs versions de course sur les circuits européens. La série atteindra son apogée avec la CLS 3.0, modèle explosif doté d'un aileron arrière agressif qui lui valut une renommée immédiate et un surnom de Batmobile.

L'iNEXT 100 était un concept avant-gardiste construit pour célébrer le centenaire de BMW en 2016. Les arches entourant ses roues changeaient de forme lorsque la voiture tournait.

Sa version 2015 est encore plus longue et large (5 x 2 mètres), et sa carrosserie jaune fluo lui donne un air encore plus débridé. De profil, l'habitacle semble reprendre la forme et les proportions de l'original, mais en trois dimensions, la carrosserie se révèle sous un jour plus complexe : autour du nez et des flancs avant, BMW a appliqué ses toutes nouvelles superpositions, les passages de roue se lovant autour du capot, sans oublier les lames sous pare-chocs noires si caractéristiques de la Batmobile. À l'arrière, le modèle gagne encore en complexité, et les superpositions produisent de fascinantes arabesques lumineuses, alors que les feux arrière semblent pénétrer dans la carrosserie avant de grimper sur l'immense aileron vers l'autre côté de la voiture. Le chemin tortueux pris par les DEL en fait les feux arrière les plus mémorables jamais vus. L'habitacle arbore une technologie digne de la compétition, sans oublier quelques détails d'époque : un élégant panneau en bois élargit le tableau de bord sous le pare-brise, comme sur le modèle de 1968.

Le Concept iX3 a été dévoilé lors de l'Auto China de Pékin en 2018. Il s'agit du premier SUV BMW 100 % électrique de la marque (les X1, X3 et X5 existent déjà en versions hybrides rechargeables). Plus qu'un concept-car, il s'agit en fait d'un véhicule presque abouti puisque prévu pour être commercialisé dans le courant de l'année 2020. Le iX3 disposera d'un moteur électrique de 270 ch offrant une autonomie de 400 km et pouvant se recharger en 30 minutes seulement. Inspiré du SUV X3, il s'en distingue par ses jantes, une calandre fermée et une face avant plus aérodynamique.

L'iNEXT est quant à lui un élégant concept-car de SUV électrique qui a fait une apparition remarquée au salon de Paris 2018 après avoir été présenté lors d'une tournée mondiale étonnante à bord d'un avion de la Lufthansa. Il s'agit cette fois davantage d'une étude de style inspirée du concept Vision Dynamics de 2017. Ce SUV est en effet beaucoup plus futuriste que les autres concept-cars BMW destinés à entrer prochainement en production. Les lignes sont épurées et très tendues, presque minimalistes, tout comme l'intérieur qui préfigure peut-être celui de futurs véhicules. Clin d'œil à la tendance écologique, la planche de bord est en bois tandis qu'un toit panoramique et de larges surfaces vitrées sont autant de puits de lumière. Futuriste, le volant rectangulaire est accompagné d'un tableau de bord composé de deux écrans avec deux modes de conduite baptisés Boost (conduite normale) et Ease (semi-autonome), le volant se rétractant alors pour « libérer » le conducteur.

Lors du salon de Francfort 2019 est dévoilée l'étude de style Concept 4, un coupé à la ligne agressive dessinée par le designer maison, Adrian van Hooydonk. Cette BMW n'est pas vraiment un concept-car puisqu'elle annonce la ligne de la future Série 4 avec son imposante calandre en forme de museau et ses rétroviseurs très minimalistes. Au final, le Coupé Série 4 sera d'ailleurs esthétiquement très proche de ce Concept 4.

BMW

CHAPITRE

9

LES ANNÉES VON KUENHEIM, 1RE PARTIE

En route pour la gloire

Lorsqu'Eberhard von Kuenheim, qui avait sauvé de la faillite IWK, une succursale de Quandt, s'installa dans le fauteuil de directeur général de BMW en janvier 1970, de nombreuses personnes s'interrogèrent sur ce qui avait bien pu pousser Herbert Quandt à le nommer PDG. À 42 ans, Eberhard von Kuenheim était le benjamin du conseil d'administration (l'histoire se répétera avec son successeur, Bernd Pischetsrieder, qui prit les rênes de l'entreprise à 45 ans, près d'un quart de siècle plus tard) ; pire encore, même si le nouveau venu était ingénieur de formation et avait réussi à remettre IWK sur les rails, il manquait cruellement d'expérience dans le monde de l'automobile.

Mais s'il restait des doutes à son sujet, ils s'évanouirent dès que von Kuenheim définit son approche prudente. L'entreprise était déjà en forme : elle sortait de la mini récession de 1967-1968 en ayant augmenté ses ventes de 23 %, avec un chiffre d'affaires qui dépassait le cap du milliard de marks pour la première fois. Le programme de développement des ventes et des concessionnaires de Paul Hahnemann battait son plein, et il avait même envisagé de racheter Lancia, alors en difficulté – mais Fiat s'en empara l'année suivante à un prix plus bas. La nouvelle usine de Dingolfing et la prometteuse Série 5, qui prenait la suite du modèle qui avait sauvé BMW de la faillite en 1961, étaient prêtes ; la conjoncture était de nouveau au beau fixe, et l'avenir s'annonçait radieux.

Mais von Kuenheim voyait encore plus loin, plus loin que les six prochaines années, pendant lesquelles la production

^ Herbert Quandt (centre) et son épouse visitent la nouvelle usine de Dingolfing, qui construisait alors la nouvelle Série 5.

❮ La première Série 5 eut la lourde tâche de prendre la relève de la voiture qui avait sauvé BMW.

BMW Série 5 (E12), 1972-1981

Remplaçante des modèles Neue Klasse, dont le succès avait sauvé BMW en 1961, la Série 5 E12 donnait un second souffle au système de numérotation de BMW, datant d'avant-guerre. Plus grande et moins sportive que la Neue Klasse, la Série 5 connut pourtant un grand succès et définit de nouvelles normes pour l'habitacle et la carrosserie, qui lancèrent BMW sur le chemin de la croissance avec une triple gamme qui dura jusqu'au XXIe siècle.

1972 : Lancement de la 520 et 520i à injection lors du Salon de l'automobile de Francfort, de 115 et 125 ch respectivement.
1973 : Ajout de la 525 6 cylindres, de 145 ch.
1974 : Lancement de la 518 1,8 L suite au choc pétrolier.
1975 : Sortie de la 528 en Europe et de la 530i en Amérique du Nord.
1977 : Lancement de la 520 avec un moteur M20 6 cylindres (122 ch) ; ajout de l'injection sur la 528 ; annonce de la M535i modifiée par BMW Motorsport avec une boîte 5 vitesses et 218 ch.
1981 : Passage de relais au modèle E28 après 697 400 exemplaires construits.

Aux commandes : Eberhard von Kuenheim (gauche) recruta des directeurs à l'extérieur de BMW, comme Bob Lutz (droite).

serait amenée à doubler. Cette approche à long terme lui permit de rester aux commandes de l'entreprise pendant 25 ans : en 1993, la production de voitures avait quadruplé, les ventes de motos avaient triplé, et le chiffre d'affaires avait été multiplié par 18, le tout avec des bénéfices opérationnels chaque année. Ces résultats sont exceptionnels pour toute grande entreprise, et a fortiori pour une compagnie soumise à autant d'investissements et des régulations aussi strictes qu'un constructeur automobile. Von Kuenheim guida la conception d'une centaine de voitures et trente motos pendant son mandat de PDG, faisant passer BMW d'un constructeur régional de taille moyenne à un acteur incontournable à l'échelle mondiale, surpassant par la même occasion Mercedes-Benz, sa rivale de toujours.

Malgré cette façade de réussite, la gestion de l'entreprise n'était pas un long fleuve tranquille. Convaincu que pour travailler efficacement, il faut s'entourer des bonnes personnes, von Kuenheim commença par faire le tri au sein du conseil d'administration. Parmi ses premières décisions, l'une des plus controversées fut de remercier Hahnemann, l'exubérant directeur commercial qui avait fait tant d'efforts pour imposer BMW ; son style de vente agressif n'était pas au goût du nouveau directeur, mais Hahnemann était tant apprécié des ouvriers que son renvoi provoqua une grève symbolique, l'une des rares qu'ait jamais connue BMW. Surtout, von Kuenheim fit venir des talents de l'extérieur, notamment les directeurs de Ford et Porsche ainsi que le suisse-américain Bob Lutz de GM Opel ; Lutz créerait bientôt BMW Motorsport GmbH, ce qui attirerait Jochen Neerspasch de Ford.

Les ingénieurs qualifiés étaient très demandés au début des années 1970, alors que le contrôle des émissions se renforçait sur l'indispensable marché américain, contraignant les constructeurs européens à développer des gammes parallèles de moteurs « propres », souvent avec plus de cylindrées, de rapports de vitesse et de technologies complexes. À l'été 1972, la tenue des Jeux olympiques d'été dans le fief même de BMW, à Munich, entraîna un bond en avant technologique très médiatisé, gage d'une extrême visibilité pour la marque. Son siège social spectaculaire, un gratte-ciel « 4 cylindres », était opérationnel, des modèles 1602 électriques ouvrirent le défilé des athlètes et l'incroyable concept de la Turbo de Paul Bracq laissa sans voix tous les observateurs. Fascinant signe des temps, cette supercar 200 ch

racée, qui influencerait la M1, fut présentée comme une étude sur la sécurité. Le message subliminal était que tandis que les autres constructeurs proposaient des prototypes volumineux, intimidants et tout bonnement laids, BMW pouvait faire la même chose, mais avec élégance.

Sur le versant industriel, l'événement majeur pour BMW fut l'inauguration de l'usine de Dingolfing et le lancement de la Série 5 (E12). Attendue avec impatience pour reprendre le flambeau des berlines Neue Klasse qui avaient sauvé l'entreprise, la Série 5 revenait au système de nom d'avant-guerre, qui indiquait la cylindrée et la taille, tout en marquant un changement subtil de positionnement : les lignes de

^ Les ventes de moto reprirent suite au transfert de la production à Berlin et au lancement de la nouvelle génération 5, avec des fonctions actuelles comme le démarrage électrique.

Les Jeux olympiques de Munich en 1972 donnèrent à BMW l'occasion de médiatiser son inventivité avec le concept futuriste de la Turbo et des versions électriques de la BMW 1602, qui ouvrirent le défilé des athlètes.

Bracq étaient contemporaines et élégantes, et l'habitable représentait un pas en avant en termes d'ergonomie et de clarté des informations. Ce modèle représentait aussi une immense avancée en termes de conduite : les moteurs étaient plus précis et fluides, et le châssis délaissait les performances sportives au profit du confort et du raffinement.

Cette démarche fit à certains l'effet d'une véritable trahison de l'héritage sportif de BMW, qui galvaudait l'image de la marque. Mais la formule avait été bien pensée, et les premières 520 et 520i trouvèrent immédiatement leur public, avec 60 000 acheteurs dès la première année ; d'autres versions virent bientôt le jour, comme la 525i 6 cylindres et, en réponse fulgurante au premier choc pétrolier de 1973, la version économique 518. Le choc pétrolier, le prix du carburant qui avait doublé, les files d'attente aux stations-service et l'interdiction de rouler le dimanche... Autant de facteurs qui attisèrent, pour la première fois, un rejet de la voiture en Europe. Sans se démonter, BMW conserva sa production alors que le secteur licenciait et fermait des usines ; la 518 fit les meilleurs résultats de sa catégorie et fut commercialisée jusqu'en 1981, avec près de 700 000 unités écoulées.

À cause de la crise et de la récession qui la suivit, BMW avait retiré sa puissante Turbo 2002, ajoutant l'« économique » 1502, dotée d'un moteur à faible compression, à l'autre bout de la gamme. Cette décision fut bien accueillie pour l'époque, et montra que la qualité, le confort et le style de BMW pouvaient être de vrais arguments de vente, même en l'absence de moteur puissant. Quant à Von Kuenheim, il fit de la 1502 une limite symbolique. Selon lui, aucun modèle moins cher ne ferait preuve du raffinement digne d'une BMW, montrant par la même occasion le chemin parcouru depuis l'époque des micro-voitures, dix ans plus tôt.

À l'été 1975, BMW dut ajouter des équipes de production pour faire face à la demande ; la Série 5 avait rendu les modèles de Série 2 désuets, et la toute nouvelle Série 3 (E21), lancée en juin, fit encore monter les ventes. Réinterprétant les thèmes de la Série 5 sous un format 2 portes plus proche d'un coupé, Bracq fit à nouveau mouche avec la Série 3 : son profil acéré lui donnait une allure plus sportive et rapide, ses dimensions compactes et sa direction précise à crémaillère offraient une excellente maniabilité, sans oublier son tableau de bord digne d'un cockpit, centré sur le conducteur, qui marquait une nouvelle étape pour le design des habitacles.

BMW Série 3 (E21), 1975-1983

Plus grande, moderne et confortable que les modèles de la Série 2, qu'elle remplaçait, la Série 3 rendit BMW accessible à un public plus vaste et moins tourné vers les sports automobiles. Premier modèle de BMW à dépasser le million d'exemplaires, cette 2-portes compacte était maniable et ludique, et son habitacle axé sur le conducteur plaça la barre plus haut pour le secteur.

1975 : Lancement des 316, 318, 320 et 320i, avec quatre phares sur ces deux derniers.
1977 : La 320 cède la place à la 320/6 6 cylindres avec un nouveau moteur M20 à 122 ch ; ajout d'une version cabriolet construite par Baur.
1978 : La 323i 6 cylindres, 2,3 L et 143 ch devient un succès instantané.
1981 : Lancement de la 315, modèle d'entrée de gamme (75 ch) ; ajout de l'injection à la 318.
1982 : La gamme principale passe le relais aux nouveaux modèles E30, mais la 315 de base est maintenue.
1983 : Abandon de la production de la 315, après un total de 1 364 039 unités.

Les ventes décollèrent réellement avec l'arrivée de la petite Série 3, qui remplaçait les modèles de Série 2. L'habitacle devint une nouvelle référence de style et de minimalisme.

Comme pour la Série 5, une partie de la presse regretta la disparition du côté sportif de la Série 2 et la torpeur de la Série 3. Mais les chiffres parlent d'eux-mêmes : la Série 3 dépassa 130 000 unités vendues la première année, rapprochant toujours plus la production globale de BMW des 350 000 voitures alors construites chaque année par Mercedes-Benz. En coulisses, toutefois, les changements de personnel s'enchaînaient : Lutz et Bracq tirèrent leur révérence et Claus Luthe, l'homme derrière la révolutionnaire NSU Ro80, prit la tête du service de design.

Si BMW fut parfois accusée de « dépenses en roue libre » en matière de recherche et développement, d'équipements capitaux et de recrutement, l'entreprise rétorqua qu'elle s'équipait pour l'avenir, étudiant des moteurs diesel, relançant les programmes de grosses voitures au point mort depuis la récession et faisant du développement d'un petit 6-cylindres une priorité pour les Séries 3 et 5. Dotées du nouveau moteur M20 fin 1977, les modèles 320/6 et 520/6 à turbine haussèrent immédiatement le niveau en matière de sophistication, tandis que l'excellente 323i, avec ses 143 ch à plein régime, surpassait la regrettée 2002 tii par son enthousiasme sportif et son charme irrésistible.

Si la 323i devint rapidement la voiture haut de gamme, la 316 de base restait l'un des deux modèles les plus vendus, confirmant que BMW plaisait autant pour son image et sa fiabilité que ses performances brutes. La production ne cessa d'augmenter d'année en année, et la Série 3 fut la première à écouler plus d'un million d'unités jusqu'à ce que la Série 3 E30 de deuxième génération ne reprenne le flambeau en 1982.

L'incroyable résistance de BMW n'échappa pas aux autres constructeurs, jaloux de sa capacité à augmenter ses ventes en dépit de récessions généralisées. Von Kuenheim chérissait le positionnement réfléchi de BMW, et était plus déterminé que jamais à garder des prix haut de gamme sans produire trop de voitures ; il aurait même envisagé d'abandonner totalement la production de moteurs 4 cylindres, décision à laquelle s'opposa son directeur du développement des véhicules, Karlheinz Radermacher, aussi respecté que conservateur.

Avant les petits 6-cylindres, deux gammes distinctes se partageaient le segment haut de gamme : le coupé de Série 6, inspiré de la technologie de la Série 5, et la Série 7 de luxe, qui complétait la palette de modèles de von Kuenheim. Le style était celui d'un Bracq en pleine forme, surtout avec la longue et élégante Série 6 (E24), aux surfaces élégantes et épurées et aux proportions équilibrées ; la berline (E23) de Série 7 semblait plus massive et imposante en comparaison, même si son profil était plus original que celui de la Mercedes SE de l'époque.

Lors du lancement de la Série 7, BMW déclara « être convaincu, sans prétention », du potentiel du modèle, signalant son retour sur le segment haut de gamme pour défier plus directement Mercedes. Depuis le milieu des années 1960, on évoquait une *grosser* BMW pour emmener l'entreprise vers les hautes sphères du marché ; les moteurs V8 et V12 avaient été envisagés, le 12-cylindres l'emportant avant d'être mis au placard lors du deuxième choc pétrolier de 1979. Animé

Conçu à la même époque que la Série 6, la Série 7 donna à BMW un modèle fort dans le segment haut de gamme alors dominé par Mercedes.

Le distingué coupé de Série 6 est l'un des plus beaux designs de Paul Bracq. En voici une version ultérieure, la 365i.

BMW Série 6 (E24), 1976-1989

L'élégant coupé de Série 6 reposait sur l'architecture de la berline de Série 5, avec de grands moteurs 6 cylindres à injection, et des équipements de luxe supplémentaires. Venant remplacer le célèbre coupé 3.0 CSi si populaire dans les sports automobiles, le M635 CSi fut le tout premier modèle M. Il restera en production pendant treize ans.

1976 : Annonce du 630 CS (185 ch, carburateur) et du 633 CSi (injection, 200 ch).
1978 : Le 635 CSi de 218 ch devient le 4-places le plus rapide sur le marché, à plus de 220 km/h.
1979 : Le 630 CS cède la place au 628 CSi de 184 ch.
1982 : Abandon du 633 CSi.
1984 : Lancement du M635 CSi, développé par BMW Motorsport, avec le moteur 3,5 L, 24 soupapes et 286 ch de la supercar M1. Son prix est deux fois plus élevé que les autres modèles.
1987 : Abandon du 628 CSi, laissant seulement le M635 CSi en production.
1989 : Abandon du M635 CSi.

Les turbocompresseurs pavèrent la route à la puissance d'exception de la 745i, mais la technologie était immature et la voiture, problématique.

de la volonté de battre Mercedes sur la puissance du moteur, von Kuenheim décida à la place de doter la Série 7 d'une version à surcompresseur du 6-cylindres en ligne 3,3 L pour atteindre 252 ch et s'emparer du titre de champion du segment. BMW le regretta, car la 745i était caractérielle, gourmande en carburant et surtout peu fiable. D'un coup, tous les efforts que BMW avait consacrés à ses modèles de luxe s'écroulèrent, et ce n'est qu'après deux autres moteurs et transmissions que l'entreprise parvint à un compromis à moitié satisfaisant. Mais le tort était fait, et BMW ne reviendrait aux moteurs à essence à surcompresseur qu'au début du nouveau millénaire.

Lors de la réunion des actionnaires de 1978, von Kuenheim déclara aux investisseurs que 30 % du temps de développement était consacré aux mises aux normes internationales, et lors d'une conférence technique la même année, BMW présenta trois projets de groupes motopropulseurs à la presse : un 6-cylindres essence 1,4 L haute compression, un moteur comparable capable de fonctionner sur 3 ou 6 cylindres, selon la charge, et un 6-cylindres diesel à surcompresseur 2,4 L et 125 ch.

C'est ce dernier qui s'avéra le plus impressionnant et, convaincu que le diesel pouvait allier économies et performances, BMW fit équipe avec Steyr, en Autriche, pour son développement et sa fabrication. Mais les résultats ne

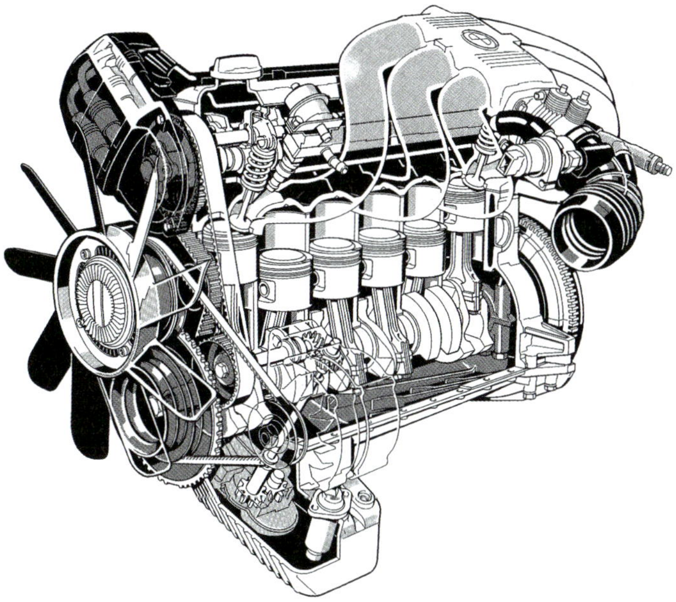

Le petit 6-cylindres M20, tout en souplesse, fut conçu pour les Séries 3 et 5 et leur donna une sophistication unique dans leur secteur. La 323i était une favorite des passionnés de vitesse.

furent pas à la hauteur et BMW dut reprendre les rênes du projet ; en Europe, le moteur de série ne fut prêt que pour l'année modèle 1984, et la BMW 524td, alors dotée du diesel le plus rapide au monde, fut vendue pour les années modèles 1985 et 1986 aux États-Unis.

À la fin des années 1970, BMW était devenue colossale : von Kuenheim avait prévu de passer à une production annuelle de 350 000 unités à l'horizon 1982 et lança la construction d'un centre de recherche et d'innovation intégré, le FIZ, dans un lieu central pour que ses 2 000 ingénieurs puissent relier directement les usines et le siège social de l'entreprise.

Une recette qui gagne

Pour les deux-roues, 1981 marqua le début de la série de quatre victoires de la moto d'enduro BMW R80 G/S lors de l'éprouvant Paris-Dakar, tandis que la Série 5 de deuxième génération (E28) était attendue avec impatience par un secteur curieux de connaître la nouvelle ligne directrice de BMW. Mais à la surprise générale, le véhicule dévoilé ressemblait à un simple lifting du modèle existant, déjà âgé de neuf ans. La déception était palpable : une entreprise aussi énergique et dynamique que BMW, connue pour ses modèles novateurs et exaltants, avait fait preuve d'une prudence qui s'apparentait à un manque de confiance en soi.

BMW Série 7 (E23), 1977-1986

La Série 7 initiale fut la première à faire jeu égal avec la SE de Mercedes-Benz, fleuron de son segment haut de gamme. Sa technologie s'inspirait des gros 6-cylindres des modèles sortants 2500/2800, tandis que sa carrosserie 4 portes élancée n'était pas sans rappeler le coupé de Série 6. La Série 7 lança toute une gamme d'innovations, comme la gestion 100 % électronique du démarrage et de l'injection. Pour l'époque, ces modèles donnaient de belles performances et une prise en main agréable, en écho aux qualités qui firent le succès des petites Séries 3 et 5.

1977 : Lancement sous le nom 728 (170 ch), 730 (184 ch) et 733i (197 ch).
1979 : La 732i à 3,2 L et 197 ch est la première voiture au monde dotée d'une cartographie Motronic 100 % électronique de l'injection et du démarrage ; la 733i passe le relais à la 735i (218 ch).
1980 : La 745i à turbocompresseur offrant 252 ch devient le fleuron de la gamme, ainsi que la berline de luxe la plus puissante d'Allemagne ; transmission automatique trois vitesses et ABS de série.
1982 : Le modèle fait peau neuve avec ses calandres plus larges et rectilignes.
1983 : Recalibrage du moteur 745i et installation d'une transmission automatique 4 vitesses pour une meilleure maniabilité.
1984 : Augmentation de la cylindrée du moteur de la 745i à 3 43 cm^3 ; ABS désormais de série sur tous les modèles.
1986 : La dernière des 285 000 Série 7 E23 sort de la chaîne de montage.

La Série 5 de deuxième génération (ci-dessus) était presque identique au modèle sortant (ci-dessous), mais sa mécanique était très différente.

Mais BMW soutenait que ce modèle était novateur, statistiques à l'appui : un allègement de 100 kg grâce à une conception structurelle informatisée, une amélioration aérodynamique radicale et des moteurs tout à injection, à l'exception de la 518 de base. C'est sur route que ce modèle de deuxième génération fit des étincelles : plus souple, confortable et racé, avec tout un éventail de nouvelles technologies, il symbolisait une avancée technologique plutôt qu'une mise à jour stylistique, démarche à laquelle les clients de BMW s'habitueraient bientôt. La carrosserie banale ne rebuta pas les acheteurs, et plus de 700 000 unités du modèle trouvèrent preneur au cours de ses sept ans d'existence. Parmi les versions mémorables, la première berline super sportive M5, et les éphémères 525e et 528e, avec leur moteur à bas régime pour une efficacité et un raffinement ultimes. Avec moins de friction, de vibration et de stress, ce moteur était en avance sur son temps : ce n'est qu'à présent, dans la deuxième décennie du XXIe siècle, que les constructeurs commencent à voir l'intérêt d'une baisse de régime.

Le lancement de la Série 3 de deuxième génération (E30) en 1983 inaugura une nouvelle phase d'innovation technique et d'expansion ; déjà, l'influence du concepteur en chef Claus Luthe se faisait subtilement sentir. En surface, la série n'était pas moins révolutionnaire que la Série 5 : convaincante d'originalité, d'élégance et de modernité, elle reçut un accueil tout aussi chaleureux. La gamme s'agrandit ensuite pour comprendre les cabriolets, les breaks (ressuscitant le nom Touring), les tout-terrains, les diesels et la M3 affûtée digne d'une voiture de course, qui domina la scène des sports automobiles européenne et définit de nouvelles normes pour les sensations sur la route.

Fin 1983, BMW enchaînait les succès, après avoir remporté le Championnat du monde de Formule 1 avec son moteur turbo à l'arrière de la Brabham BT52 effilée de Nelson Piquet, et alors que les voitures de route représentaient désormais plus de 10 % de ses ventes. Une troisième usine, Regensburg, était prévue pour 1987, mais von Kuenheim admit au journal *Financial Times* que « l'époque des grands bonds de production et de bénéfices touchait à sa fin ». Le *FT* fit remarquer qu'en Allemagne de l'Ouest, la quasi-totalité des personnes qui pouvaient se permettre l'acquisition d'une voiture neuve en possédait déjà une, ce qui limitait la demande à des remplacements, sans oublier que la population était en baisse. Par ailleurs, la prospérité allemande avait fortement

BMW Série 5 (E28), 1981-1987

Presque identique à l'originale, la Série 5 de deuxième génération n'en restait pas moins plus aérodynamique et pesait 100 kg de moins grâce à sa conception assistée par ordinateur. Parmi les innovations : la gestion électronique Motronic du moteur, le compteur énergétique, l'indicateur des intervalles d'entretien, un ordinateur embarqué et l'ABS ; la 528i, plus sportive, offrait le choix entre l'overdrive ou une boîte à 5 rapports courts.

1981 : La gamme de lancement comprend la 518, 518i, 520i (125 ch), 525i (150 ch) et la 528i (184 ch).
1983 : Lancement de la 524td diesel (115 ch) en Europe, de la 533i, berline la plus rapide aux États-Unis, et des modèles économiques 525e (Europe) et 528e (États-Unis) à faible régime.
1984 : M535i sportive avec 218 ch, suspension abaissée et carrosserie aérodynamique.
1985 : La M535i passe le flambeau à la M5 haute performance, avec un moteur 24 soupapes et 286 ch développé par BMW Motorsport à partir de la M635 CSi, qui atteint une vitesse de pointe de 245 km/h.
1987 : Remplacement par la E34 de nouvelle génération après 722 348 exemplaires construits.

BMW Série 3 (E30), 1982-1993

La Série 3 de deuxième génération s'appuyait sur le succès de la première, se dota de versions break, 4 portes et cabriolet et se vendit à plus de deux millions d'unités en onze ans de production. Tout comme sur la Série 5, les équipements comprenaient désormais un compteur énergétique, un témoin d'entretien et un ordinateur de bord, et le châssis amélioré possédait une suspension arrière améliorée pour réduire le survirage.

1982 : Modèle 2 portes lancé sous le nom 316, 318i, 320i et 323i (139 ch).
1983 : Ajout d'une carrosserie 4 portes.
1985 : La 323i cède la place à la 325i à 171 ch ; ajout de la 324d diesel, avec ses 86 ch, et de la 325iX à transmission intégrale.
1986 : Ajout du cabriolet complet 325i et de la M3 haute performance. Développée par BMW Motorsport, la M3 a une carrosserie modifiée et un moteur DOHC 2,3 L, 16 soupapes, 4 cylindres offrant 195 ch.
1987 : La gamme fait peau neuve : la 318i gagne un moteur avec contrôle Motronic ; sortie de la 324td turbodiesel avec moteur électronique numérique et 115 ch ; annonce de modèles Touring (break 4 portes).
1988 : Le Touring entre en production ; ajout du M3 Cabriolet ; la M3 Evolution atteint 215 ch.
1989 : 318iS 2 portes avec nouveau moteur 16 soupapes Motronic atteignant 136 ch.
1990 : La M3 Sport Evolution offre désormais 238 ch et une vitesse de pointe de 238 km/h.
1990 : Annonce de la production d'une berline E36 de nouvelle génération en 1991 ; abandon de la berline mais maintien du cabriolet et du Touring.
1993 : Abandon du cabriolet.
1994 : Abandon du Touring.

^ Hubert Auriol bondit vers la victoire lors du Paris-Dakar de 1981, première d'une série de quatre triomphes pour la R80 G/S. Le modèle sera un succès commercial lors des décennies suivantes.

augmenté la valeur du deutsche mark par rapport au dollar, ce qui rendait les exportations vers les États-Unis moins intéressantes ; on suggéra à BMW de se diversifier, à l'instar de Mercedes qui venait de racheter l'avionneur Messerschmitt-Bölkow-Blohm (MBB).

Von Kuenheim rétorqua que « si nous rachetons une entreprise, elle doit être assez grande pour valoir notre temps et notre argent, mais assez petite pour ne pas nous nuire si les choses tournent mal ». Ces paroles s'avérèrent prémonitoires autant pour Mercedes-Benz et MBB que, dix ans plus tard, la relation tumultueuse entre BMW et sa grosse acquisition Rover.

Dans une interview avec le *FT* lors du Salon de l'automobile de Francfort en 1986, von Kuenheim confirma qu'il cherchait à augmenter ses volumes de production de

Une E30 à 4 portes pose devant le siège social et musée de BMW, dont l'architecture rappelle les cylindres d'une voiture.

seulement 20 000 véhicules chaque année et que si BMW parvenait à 600 000 véhicules annuels, elle risquait de perdre l'exclusivité qui faisait tout son charme. Sa confiance sereine reposait sur l'élégante Série 7 de deuxième génération, qui préfigurait une nouvelle ère d'un raffinement extrême pour BMW, mais aussi sur un secret bien gardé : BMW allait faire vaciller la fierté de sa rivale de Stuttgart en lançant un prestigieux moteur V12 pour déchoir la Mercedes Classe S de son piédestal de voiture de luxe préférée des Allemands. Mieux encore : à ce stade, personne n'avait encore pu imaginer un événement aux enjeux immenses qui allait accélérer les activités de tous les constructeurs automobiles : la chute du mur de Berlin, l'effondrement du bloc soviétique et l'accès à de nombreux marchés lucratifs de par le monde.

BMW

CHAPITRE

10

Puissance, Performance et art

Au milieu des années 1970, le pilote de course, commissaire-priseur et amateur de voitures français, Hervé Poulain appela son ami Jochen Neerpasch, alors directeur des sports automobiles de BMW, pour lui faire part d'une idée saugrenue. Poulain, amateur assumé d'art et de voitures, déclara avoir envie de participer aux 24 Heures du Mans en transformant les voitures de course en œuvres d'art ; selon lui, BMW serait le partenaire idéal. Le fait que Poulain compte l'artiste américain Alexander Calder parmi ses proches ne gâchait en rien l'idée, et bientôt, la première Art Car de BMW voyait le jour, portant haut et fier les couleurs primaires chères à Calder sur la ligne de départ de cette course mythique. Ce qu'aucun de ces hommes n'aurait pu prévoir, c'est qu'elle serait la première d'une longue lignée d'Art Cars, série de toiles dynamiques qui se poursuivrait pendant quatre décennies et attirerait des artistes de renom comme Andy Warhol, David Hockney et Jeff Koons, tout en faisant accéder à la notoriété des artistes de pays comme l'Afrique du Sud, la Chine, l'Islande et l'Australie.

En 2015, BMW organisa une rétrospective de la quasi-totalité de ces « sculptures sur roues » à Munich, avant d'entamer une tournée mondiale. La saga des BMW Arts Cars n'en finit pas de réserver des surprises : la 18e de la série sera, pour la première fois, une collaboration entre deux artistes. Cao Fei, née à Pékin, qui intervient sur des supports multimédias, et John Baldessari, artiste conceptuel américain de 50 ans son aîné, travailleront main dans la main pour ajouter la nouvelle voiture de course BMW M6 GT3 à la collection ; le fruit de leurs efforts sera visible dès 2017.

Alexander Calder, 3.0 CSL, 1975

Le sculpteur new-yorkais Alexander Calder, connu pour ses mobiles colorés et gracieux, donna un coup d'envoi spectaculaire au projet Art Car avec son audacieuse voiture de course 3.0 CSL, dont les couleurs primaires éclatantes dessinaient des arabesques asymétriques sur la carrosserie digne d'une Batmobile. Cette voiture de 480 ch, numéro 93 sur la ligne de départ, était pilotée par Sam Posey, Jean Guichet et Hervé Poulain lors de l'édition 1975 des 24 Heures du Mans, mais dut déclarer forfait au bout de sept heures à cause d'un arbre de transmission cassé. La BMW compte parmi les dernières œuvres de Calder, qui mourrut l'année suivante.

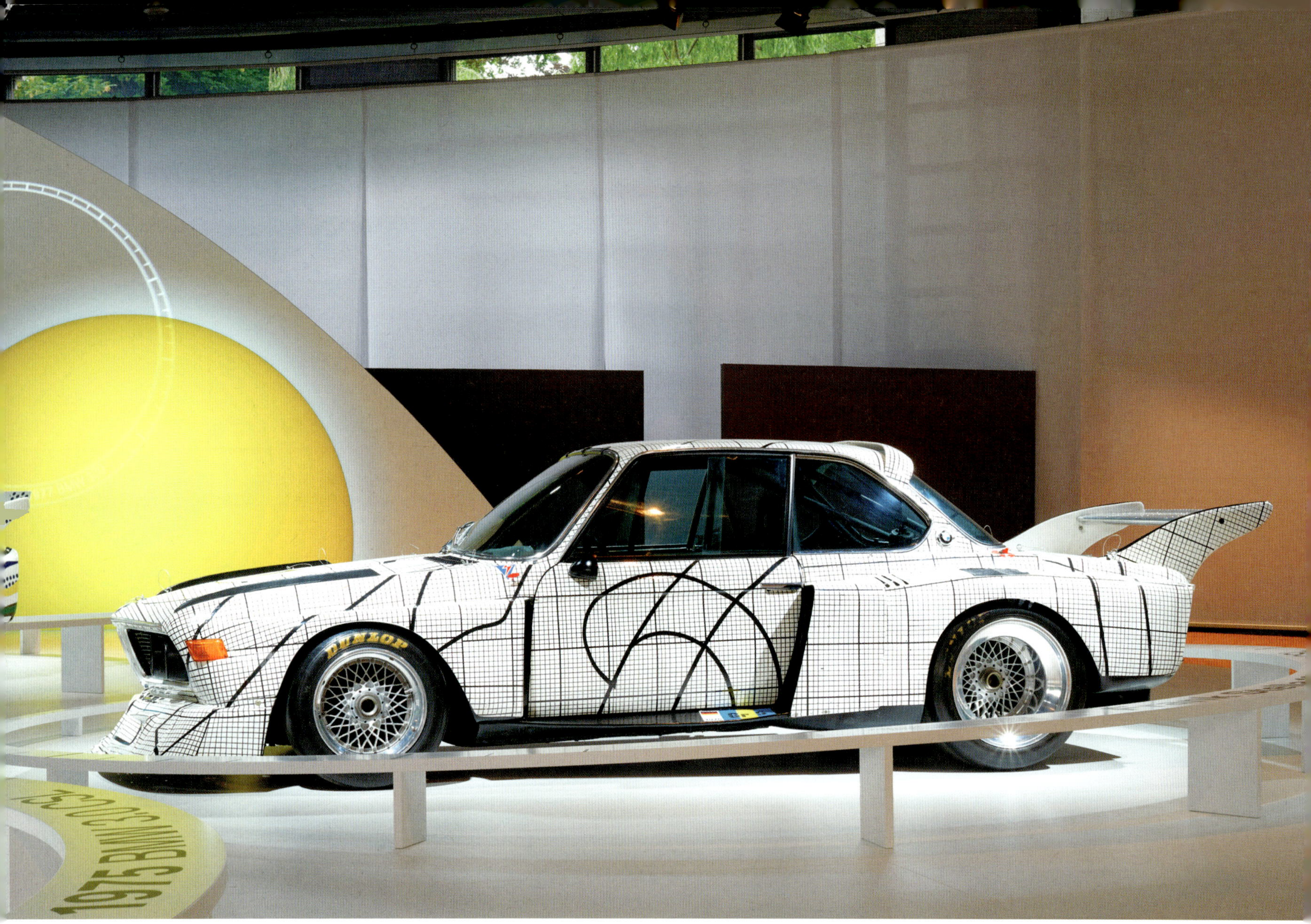

Frank Stella, 3.0 CSL, 1976

Le célèbre peintre et graveur américain Frank Stella fut le suivant sur la liste à s'attaquer à l'Art Car, habillant une autre 3.0 CSL d'un motif géométrique noir et blanc, comme un papier quadrillé géant. Les lignes évidées symbolisaient les éléments mécaniques sous la carrosserie et, tout comme le mobile à grande vitesse de Calder l'année précédente, la CLS de Stella eut les faveurs du public au Mans.

Roy Lichtenstein, 320i, 1977

Roy Lichtenstein accéda à la notoriété dans les années 1960 en devenant l'une des figures incontournables du tout nouveau mouvement Pop Art. Sa voiture de groupe 5, la BMW 320i de 1977 (à droite), était la toile parfaite pour sa technique unique rappelant la bande dessinée, avec ses motifs pointillistes géants et ses vagues dans des couleurs franches. « Les lignes symbolisent la route que la voiture doit suivre, tandis que l'œuvre représente l'environnement qu'elle traverse », expliqua l'artiste.

Andy Warhol, M1, 1979

Comptant parmi les plus grands artistes à avoir créé une Art Car, Andy Warhol appliqua une touche toute professionnelle à la M1, une autre voiture de course. Il expliqua que le fini à la main flou mais vif (ci-dessus, premier plan) symbolisait une impression de vitesse, parfaite pour cette voiture de 470 ch, qui se classa deuxième de sa catégorie lors de l'édition 1979 des 24 Heures du Mans.

Ernst Fuchs, 635 CSi, 1982

Ernst Fuchs, professeur d'art autrichien et cofondateur de l'École viennoise de réalisme fantastique, fut le premier artiste non américain à être invité à créer une BMW Art Car. Ce fut aussi la première fois qu'une voiture de série fut décorée de la sorte, et Fuchs utilisa sa technique d'illustration digne des beaux-arts pour créer un effet spectaculaire sur le coupé marine et noir, où de gigantesques flammes émergeaient des roues pour embraser le capot et le toit.

Robert Rauschenberg, 635 CSi, 1986

Robert Rauschenberg, autre figure incontournable de la scène Pop Art new-yorkaise, était un peintre et graphiste qui travaillait avec des techniques de découpage pour repousser les limites de l'art. Sa BMW 635 CSi fut la première Art Car à utiliser des procédés photographiques : sur l'aile droite se trouvait l'énigmatique nu de la *Grande Odalisque* du peintre Jean-Auguste-Dominique Ingres, tandis que la portière conducteur arborait une œuvre de l'artiste italien Bronzino.

Michael Jagamara Nelson, M3 Groupe A, 1989

Prenant une berline noire M3 pour toile (ci-dessus), l'artiste australien Michael Jagamara Nelson passa sept jours à peindre à la main les motifs ancestraux hérités de son grand-père. Les dessins délicats et complexes, qui rappellent une mosaïque, symbolisent des paysages et des animaux, selon l'artiste.

Ken Done, M3 Groupe A, 1989

Ken Done, autre artiste et designer australien, adopta une approche graphique haute en couleur pour transformer en création une voiture de course M3 comme son compatriote Nelson. La carrosserie, signée en grandes lettres sur le bas de caisse, dégage un irrésistible élan éclatant, de l'avant chaud et ensoleillé, jusqu'à l'arrière, où les couleurs foncées l'emportent pour laisser briller les étoiles. Cachés dans cette œuvre abstraite se trouvent des perroquets et poissons-perroquets, selon Done.

Matazo Kayama, 535i, 1990

La neige, la lune et les fleurs de cerisiers : voilà les thèmes qui courent le long de la carrosserie de la berline 535i décorée par Matazo Kayama. Ce peintre, sculpteur et graveur japonais traita ces sujets avec originalité et complexité, mariant aérographe et techniques japonaises traditionnelles, comme le kirikane (métal découpé) et l'arare (impression sur métal).

César Manrique, 730i, 1990

Les dimensions imposantes de la berline de luxe BMW 730i donnèrent à l'artiste espagnol César Manrique une toile grandiose sur laquelle déployer les envolées colorées et expressives de ses idées visuelles. Graphiste, sculpteur, architecte, paysagiste et peintre, Manrique était aussi un défenseur de l'environnement, et son travail sur l'Art Car visait à illustrer une relation harmonieuse entre nature et technologie.

A. R. Penck, Z1, 1991

A. R. Penck est le pseudonyme de Ralf Winkler, artiste touche-à-tout, peintre néo-expressionniste et batteur de jazz originaire de Dresde, réputé pour ses bonshommes bâton. Choisissant une BMW Z1 rouge vif pour toile, il décora cette sportive compacte 2 places de dizaines de bonshommes bâton noirs, d'yeux fixes, de lions, de crocodiles et d'autres symboles mystiques, comme un écho à des peintures rupestres.

Esther Mahlangu, 525i, 1991

Esther Mahlangu fut non seulement la première femme invitée à décorer une Art Car de BMW, mais aussi le premier artiste originaire du continent africain. Elle décida d'habiller sa BMW 525i des formes géométriques et décoratives traditionnelles de l'art tribal de son ethnie, les Ndébélés, en tons rose, bleu et violet. Chaque centimètre carré de la voiture en était recouvert, et même les jantes étaient colorées pour faire de ce design une œuvre dynamique.

Sandro Chia, M3 GTR, 1992

Convaincu que les voitures sont l'objet de toutes les convoitises, et donc de tous les regards, de la société contemporaine, l'artiste italien Sandro Chia décora sa Série 3 d'innombrables visages colorés, souvent superposés, qui fixent l'observateur. Où que se porte le regard sur la carrosserie basse de cette voiture de course, il trouve un clin d'œil ou un sourire mélancolique, qui nimbent de mystère l'allure de la voiture.

David Hockney, 850 CSi, 1995

L'artiste international David Hockney choisit d'aller au fond des choses pour décorer son Art Car BMW 850 CSi (à gauche). Selon BMW, son ambition était de dépeindre les rouages de la voiture, et les éléments abstraits de Hockney, formes graphiques rouge vif, noir et gris ou grandes fermetures Éclair, décomposent de façon déconcertante la carrosserie familière de la Série 8. Clairement visibles, sur l'aile gauche se trouvent la colonne de direction, le conducteur et un chien sur la banquette arrière.

Jenny Holzer, V12 LMR, 1999

Jenny Holzer est une artiste américaine qui utilise des installations, de la typographie, des projections et de grandes installations publiques pour faire passer ses messages : textes, slogans, voire traits d'esprit aussi laconiques que provocants. À ses yeux, la voiture de course 1999 Le Mans était le support idéal : une toile immaculée et grandiose avec « *protect me from what I want* » (Protège-moi de mes envies) en grandes majuscules argentées sur ses surfaces supérieures, et le deuxième message « *lack of charisma can be fatal* » (Manquer de charme peut être fatal) sur toute la largeur de l'aileron arrière.

Olafur Eliasson, H2R, 2007

En 2007, BMW confia au sculpteur et artiste d'installations islandais Olafur Eliasson un précieux prototype H2R à hydrogène, projectile oblong conçu pour la vitesse et l'efficacité. Eliasson retira l'élégante carrosserie pour la remplacer par un cocon géant d'arceaux en acier blanc, avant de le recouvrir d'épaisses couches de glace. Illuminée de l'intérieur par une chaude lumière orange, la structure devient visible lorsque la glace fond au sol, métaphore intrigante du débat contemporain sur le changement climatique.

Jeff Koons, M3 GT2, 2010

La voiture de course M3 GT2 (en haut, à droite) de Jeff Koons, qui prit part à l'édition 2010 des 24 Heures du Mans, est peut-être la plus marquante de toutes. Collage désordonné de toutes les couleurs, tons contrastants à foison, ses rayures bariolées rayonnent vers l'arrière depuis la calandre, sculptées par la simple force de la vitesse de la voiture. À l'arrière, un éclair blanc aveuglant, comme un impact ou une explosion, intime aux pilotes qui la suivent de garder leurs distances. En action, cette voiture de course semble encore plus spectaculaire, avec une illusion de vitesse saisissante.

Cao Fei, M6 GT3, 2017

Pour la 18e édition, c'est la jeune artiste plasticienne et multimédia chinoise Cao Fei qui met en scène une M6 GT3 noir carbone en vidéo et en réalité virtuelle augmentée grâce à une application téléchargeable. La voiture elle-même a été engagée sur le circuit de Macao en novembre 2017, où elle a terminé à une belle quatrième place.

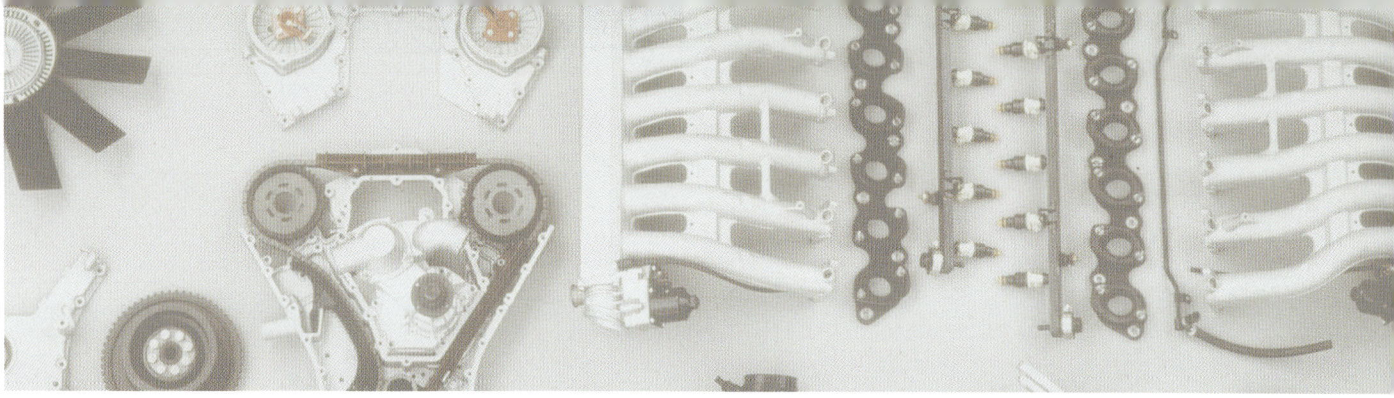

M-DM 5836

CHAPITRE

11

LES ANNÉES VON KUENHEIM, 2NDE PARTIE

L'émergence d'un style nouveau

Au début de l'automne 1986, alors que le prestigieux Mondial de l'automobile de Paris ouvrait ses portes, tout le secteur s'arrachait BMW. Les acheteurs potentiels faisaient d'ailleurs la queue devant le siège de l'entreprise à Munich dans l'espoir de persuader l'actionnaire majoritaire, la famille Quandt, de se défaire de sa participation de contrôle. En vain. Selon la rumeur, le troisième constructeur américain, Chrysler, aurait offert à cette entreprise dynamique le triple de sa valeur en bourse, tant elle était considérée, à juste titre, comme le gros lot du secteur automobile.

La Série 3 se vendait comme des petits pains pour une voiture haut de gamme, avec plus de 300 000 unités par an, et la Série 5, plus imposante, résistait mieux que prévu face à la Mercedes W124, précurseuse de la Classe E actuelle. Seule la Série 7, du haut de ses dix ans, semblait bonne pour la retraite avec son allure gauche et vindicative. Mais von Kuenheim savait qu'il avait la solution, et lorsqu'il dévoila la toute nouvelle Série 7, on comprit que BMW venait de sortir un nouvel atout de sa manche : cette fois, un style inimitable.

Hormis son côté spectaculaire qui fit l'unanimité, la Série 7 E23 conçue par Claus Luthe était parvenue à ce qu'aucun designer de BMW n'avait osé depuis deux décennies : rompre avec le modèle rectiligne imposé dans les années 1960 par la Neue Klasse, qui avait tant contribué au succès de la marque qu'il en était devenu indissociable. Avec brio, Luthe et son équipe avaient adouci les éléments clés, comme les quatre phares ronds, les calandres en double haricot et le « pli Hofmeister », pour créer une silhouette voluptueuse. La nouveauté la plus mémorable était l'élan dégagé par le nez bas, la taille montante, l'habitacle peu profond et la plage arrière haute menant à des phares arrière en L qui deviendraient vite une nouvelle marque de fabrique de BMW.

Sous le capot, la 730i et la 735i, les deux versions initialement proposées, répondaient exactement à ce que l'on attendait de la marque et donnaient une leçon en matière d'habitacle, avec de nouvelles avancées en matière d'ergonomie et une panoplie de systèmes électriques et électroniques alors inédits sur une voiture. Peu importe que dans sa mécanique, la nouvelle Série 7 ne soit qu'une évolution toute linéaire de ses prédécesseurs ; maniable, elle tenait admirablement bien la route, avec un confort d'exception grâce à ses amortisseurs réglables – la moindre des choses. Mais surtout, la Série 7 eut exactement l'impact prédit par von Kuenheim, prouvant que BMW était un prescripteur non seulement en termes techniques et électroniques, mais aussi en matière de style, de prestance et d'image haut de gamme.

Impossible de voir la Série 7 comme une extravagance vaine et coûteuse : von Kuenheim ne connaissait que trop bien

BMW Série 7 (E32), 1986-1994

La Série 7 de deuxième génération est un tournant dans l'histoire du design de BMW, faisant jeu égal avec la Mercedes Classe S en termes de mécanique, d'équipement, de technologie, de qualité et, pour la première fois, de prestige. Les lignes de Claus Luthe donnaient une silhouette sportive tout en subtilité, les moteurs 6 cylindres offraient des performances éblouissantes et la technologie de pointe comprenait la mémoire de position des sièges avant et des rétroviseurs latéraux. Mais si l'E32 est restée dans les annales, c'est surtout pour avoir été la plateforme du premier moteur V12 de BMW, qui permit à l'entreprise de doubler sa rivale de toujours, Mercedes-Benz.

1986 : Dévoilés lors du Mondial de l'automobile de Paris sous le nom 730i (188 ch) et 735i (211 ch), les deux modèles sont dotés d'une transmission manuelle 5 vitesses ou automatique 4 vitesses ZF en option.

1987 : Lancement de la 750i avec un moteur V12 5 L offrant 300 ch et une vitesse de pointe bridée de 250 km/h. Les modèles V12 se distinguent par leur allure, avec des calandres plus larges et plates, et sont les premiers au monde à utiliser le stationnement à distance à ultrasons, les phares au xénon et un amortisseur de fermeture pour le coffre et les portes. Lancement des versions 735iL et 750iL (E32/2) à empattement long.

1991 : Les moteurs 6 cylindres cèdent la place à des moteurs V8 avancés à 4 cames offrant 218 ch (730i) et 286 ch (740i). La 730i 6 cylindres reste en production sous forme de version économique.

1994 : Passage de flambeau à la nouvelle E38 après 311 015 véhicules produits.

les chiffres de son entreprise. Si la Série 3 représentait 60 % des ventes de BMW et 45 % de ses bénéfices, la Série 7, avec seulement 10 % de volume de production, en représentait le double en termes de bénéfices. Dans un entretien accordé au *Financial Times*, il déclara que le renouveau de la marque amorcé avec la Série 7 encouragerait les clients à acheter des voitures mieux équipées, plus performantes et plus chères, ce qui se traduirait par une augmentation plus rapide du chiffre d'affaires qu'avec une simple hausse du volume de vente.

Inscrivant les grandes ambitions de BMW dans le marbre, ou plutôt dans le métal, moins d'un an après le lancement de la Série 7 6 cylindres, l'entreprise dévoila, non sans fierté, sa version 750i 12 cylindres. Il s'agissait du tout premier V12 de construction allemande depuis un demi-siècle, prouesse technique qui intronisa enfin BMW comme l'égale de Mercedes-Benz. Ce moteur jouera un rôle capital en aidant BMW à doubler Mercedes dans la course à la suprématie technique, comme l'évoque von Kuenheim dans une interview parue en 2004 :

> *« Au milieu des années 1980, la Série 7 faisait d'excellents résultats. Nous étions convaincus que notre moteur 6 cylindres était la huitième merveille du monde, et passer à un V8, alors vu comme le moteur de référence pour une voiture haut de gamme, était dans la logique des choses. Toutes les études de marché étaient en faveur d'un V8, elles aussi, mais j'ai fait des déçus en y opposant mon véto. À la place, j'ai annoncé que nous passerions directement au V12. Ce fut une décision capitale pour BMW : cela allait à l'encontre de toutes les conventions… pour mieux devancer nos concurrents. Nous avons lancé ce moteur et nous nous sommes retrouvés à fabriquer les deux tiers de la production mondiale de moteurs 12 cylindres. Cela nous a donné un prestige incroyable, et depuis cette époque, nous faisons jeu égal avec Mercedes. »*

Si le prestige du V12 donna un incroyable moral à tout le personnel de BMW, ce sont les nouvelles séries bas de gamme qui contribuèrent le plus aux performances de l'entreprise sur le marché. La troisième Série 5, baptisée E34 et présentée à l'automne 1987, fit oublier la déception de sa précurseuse six ans plus tôt. Encore une fois dessiné par Luthe, le modèle

En 1986, la Série 7 de nouvelle génération donna une allure réellement élégante au fleuron de BMW pour la première fois. La sophistication trouvait écho dans un habitacle somptueux avec d'innombrables innovations électroniques.

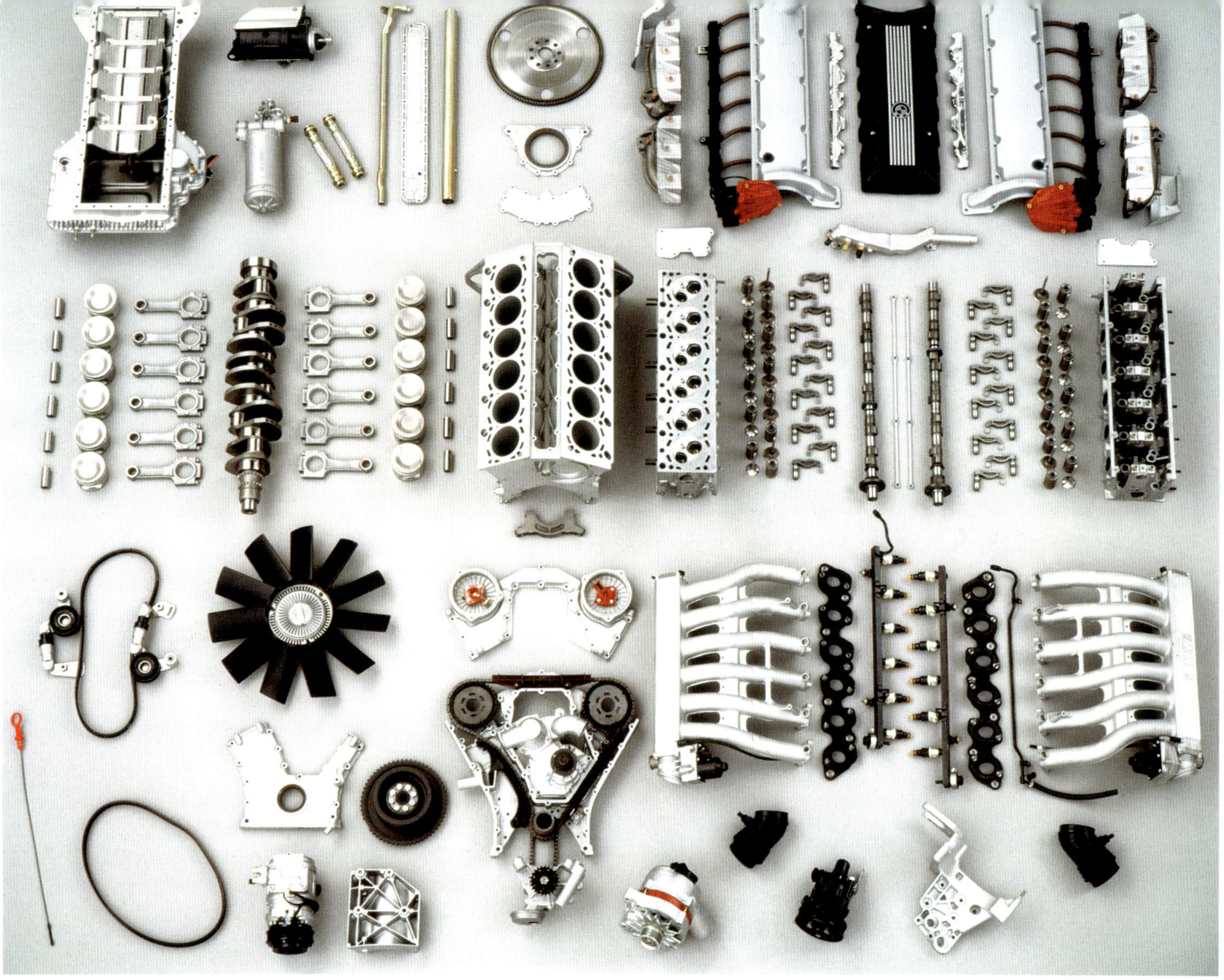

BMW saisit l'opportunité de lancer le premier V12 de construction allemande depuis 50 ans. Ce fut un tournant dans la course contre Mercedes en matière de technologie et de prestige.

reprenait le thème de la Série 7 sous un angle beaucoup plus sportif et compact, donnant une allure acérée encore plus énergique pour enfin faire oublier les générations rectilignes qui l'avait précédée.

Du point de vue des acheteurs, il s'agissait enfin d'une BMW dont le style était aussi parlant que sa mécanique, une BMW dont l'allure inoubliable était à la hauteur de ses prouesses techniques incomparables. Dotée du même moteur 6 cylindres que les Séries 3 et 7, la nouvelle Série 5 fut un franc succès, séduisant plus de 200 000 clients annuels au plus fort des ventes et donnant à sa rivale Mercedes du fil à retordre. Elle garda toute sa fraîcheur grâce à des évolutions régulières, comme une version break Touring, le premier vrai diesel haute performance, une transmission intégrale, les nouveaux V8 de la Série 7, des versions 24 soupapes du 6-cylindres et surtout, la remarquable M5 qui, du haut de ses 340 ch avec son 6-cylindres à plein régime, était délibérément bridée à une vitesse de pointe de 250 km/h.

Pendant ce temps, von Kuenheim réfléchissait déjà à ses prochains coups, pas seulement au niveau des modèles et de la technologie de demain, mais aussi de la structure du cœur de métier de BMW. Les bénéfices avaient légèrement baissé en 1987 en raison d'investissements conséquents en R&D pour renouveler la gamme, le déclin du secteur des motos était préoccupant, le coût de la main-d'œuvre en Allemagne avait explosé par rapport à celui des autres grandes économies et la hausse du deutsche mark nuisait à la compétitivité des exportations allemandes. Cette conjoncture amena le conseil d'administration à chercher des moyens de rationaliser la logistique de la production, en assouplissant l'emploi du temps des ouvriers, voire en envisageant la possibilité d'une usine à l'étranger.

Alors que la décennie touchait à sa fin, BMW annonça l'ouverture d'une usine aux États-Unis, mais des événements aux enjeux plus grands en Europe l'amenèrent à se tourner vers l'Est. Suite à la chute du mur de Berlin en novembre 1989 et à l'effondrement du Rideau de fer, tous les constructeurs automobiles se précipitèrent dans l'ex-bloc soviétique pour y trouver une main-d'œuvre bon marché et des usines à prix cassés. Mais pas von Kuenheim : lorsqu'on lui offrit l'ancienne usine d'Eisenach, jadis épicentre des activités automobiles de BMW, il s'affranchit de toute sensiblerie et refusa poliment ; Škoda, en République tchèque, reçut la même réponse. Sa préférence, confia-t-il au *Wall Street Journal*, allait à l'embauche d'un personnel qualifié, en commençant petit. Il faudra attendre 2001, deux P.-D.G. plus tard, pour que BMW décide d'implanter une usine de production à Leipzig, en ex-Allemagne de l'Est.

Alors que les ventes de BMW avaient déjà dépassé les 500 000 unités en 1989, la frénésie qui saisissait l'Allemagne dans le sillage de la réunification arriva juste à temps pour compenser le ralentissement de nombreux autres marchés ; quant à BMW, elle se préparait aussi, mais avec plus de prudence que ses concurrents. Le centre de R&D FIZ à Munich était pleinement opérationnel, travaillant à des projets de longue haleine plutôt qu'à des moyens d'exploiter à court terme le marché en plein essor, et une toute nouvelle Série 3 fut annoncée pour début 1991.

La nouvelle Série 5 s'inspira du style plus fluide de la Série 7, avec pour résultat une belle berline sportive.

BMW Série 5 (E34), 1987-1996

Pour sa troisième génération, la Série 5 fit un bond en avant en termes de design pour égaler la Série 7 E32 dessinée par Claus Luthe et lancée l'année précédente. Les moteurs initiaux à 6 cylindres provenaient des Séries 3 et 7, le châssis et la suspension reflétaient la technique de la Série 7, et la 535i gagna une direction assistée avec capteur de vitesse. La M5 E34 marqua un sommet, tandis que les variantes ultérieures du Touring prolongèrent la production pendant neuf ans. Réussite absolue sur le marché, l'E34 fut la première grande BMW à franchir le million d'unités vendues, dépassant ainsi Mercedes.

1987 : Gamme de lancement 100 % 6 cylindres : 520i (129 ch), 525i (170 ch), 530i (188 ch) et 535i (211 ch), avec direction assistée en option.
1988 : Développement d'une version Motorsport de la M5, avec un moteur 6 cylindres en ligne 3,6 L 24 soupapes de 315 ch ; lancement de la version 525td turbodiesel (115 ch).
1989 : Ajout de la 518i (113 ch) 4 cylindres.
1991 : Lancement de modèles Touring (break), avec porte arrière novatrice à deux charnières ; ajout de la 525iX à transmission intégrale, et de la 525tds turbodiesel à refroidissement intermédiaire (143 ch) pour remplacer la 525td.
1992 : Passage du moteur M5 à 3,8 L et 340 ch ; ajout de moteurs V8 sur la 530i (218 ch) et la nouvelle 540i (286 ch), qui remplace la 535i ; nouveaux moteurs 24 soupapes sur la 520i (150 cv) et 525i (192 ch) pour un changement de fond sans différence visuelle.
1995 : Les berlines passent le relais à la nouvelle Série 5 E39 ; maintien des versions Touring.
1996 : Abandon des Touring, après un total de 1 306 755 exemplaires construits.

BMW Série 3 (E36), 1990-1999

La Série 3 de troisième génération, premier modèle de BMW à se vendre à plusieurs millions d'exemplaires, fit un immense pas en avant avec sa carrosserie épurée et intégrée, et resta en production pendant neuf ans. Disponible en cinq carrosseries différentes, elle était plus grande que le modèle sortant et (hormis pour la Compact), utilisait la suspension arrière à essieu en Z sophistiquée pour plus de confort et une meilleure direction. Elle était plus basse et sportive que son prédécesseur, et la M3 façon coupé était la première avec un moteur 6 cylindres et 24 soupapes.

1990 : Gamme de lancement de berlines 4 portes : 316i (100 ch), 318i (113 ch), 320i (6 cylindres, 24 soupapes, 150 ch) et 325i (192 ch).
1991 : Ajout de modèles coupés 2 portes, d'abord sous le nom 325i, puis 320i et 318iS, avec une version 16 soupapes et 140 ch du moteur M40 1,8 L ; ajout du diesel 325td 6 cylindres (115 ch), qui sera amélioré avec la version 325tds à refroidissement intermédiaire et 143 ch.
1993 : Lancement de versions cabriolet, initialement 318iS et 325i ; lancement du M3 coupé avec le moteur 6 cylindres 24 soupapes et 286 ch développé par BMW Motorsport.
1994 : Version compacte à hayon 2 portes lancée sous le nom 316i, avec une mécanique simplifiée et un habitacle et une suspension de génération précédente ; lancement des versions cabriolet et berline 4 portes de la M3 ; ajout d'un moteur diesel 318tds 4 cylindres et 90 ch.
1995 : Lancement du Touring (break) sous forme 318i, 320i, 328i, 318tds et 325tds ; les berline, coupé et cabriolet 325i sont renommés 328i, avec un moteur 6 cylindres 2,8 L et 193 ch ; le nouveau moteur 2,5 L 24 soupapes est rebaptisé 323i.
1996 : Mise à niveau de la M3 avec un moteur 3,2 L et 320 ch à transmission manuelle 6 vitesses ou séquentielle SMG, disponible en coupé et cabriolet ; la 318ti Compact reçoit un moteur 1,9 L 16 soupapes et 140 ch.
1997 : Version sportive 323i de la Compact, avec un moteur 6 cylindres 170 ch.
1998 : Les berlines passent le flambeau à l'E46 de nouvelle génération.
1999 : Abandon des modèles coupé, cabriolet et Touring.
2000 : Retrait de la version Compact, après 3 millions d'E36 vendus.

Dimanche matin, 7 h 15 – au volant d'une Formule « M ». BMW fait la promotion de la nouvelle M 340 ch, sur le Nürburgring.

BMW misait gros sur la Série 3 E36, qui succédait au modèle le plus vendu de toute l'histoire de l'entreprise et assurait près de la moitié de ses recettes. Il était tentant de jouer la prudence en se contentant d'un design dans la continuité des précédents, mais la silhouette audacieuse et originale de Luthe vint confirmer qu'un renouveau du design concernait toute la gamme de BMW.

Mais la Série 3 déchaîna les passions. Si la forme élancée élégante, au nez bas et à l'arrière surélevé, ou encore les calandres en double haricot abaissées et élargies dans un panneau frontal en métal firent l'unanimité, les phares suscitèrent l'émotion. Les quatre phares circulaires si chers à BMW avaient disparu, remplacés par des boîtiers en verre rectangulaires intégrés, par lesquels on devinait à peine quatre feux ronds. Même si certains observateurs regrettaient la perte du « visage » de BMW, cette approche était plus contemporaine et aérodynamique, remédiant aux failles principales du modèle sortant, et les critiques se turent rapidement.

Avec la rigueur toujours attendue de BMW, Luthe passa de la berline 4 portes à un coupé 2 portes : pour parachever son allure sportive, chaque panneau de la carrosserie avait été redessiné. Ce modèle fit fureur, dépassant régulièrement les centaines de milliers d'exemplaires vendus (surtout après l'arrivée du cabriolet dans la gamme), et jeta les bases de la nouvelle M3 plus mature, dont la logique de voiture de course juvénile avait laissé la place à l'énergie ardente d'un 6-cylindres en ligne 3 L Motorsport, encore plus puissant que le légendaire M635 CSi.

L'entreprise avait relativement tardé à ajouter la version Touring, car les clients étaient satisfaits de l'ancien modèle, qui se vendit jusqu'en 1994 ; à ce stade, l'entreprise avait créé une certaine surprise sous la forme de la Compact 316i, modèle basique conçu pour contrer ce que le conseil d'administration de BMW voyait comme des velléités de montée en gamme

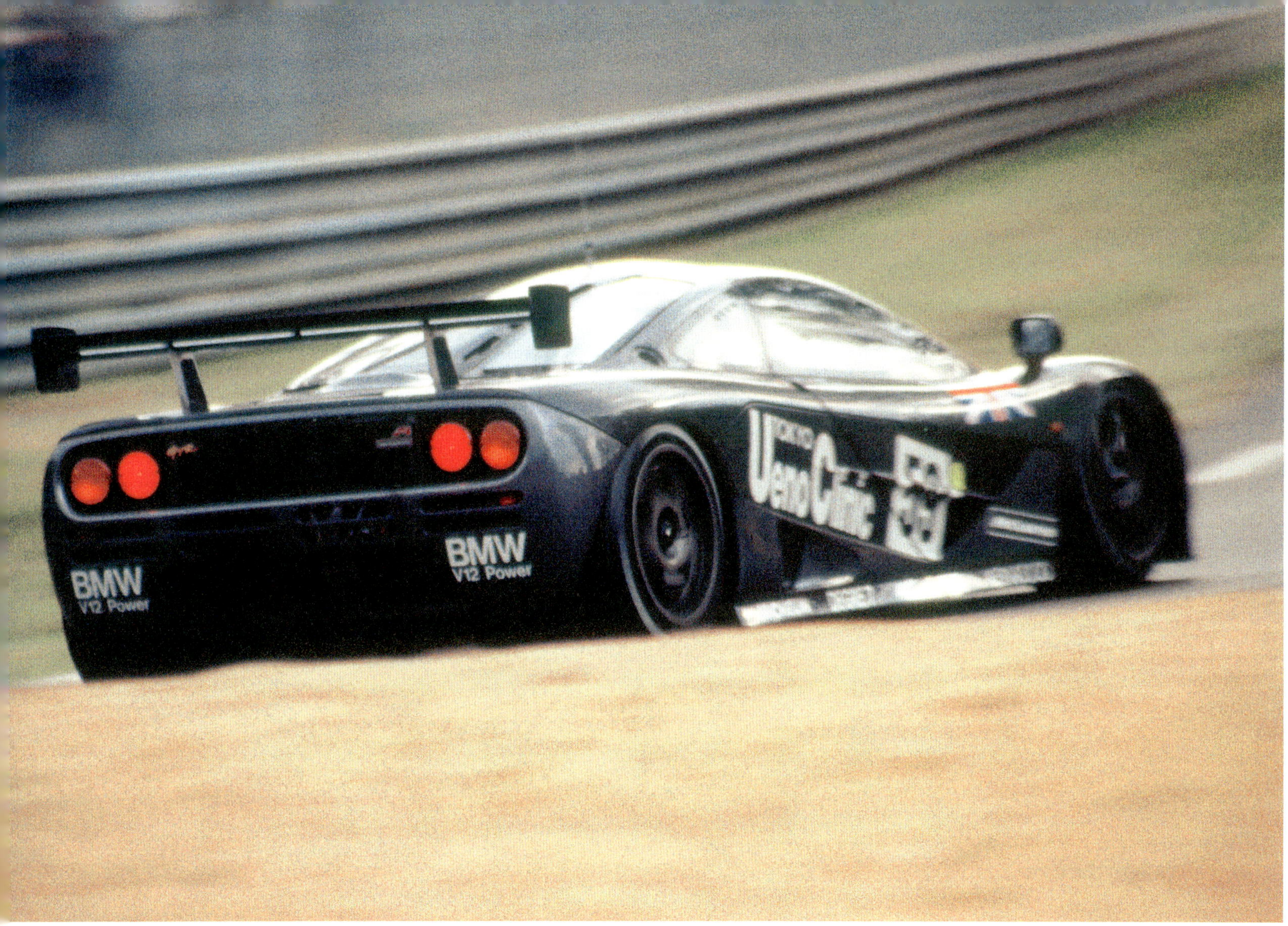

Le V12 spécial développé par BMW pour la McLaren F1 connut le succès aux 24 Heures du Mans (ci-dessus), emportant la victoire en 1995. Techniquement, il ne ressemblait que peu au moteur de la voiture de luxe 750i (ci-dessous) hormis pour sa disposition en V12.

de la part de Volkswagen avec sa Golf VR6. La Compact 2 portes à hayon, 22 cm plus courte que la berline 4 portes, offrait une mécanique simplifiée, ainsi qu'un habitacle et une suspension arrière de génération précédente qui justifiaient un prix comparable à celui de la Golf, tandis que ses roues arrière motrices et son moteur 8 soupapes 1,6 L vigoureux (bien que basique) lui donnaient un côté ludique qui faisait cruellement défaut à la Golf de troisième génération. BMW était convaincue que ce modèle lui donnerait une ligne de défense utile dans la bataille contre les gros constructeurs, oubliant que dans les derniers mois du développement de la Compact en 1995, elle les avait rejoints après avoir racheté le groupe Rover. Lors du lancement de la Compact, un dirigeant de BMW avoua à la presse que l'entreprise n'aurait probablement pas maintenu le modèle si elle avait su qu'elle allait absorber Rover ; mais cette petite berline étonnante fut régulièrement améliorée au cours de ses sept années de production, et les versions 323i ultérieures, avec leur moteur 6 cylindres 170 cv doté du système VANOS, étaient agréables à conduire et recréaient la magie de la regrettée 2002 tii.

Après avoir rejeté les moteurs V8 dans les années 1970, BMW développa une nouvelle génération pour les Séries 7 et 5 dans les années 1990. Des versions ultérieures passeraient aux systèmes de distribution variable.

À l'été 1992, la réticence de von Kuenheim envers une croissance spéculative à plein régime pour exploiter la croissance du secteur s'avéra sage : la bulle du marché allemand venait d'éclater, et la plupart des constructeurs se délestaient de leur surplus de capacité tout en licenciant à tour de bras suite à un effondrement des ventes et une lente reprise des marchés d'exportation. BMW, au contraire, avait sciemment gardé une offre inférieure à la demande, et malgré une baisse de ventes de 11 % en 1993, ses concurrents furent plus durement touchés. BMW fut le seul constructeur automobile allemand à faire des bénéfices cette année-là.

Cette décennie fut le théâtre de nombreux bouleversements dans tout le secteur, et BMW compta parmi les premières entreprises à assumer les conséquences environnementales et sociétales de ses véhicules et ses activités, en inaugurant une série de concept cars électriques lors du Salon de l'automobile de Francfort en 1991 et lançant des initiatives de recyclage et d'économie d'énergie industrielles. Mais à l'époque, ce sont deux changements internes au niveau du personnel, loin des regards, qui eurent le plus d'influence sur la trajectoire qu'allait prendre BMW et sur son image aux yeux du monde. En octobre 1992, un designer américain peu connu quitta Fiat, où il avait créé une petite polémique avec son design clivant du Fiat Coupé, pour rejoindre le studio de design de BMW. Il s'appelait Chris Bangle, et avec le jeune Bernd Pischetsrieder (qui avait rejoint le conseil d'administration de BMW en tant que directeur de la production en 1991 et semblait le successeur désigné de von Kuenheim), il s'apprêtait à révolutionner l'image et la présence de BMW.

R1200RT

CHAPITRE

12

Le boxer et après

Pour les motos de BMW, les années 1970 furent riches en défis. Après un bref sursaut suite au lancement des modèles de tourisme R90S, R100S et R100RT un peu plus tôt, BMW Motorrad semblait au point mort. Les Japonais l'emportaient haut la main dans presque toutes les catégories, le taux de change n'allait pas en faveur du principal marché d'exportation, les États-Unis, et les motos de BMW souffraient d'une image démodée et trop chère.

Les dirigeants de l'entreprise se trouvaient face à un dilemme épineux : rester fidèle au célèbre boxer flat twin, perfectionné depuis les années 1920 et désormais indissociable de la marque, ou rompre avec la tradition pour investir dans des moteurs plus puissants et tenter de les rendre aussi tendance que les multicylindres des producteurs japonais ?

Au lieu de trancher, BMW fit les deux. Les modèles rétro reviennent sur le devant de la scène et le boxer a non seulement réussi le tour de force de survivre à son successeur mais, avec une puissance près de quinze fois supérieure à celle de son aïeul né en 1923, il s'affiche désormais avec panache aux côtés de moteurs monocylindres, bicylindres parallèles, 4 cylindres transversaux, de la spectaculaire K1600 6 cylindres et d'une vaste gamme de scooters haut de gamme.

BMW Motorrad ne s'est jamais aussi bien porté, avec des ventes en hausse cinq années d'affilée et près de 137 000 motos écoulées en 2015. Mais tous les chapitres de l'histoire de Motorrad ne sont pas aussi fastes : son brave petit scooter à toit C1 fit un flop en 2000, son essai de moto de tourisme à l'américaine ne fut jamais à la hauteur et sa lune de miel avec la marque tout-terrain Husqvarna tourna court. Mais ce ne sont que des déboires isolés dans une ascension régulière, qui assiéra BMW tout au sommet des marques de moto haut de gamme, avec des modèles de luxe dans tous les secteurs, des motos urbaines aux enduros en passant par les sports d'aventure, les supersports, les motos routières et grand tourisme de luxe.

BMW K100, 1983 et K75, 1985

À la fin des années 1970, l'entreprise s'attela à une toute nouvelle génération de motos destinées à remplacer le célèbre boxer, qui avait fait son temps et souffrait désormais d'une image démodée. La Série K qui vit le jour possédait une mécanique radicalement différente : elle gardait l'arbre à cames cher à BMW, mais utilisait une technique automobile (selon la légende, inspirée d'un moteur Peugeot) pour le moteur 4 cylindres en ligne à refroidissement liquide, installé latéralement, dans l'alignement du cadre. Le boîtier carré des cames de son moteur 1 L valut bientôt à la K100 (page suivante) le surnom de « brique volante », mais ce modèle fut perfectionné au fil du temps ; en 1996, après être passée à 1,2 L sur la K1200RS, elle atteignait 130 ch, et fut ainsi la première BMW à dépasser le seuil de 100 ch préconisé par les sociétés d'assurance allemandes. Deux ans après les débuts de la K100,

la K75 3 cylindres fit son apparition, et séduisit de nombreux amateurs par sa légèreté et sa maniabilité. Le moteur de la K100 fit fureur dans les courses de side-cars, et sa souplesse lui permit de faire jeu égal avec les Japonais en termes de raffinement, sinon de vitesse ou de glamour.

BMW K1, 1988

Pour le monde de la moto, d'un conformisme notoire, la K1 (ci-contre, au centre) fit l'effet d'une bombe. En plus de ses finitions dans une palette de rouge et jaune vifs, elle arborait une allure aérodynamique spectaculaire comprenant un immense carénage sur le garde-boue, les flancs, la queue et sous le moteur. Aujourd'hui encore, elle semble venir d'une autre planète – sans doute, car une grande partie de ses innovations stylistiques resta sans suite. À l'inverse, ses avancées mécaniques marquèrent leur époque. La K1 possédait des freins ABS triple disques et fut la toute première moto au monde dotée d'un pot catalytique ; la version 16 soupapes à injection de son moteur 4 cylindres fut la première de BMW à atteindre 100 ch, et la suspension arrière à bras coulissant unilatéral Paralever reçut une finition dans le même jaune moutarde criard que les roues en alliage à trois rayons. Malheureusement, c'était la touche de trop pour les motards les plus frileux ; malgré un retour à une palette bien plus conventionnelle, cette moto futuriste se vendit trop lentement et fut abandonnée en 1993, avant même d'avoir vendu 7 000 exemplaires.

BMW Série F, 1993

Le succès remarquable de la R80 G/S avec son moteur boxer, suivie de près par la R80 GS, avait mis BMW et d'autres constructeurs sur la voie d'autres motos tout-terrain plus simples et moins coûteuses. La stratégie initiale de BMW fut d'opter pour des solutions clés en main, et en 1993, elle avait conclu un marché avec Rotax pour la construction de moteurs monocylindre 4 soupapes 650 cm^3, et avec le constructeur italien Aprilia pour le reste de la moto. La F650, toute première moto de BMW avec une roue arrière à transmission par chaîne, donna naissance à une gamme de motos de route et d'enduro, avec pour point d'orgue la Dakar haut perchée en 2000. La production avait alors été rapatriée en interne, et en 2008, un moteur bicylindre parallèle refroidi par eau de 800 cm^3 remplaça le monocylindre. Étrangement, le monocylindre réapparut sur la série G650.

BMW R1100 RS/RT, 1992

Soixante-dix ans après les débuts du premier boxer, BMW fêta cet anniversaire avec une toute nouvelle génération de moteurs fidèles à la configuration de l'original, tout en le propulsant dans le futur, avec des culasses 4 soupapes et un arbre à cames en tête, deux pompes à huile et une transmission par chaîne vers l'arbre moteur. Les culasses, le long d'une zone tampon pour éviter la surchauffe, étaient refroidies par huile. Les moteurs, qui offraient à présent 90 ch, furent les premiers dotés de catalyseurs en boucle fermée et agissaient comme éléments porteurs sur le châssis. Sur les versions routières sportives RS et les versions RT grand tourisme ultérieures, le châssis comportait l'innovante suspension avant Telelever pour minimiser la plongée lors du freinage, tandis que l'arrière offrait le bras oscillant unilatéral Paralever. Un an après la RS, l'enduro GS fut dotée du nouveau moteur, et après avoir franchi un autre palier en matière de puissance en 1999, cette gamme évolua jusqu'à la révolution suivante (le refroidissement par eau) en 2013. La 1200C, qui imitait une moto de tourisme à la Harley Davidson, rejoignit cette gamme très brièvement, malgré son moteur généreux en couple, son dossier réglable, ses sacoches et ses chromes à foison.

BMW R1150 GS Adventure, 2002

Parfois décrite comme le Land Rover des deux-roues, la GS Adventure (en haut), dans ses nombreuses versions, tenait davantage du luxueux Range Rover, grâce à sa qualité irréprochable et sa classe digne de ses capacités tout terrain, sa souplesse et sa maniabilité sur route. La première GS à recevoir le nom Adventure fut la 1150 en 2002, avec son moteur 4 soupapes rénové pour mettre l'accent sur une faible consommation. Ce modèle a été rendu célèbre par l'épopée d'Ewan McGregor et Charley Boorman autour du monde, et l'impact de leur émission télévisée permit à la GS de rester dès lors en tête des ventes de motos de BMW. Passée à 1170 cm^3, 125 ch et au refroidissement par eau en 2013, la R1200 GS 6 vitesses, avec ses nombreux systèmes d'aide à la conduite, reste la moto ultime pour les pilotes en quête de longues aventures, sur littéralement tous les terrains.

BMW K1200, 2004 et K1300, 2008

Dans le monde de la moto, BMW a la réputation de ne jamais être là où on l'attend, et c'est ce qui arriva avec la K1200, sortie en 2004. Après de nombreuses études sur la configuration optimale d'une moto sportive puissante, BMW créa la surprise avec un moteur 4 cylindres en ligne transversal, comme toutes les motos japonaises depuis la Honda CB750 dans les années 1970. Heureusement, la roue arrière était toujours guidée par un arbre à transmission. Le moteur 1 L de BMW avait beau avoir 4 cylindres, il n'en était pas banal : compact et étroit, il était placé bas et incliné vers l'avant grâce à un carter sec et une boîte de vitesses superposée et, grâce aux contributions de l'équipe de Formule 1 de BMW, il dépassait 167 ch – une puissance étonnante. L'électronique du châssis était d'une sophistication comparable à celle du moteur, mais avait le tort de trop innover en même temps : les premières K1200 étaient complexes et difficiles à conduire, et la production dut être retardée. Mais en 2009, avec l'aide du consultant Ricardo Motorcycle, la nouvelle K1300 avait repris le flambeau avec encore plus de puissance et des systèmes électroniques encore plus sophistiqués. La K 4 cylindres était devenue la grande moto qu'elle promettait d'être, et BMW devint la marque de référence du secteur des motos sportives rapides.

BMW HP2, 2005

Nouvel OVNI dans le catalogue de BMW, la HP2 était une autre variation sur le thème du boxer, et lançait un véritable défi aux conventions voire, de l'avis général, à la logique. La première HP2 était une enduro peu esthétique, mais le moteur 1170 refroidi par air montait à 105 ch ; sa suspension à air pour les longs trajets, ses garde-boue haut perchés et son pot d'échappement détourné 2 en 1 lui donnaient une allure de moto de cross, mais son prix élevé rebutait les acheteurs. C'est alors qu'arriva un rebondissement inattendu : la version Sport de 2007. Dotée de la version rugissante 4 soupapes et double arbre à cames en tête (DOHC) du moteur boxer, le plus puissant de tous avec ses 128 ch, la version Sport offrait un châssis apprécié, des freins et une suspension dignes de la compétition et des performances époustouflantes, même en comparaison aux motos japonaises ultra-puissantes. Aussi décalée qu'ait pu être la HP2, elle reste la favorite de nombreux motards. À partir de 2008, BMW diversifie grandement sa gamme avec la série F 800 S et ST, deux machines plus légères propulsées par un bicylindre en ligne Rotax avec transmission par courroie. Ces deux motos sont

suivies d'une version Roadster F 800 R, d'une routière F 800 GT et d'une Trail F 800 GS. Cette dernière est remplacée en 2017 par la F 850 GS, tandis qu'une F 750 GS plus accessible complète la gamme. La F 800 GT est désormais la seule 800 cm³ à moteur Rotax encore au catalogue. En effet, le Roadster F 800R a été remplacé début 2020 par la F 900 R (page ci-contre), mieux armée pour contrer la concurrence.

BMW S1000 RR, 2010 et HP4, 2012

BMW dévoila une autre surprise au printemps 2008, lorsque l'entreprise annonça qu'elle prendrait part au Championnat du monde de Superbike l'année suivante, et qu'elle aurait construit les mille motos de route destinées au grand public nécessaires à l'homologation d'ici la fin de l'année. Pour appuyer ses propos, BMW disposait d'un prototype de la moto qui serait mise sur le marché dès 2010 ; les ingénieurs s'étaient donné pour objectif dantesque de développer une puissance de 190 ch et un poids prêt à conduire de 190 kg. Clés en main, la S1000 RR (ci-dessus, à droite) était phénoménale : le moteur 16 soupapes 999 cm³ rugissait tout en restant maniable, tandis que le châssis regorgeait de systèmes novateurs comme l'ABS de course et l'antipatinage des roues, un mode pluie qui bridait la puissance à 160 ch, et même un système anti-cabrage. Elle fit voler en éclats de nombreuses conventions, notamment la transmission par chaîne, et devint immédiatement la référence des motos supersport. D'autres améliorations du châssis, notamment l'édition limitée HP4 inspirée du boxer HP2, offraient le Dynamic Damping Control : la toute première suspension active au monde sur une moto. BMW sortit la deuxième version nue S1000 R en 2013, légèrement moins puissante. En 2015, la troisième version montait la puissance à près de 200 ch et offrait le choix entre cinq moteurs et modes de châssis. Les motos inspirées de la course ont tendance à sembler hors de leur élément sur les routes ordinaires, mais pas celle-ci.

BMW K1600, 2011

Voici une moto cruciale, celle qui ferait véritablement de BMW le constructeur des meilleures motos du monde. Pour être la moto sportive la plus sophistiquée et luxueuse sur le marché, le nouveau modèle (à droite) devait aussi être le plus souple ; et pour cela, il fallait passer de 4 cylindres à six. L'entreprise porta son choix sur un 6-cylindres en ligne placé transversalement ; mais ces moteurs sont généralement trop larges pour avoir un angle d'inclinaison correct dans les virages : les pièces du moteur furent placées derrière l'arbre de transmission plutôt qu'à son extrémité. Privilégiant la souplesse à la puissance, le moteur 1,6 L offrait 160 ch et 175 Nm de couple pour une conduite délicieuse. Cela va sans dire, le reste de la K1600 offrait la même qualité, et la maniabilité et le confort de cette grande machine lui valurent immédiatement des louanges. Mais la vedette restait le moteur, et pour citer un célèbre magazine : « Aucune vibration, un couple phénoménal, un rugissement comme aucune autre moto et la capacité de filer à n'importe quelle vitesse à plein régime. Tout simplement, le meilleur moteur de moto jamais construit. »

BMW C600 Sport et C650 GT, 2012

Avec la débâcle du scooter C1 toujours fraîche dans l'esprit de la direction, BMW a longuement réfléchi avant de décider de revenir sur l'actuel « marché de la mobilité urbaine ». L'entreprise choisit de percer le haut du marché, dans le secteur des maxi scooters de luxe, où elle estimait que son positionnement haut de gamme jouerait en sa faveur. Les dirigeants de l'entreprise tenaient notamment à ce que le scooter soit aussi maniable qu'une vraie moto, pour gagner le respect de toute la communauté des deux-roues. Le C600 Sport et le C650 GT (ci-dessus), lancés en 2012, étaient aussi classiques que le C1 avait été radical : le moteur bicylindre 650 cm^3 monté sur les deux modèles utilisait une transmission CVT pour une conduite ultra facile, et, fidèle aux promesses de BMW, le dynamisme des modèles était assez performant pour ravir les critiques. Seule ombre au tableau : son prix. En 2014 sortit le C-Evolution, premier maxi scooter rechargeable d'un grand constructeur, suivi en 2016, d'un lifting de milieu de vie pour mieux distinguer la Sport du GT.

BMW R1200 GS et RT, 2013

À commencer par le populaire modèle d'enduro GS, la gamme de boxers de BMW fut revue à partir de 2012, lorsque le moteur flat twin rompit finalement avec 90 ans de tradition en abandonnant le refroidissement à air en faveur de l'eau, système pourtant déjà universel sur les grandes motos. Mais les ingénieurs gardèrent un refroidissement par air symbolique sur le barillet, tout simplement pour conserver l'allure familière de cette moto. Les culasses 4 soupapes DOHC offraient 125 ch, tandis que la boîte de vitesses (qui en comptait désormais six) et la transmission furent revues pour faire passer l'arbre de transmission sur la gauche de la machine. La version Adventure de la R1200 GS, encore plus brute, sortit l'année suivante, tout comme la RT sportive de route (ci-dessous). La nouvelle RT gardait les changements au niveau de la transmission et du châssis, ajoutant d'autres innovations bien à elle autour de son positionnement de moto routière longue distance de luxe : les modes Pluie et Route étaient de série, avec en option un mode Pro plus dynamique ainsi qu'un système d'aide au démarrage en côte pour faciliter les manœuvres. Aussi en option : le réglage électronique de la suspension, qui adapte automatiquement la suspension aux conditions et au style de conduite. En 2019, la gamme Boxer (R 1250 RT, R 1250 GS et R 1250 R) passe à 1 250 cm^3 et adopte un nouveau moteur Shiftcam.

BMW R nineT, 2013

Lancée en 2013 à l'occasion du 90e anniversaire des motos BMW, la R nineT (à droite) était un exercice de design, qui saisit si bien l'air du temps que BMW se laissa convaincre d'en lancer la production. L'intention était de produire une moto roadster classique représentant la puissance à l'état pur, pour donner le plus de latitude de personnalisation au propriétaire ; dans ce but, le système électrique avait été conçu pour permettre d'ajouter et d'échanger des éléments. Les carénages furent réduits au minimum, avec simplement le réservoir en aluminium et la nacelle de la selle, elle-même amovible pour permettre d'installer une selle passager ; le phare avant était un modèle circulaire classique, la suspension avant Telelever classique avait laissé la place à l'allure authentique des fourches traditionnelles, et le moteur boxer refroidi par air, avec 110 ch, voyait son pot d'échappement sortir avec grâce de l'avant des culasses avant de revenir sous le châssis et réapparaître sous forme de deux mégaphones tournés vers le haut, du côté gauche de la roue arrière. Ce modèle était aussi un vrai plaisir à conduire, et il fit l'unanimité, mais BMW avait encore d'autres surprises en réserve. Fin 2015, une version Scrambler vint rejoindre le catalogue, avec des barres haut perchées et un pare-moteur. En 2016, le modèle le plus excitant de tous vit le jour : la R nineT Racer, authentique réplique d'un café racer des années 1960, avec un réservoir en alliage poli, des roues à rayons et une selle de course. Une version R nine T Urban G/S évoquant la célèbre R 80 G/S intègre aussi le catalogue. Cette gamme baptisée Heritage a été complétée en 2020 par une R 18 (ci-dessous) au look résolument vintage rappelant la R 5 de 1937. Ce cruiser est propulsé par un gros Boxer refroidi par air de 1 800 cm^3.

BMW G310 R, 2015

BMW n'avait pas sorti de moto inférieure à 500 cm^3 depuis la belle boxer R45 en 1978, et sa dernière petite monocylindre était la R27 250 cm^3, lancée en 1960 ; les coûts de production élevés et la concurrence japonaise bon marché avaient rendu ces modèles peu rentables. Mais fin 2016, BMW se sentait prête à revenir au segment des petites cylindrées avec une nouvelle monocylindre, néanmoins dotée d'une innovation importante. La machine serait dessinée par BMW Motorrad en Allemagne, mais fabriquée par TVS en Inde pour un prix plus compétitif. Fait étonnant, le moteur monocylindre 34 ch de la G310 était incliné vers l'arrière sur le cadre, avec le système d'induction à l'avant ; comme sur toutes les motos de BMW, le freinage ABS était de série. Quant à sa selle placée relativement bas (78,5 cm) et son petit gabarit (158 kg), ils étaient de vrais atouts aux yeux des conducteurs poids plume. La version R d'origine (ci-dessous) arborait une carrosserie bleu et blanc, en clin d'œil à l'exotique moto de sport S100 R.

La nouvelle R 1300 GS est présentée fin 2023. Par rapport au modèle précédent, l'évolution est sensible. Le moteur, le châssis et l'électronique ont été repensés. La machine affiche ainsi 12 kg de moins que la R 1250 GS. Cette grande voyageuse reste l'un des modèles les plus vendus de la marque qui, en écoulant 210 408 motos, a enregistré en 2024 les meilleurs résultats de vente de son histoire.

M MM 4066

CHAPITRE

13

Les modèles M

En 1972, deux événements allaient s'avérer déterminants dans la façon dont la marque BMW allait évoluer au cours des quatre décennies qui suivraient, voire au-delà. Le premier jalon, qui enthousiasma le plus le public, fut la présentation de la BMW Turbo, étude de design de Paul Bracq. Dotée du moteur 2 L de la BMW 2002, poussé pour offrir 200 ch, elle avait un potentiel immense. Le deuxième cap fut la création de BMW Motorsport GmbH dans l'optique de développer les activités de BMW dans les sports automobiles.

La nouvelle organisation, filiale à 100 % de BMW, enchaîna très vite les bons résultats, à commencer par la spectaculaire BMW CSL 3.0, lancée en mai 1972. Ce modèle était un « modèle d'homologation » : un modèle de série vendu en édition limitée pour le rendre éligible à une compétition, en l'occurrence le Championnat d'Europe FIA des voitures de tourisme. Son moteur inspiré du 3.0 CS atteignait 3 003 cm^3, ce qui lui donnait accès à la classe des plus à 3 L. En 1973, sa capacité passa à 3 153 cm^3 en augmentant la cylindrée.

Ce fut la version finale de la 3.0 CSL, avec un aileron avant, des ailettes en haut des ailes avant, un aileron sur le toit et une grande aile arrière, qui fut finalement homologuée en juillet 1973. Toutes ses ailettes lui valurent le surnom de Batmobile. Elle rencontra un immense succès, remportant le Championnat d'Europe FIA des voitures de tourisme en 1973, mais aussi lors des éditions 1975 à 1979.

La glamour BMW M1, en milieu de gamme, était un autre modèle d'homologation, conçu pour le groupe 4 de la compétition, mais achevé trop tard pour participer. Jochen Neerpasch, alors directeur de BMW Motorsport, contourna le problème en créant une série de course spécialement pour la M1 (voir ci-dessous).

En 1983, BMW remporta le Championnat du monde de Formule 1 avec une Brabham BMW pilotée par Nelson Piquet. Son groupe motopropulseur inspiré des voitures de route offrait plus de 790 ch et fut développé sous la direction de Paul Rosche. Dans les années 1980, l'équipe marketing de BMW adapta avec ingéniosité le département Motorsport pour en faire une sous-marque : les « modèles M » étaient nés, voitures de série ultra performantes vendues sous le monogramme M exclusif. La première de la gamme fut la sensationnelle M635 CSi de 1984 avec son moteur 6 cylindres en ligne, 24 soupapes, 3,5 L, dérivé des sports automobiles. De nombreux autres modèles lui emboîtèrent le pas, et à l'heure actuelle, BMW M produit toujours des berlines et coupés exaltants, mais aussi des SUV.

M1, 1978

Tout premier modèle M, la M1 de milieu de gamme (page suivante) n'était pas du tout destinée à être produite en série : à l'inverse, elle était à l'origine une voiture de course construite pour participer au groupe 5 du Championnat du monde des voitures de sport. Mais le règlement imposait que la M1 soit d'abord homologuée dans le groupe 4 : en d'autres termes, 400 exemplaires de série devaient être fabriqués et vendus. Devant la lenteur de cette tâche, le directeur de BMW Motorsport, Jochen Neerpasch, eut l'idée d'une série de courses monomarque pour mettre la M1 sur les rails dès que possible : le championnat Procar réservé aux M1 fut annoncé pour 1979. Le concept de la Turbo 1972 annonçait déjà le design de la M1 : pensée par le cabinet Italdesign de Giorgio

Giugiaro, elle rappelait énormément la Turbo de Bracq, notamment au niveau du nez, qui conservait la fameuse calandre en double haricot de BMW. La production de cette voiture avait été confiée à Lamborghini, mais lorsque celle-ci connut des déboires financiers au printemps 1978, BMW reprit l'ensemble du projet. L'assemblage final fut transféré aux constructeurs d'autocars allemands Baur la même année.

La M1 était dotée du moteur M88/1, une version à 6 cylindres en ligne, 24 soupapes, double arbre à cames, 3 453 cm^3 et carter à sec du moteur existant. Alimenté par l'injection mécanique de Kugelfischer avec des boîtiers papillon, le M88/1 standard offrait 277 ch, mais une fois préparés, les exemplaires qui prirent part au Procar montèrent jusqu'à 470 ch. Dans sa version plus petite (3,2 L) à turbocompresseur destinée au groupe 5, le moteur avait un potentiel supérieur à 800 ch. Il guidait les roues arrière par une boîte manuelle ZF transaxle 5 vitesses, avec une suspension intégrale à double triangulation.

Le championnat Procar fit office de mise en bouche à certains Grand Prix de Formule 1, et attira des grands noms de l'époque comme Nelson Piquet, Niki Lauda et Alain Prost. Il se déroula lors des saisons 1979 et 1980, mais alors que la M1 n'avait que de minces chances de l'emporter face à une vaste concurrence et que BMW avait annoncé son intention de participer à des courses de Formule 1 en 1982 en fournissant des moteurs à Brabham, la fin était proche. Au total, 457 M1 avaient été construites à l'heure de l'abandon du modèle, et ce modèle devint vite une pièce de collection convoitée.

M635 CSi, 1984

La M635 CSi (M6 aux États-Unis) (ci-contre, en haut) fit parler d'elle dans le monde entier lorsque son lancement fut annoncé au Salon de l'automobile de Francfort en 1983. Elle était dotée du moteur M88/3, dérivé du M88/1 de la M1. Il s'en distinguait principalement par son passage d'un carter à sec de course à un carter d'huile cloisonné, et par une légère hausse de la puissance, qui atteignait désormais 286 ch à 6 500 tr/min. Avec 329 Nm de couple à 4 500 tr/min, ce moteur de 3 453 cm^3 semblait venu d'une autre galaxie, avec une maniabilité inouïe et une puissance sans bornes sur fond de rugissements à donner le frisson.

Le moteur et la Série 6 étaient faits l'un pour l'autre. La 635 CSi standard accueillait déjà un moteur 6 cylindres en ligne 3,5 L : aucune modification de fond n'était nécessaire pour gérer la puissance accrue. L'entretoise avant MacPherson et le bras semi-oscillant arrière furent conservés, mais les suspensions furent allongées de 15 % et la caisse abaissée de 10 mm. Des amortisseurs à gaz Bilstein furent eux aussi préparés, et la barre de stabilisation avant passa de 19 à 25 mm. La direction, assurée par une vis à billes, était disponible avec

une fonction sensible au régime et, sur les modèles ultérieurs, à la vitesse du véhicule. À l'avant, les freins passèrent à des disques ventilés de 300 mm, avec des étriers de frein 4 pistons.

Construite dans l'usine de BMW à Dingolfing, la M635 CSi ressemblait à une voiture ordinaire. Elle comprenait un compteur de vitesse montant jusqu'à 280 km/h et un compte-tours différent décoré du monogramme M. Même pour les normes actuelles, la M635 CSi était rapide, avec une accélération de 0 à 100 km/h en 6,4 secondes et une vitesse de pointe non bridée de 255 km/h.

M535i (E28), 1985

Mercedes, rivale de toujours de BMW, avait lancé la 190E 2,3-16 « Cosworth » pour l'année modèle 1984, s'aventurant en terrain inconnu malgré son conservatisme légendaire. La réponse de Munich ne se fit pas attendre, et un an plus tard, la M535i (à droite), version sport de la Série 5 E28, vit le jour avec le moteur M30 de 3 430 cm^3 alors réservé à la Série 6.

Après le lancement de la M635 CSi 24 soupapes et 286 ch l'année précédente, la M535i fut une déception pour la plupart des passionnés. Lancée lors du Mondial de l'automobile à Paris en octobre, la M535i était dotée de suspensions M-Technic et d'une carrosserie élaborée qui ne mettait pas en valeur la silhouette carrée de l'E28. Même si elle offrait un moteur plus puissant (218 ch, soit 33 ch de plus) et plus de couple que la Mercedes, la M535i pesait aussi 168 kg de plus que sa concurrente.

Cela dit, les deux modèles étaient très différents, tout comme le client ciblé. La Mercedes n'avait ni l'espace ni le confort de la BMW, et le profil de cette dernière était davantage celui d'une voiture de tourisme rapide que d'une Mercedes. En personne, la M535i semblait plus basse et décidée qu'en photo, et elle n'avait rien d'une belle coquille vide. La suspension M-Technic donnait un bas de caisse plus proche du sol et comprenait des amortisseurs à gaz, sans aucun compromis sur la conduite. Construite dans l'usine de Dingolfing, la M535i était un modèle M en demi-teinte, contrairement à la M5 qui suivrait à peine quelques mois plus tard.

BMW M5 (E28), 1985

Si la M635 CSi avait le profil de l'emploi avec ses lignes acérées dignes d'un coupé, ce n'était pas le cas de la première BMW Série 5 à accueillir le puissant moteur M88/3 286 ch, la M5 E28 de 1985. C'était la sleeper ultime, avec moins d'impact visuel que la M535i, moins rapide et plus massive. La M5 avait vu le jour pour montrer ce dont BMW était capable, et suite à des demandes de particuliers, 25 voitures furent livrées avant le lancement du modèle au Salon international de l'automobile d'Amsterdam en février 1985.

BMW Motorsport avait initialement la capacité de construire 250 M5 par an, et au moment du lancement, l'attente rien qu'en Allemagne se montait à douze mois. Construite dans les ateliers de BMW Motorsport à Preussenstrasse et sur un tout nouveau site à Garching, la M5 était un mélange musclé de performances et de maniabilité, faisant jeu égal avec la Porsche 944 Turbo pour la vitesse, mais avec assez de place pour quatre personnes. Avec sa vitesse de pointe de 245 km/h et une accélération à 100 km/h en 6,3 secondes, elle était rapide comme l'éclair. Des suspensions et des amortisseurs plus rigides, une technologie anti-plongée et un différentiel autobloquant donnaient à la M5 une maniabilité à la hauteur de ses performances, et pour l'époque, elle offrait des freins corrects, avec des disques aux quatre roues et freinage ABS.

La M5 et la M635 CSi étaient les symboles d'une nouvelle race de voitures. Jusqu'alors, ce type de performances et de moteurs haut de gamme était réservé aux supercars deux places extrêmes. Le moteur M88 avait en effet été développé pour la M1 surpuissante. Ces deux modèles mariaient la performance et l'image au confort d'une berline, ainsi qu'au plaisir de conduire et à une puissance tout en souplesse, autant de marques de fabrique du grand 6-cylindres en ligne. Débridé, le même moteur révélait une tout autre facette, ravissant conducteur et passagers avec un rugissement bestial qui donnait le frisson. Seule ombre au tableau : sa silhouette légèrement datée à une époque où les profils rectilignes laissaient la place à des voitures tout en courbes.

BMW M3 (E30), 1986

Dès le départ, BMW n'avait laissé place à aucun doute : ni la M635 CSi ni la M5 n'étaient destinées aux sports automobiles,

tandis que la M3 *était* bel et bien une voiture de course. La M3 E30 d'origine était un modèle d'homologation, avec 5 000 exemplaires de série vendus pour la conduite à gauche uniquement, dans l'unique but de satisfaire aux exigences d'homologation pour intégrer le groupe A. En raison de ce volume, cette voiture fut construite sur l'usine de Milbertshofen et non à Garching. En tant que voiture de course, la M3 s'avéra sans égale, remportant à deux reprises le championnat allemand et européen des voitures de tourisme, ainsi que de nombreuses courses dans toute l'Europe. Ce modèle reste sans conteste la meilleure voiture de tourisme de toute l'histoire de BMW.

Lancée en 1986, la M3 était dotée du moteur S14 4 cylindres de 2 302 cm^3, inspiré de la gamme M10 alors en circulation. La principale différence résidait dans le joint de culasse 16 soupapes, qui était un dérivé 4 cylindres de la culasse du M1. L'alésage était plus large que la course, caractéristique des moteurs de compétition ; la puissance maximale atteignait 200 ch à 6 750 tr/min, voire 300 ch une fois préparé pour la course. Les changements apportés au châssis avaient triplé l'angle de chasse, remonté les barres de stabilisation, augmenté le taux de suspension arrière et ajouté une crémaillère de direction plus rapide avec un rapport de 19,6/1. La transmission se faisait par une boîte manuelle 5vitesses Getrag inversée.

Par la suite, BMW produisit trois versions Évolution de la M3 ; ici encore destinées uniquement à l'homologation, elles auréolèrent néanmoins la M3 d'un statut de voiture de course mythique. À peine 505 exemplaires de l'Évolution I furent produits en 1987. En 1988, 500 Évolution II furent construites avec un moteur revisité pour offrir une puissance de 220 ch et 245 Nm de couple. Une prise d'air avant plus profonde, une ailette arrière supplémentaire et des canaux de refroidissement des freins avant la rendaient reconnaissable entre toutes.

La troisième Évolution, appelée la Sport Évolution, fut présentée en 1989 et reste la plus radicale de toutes. La cylindrée fut portée à 2 467 cm^3 et le moteur doté de soupapes plus grandes et de profils de cames plus agressifs pour atteindre 238 ch à 7 000 tr/min. Les passages de roue étaient toujours plus grands, les ailerons avant et arrière étaient imposants, et la caisse était abaissée de 10 mm par rapport à une M3 classique. Ses couleurs ? Rouge et noir exclusivement. Parmi les éditions spéciales, on compte l'Europameister 1988, l'édition Cecotto 1989 avec un moteur 215 ch et la plus rare de toute, l'édition Roberto Ravaglia, construite en seulement 25 exemplaires.

BMW M5 (E34), 1989

Avec des performances proches de celles des supercars et un moteur presque aussi cher qu'une BMW 316 entière, la M5 de deuxième génération lancée en 1989 mettait l'eau à la bouche. Chaque M5 était assemblée à la main par deux ouvriers sur le site exclusif de BMW Motorsport à Garching. Le moteur M88 6 cylindres en ligne était encore plus puissant que ses prédécesseurs, offrant 315 ch à 6 900 tr/min et 360 Nm de couple à 4 750 tr/min, en partie grâce à l'augmentation de sa cylindrée, passée de 3 453 cm^3 à 3 535 cm^3. Pour la première fois, un collecteur d'admission de longueur variable contribuait à optimiser le couple à faible régime, ce qui permettait au moteur de respirer même à des tr/min élevés. La vitesse de pointe bridée par électronique était de 250 km/h, et malgré un poids à vide de 1 533 kg, la M5 pouvait atteindre 100 km/h en 6,3 secondes.

C'était le modèle M que tout le monde attendait : agréable à l'œil, avec une carrosserie rigide de dernière génération qui faisait office de plate-forme fiable à un excellent châssis. En comparaison de la 535i de base, la caisse était abaissée de 20 mm, et les barres de stabilisation avaient été épaissies de 2 mm à l'avant et 3 mm à l'arrière.
Les suspensions arrière élastocinématiques avaient tendance à sous-virer légèrement pour stabiliser la voiture, et un essieu arrière à correction automatique la gardait bien à plat quelle que soit la charge.

Les rapports de vitesse étaient réduits pour obtenir une réponse plus précise, les suspensions étaient plus rigides grâce à des amortisseurs à gaz à deux tubes et la M5 roulait sur de superbes roues en alliage hi-tech 203 x 431 mm. Vous avez dit hi-tech ? Absolument : chaque roue à cinq rayons possédait un enjoliveur perforé en aluminium et un rotor intérieur en magnésium pour diriger 25 % d'air en plus vers les disques de freinage par rapport à une roue classique. Les traitements de la carrosserie se limitaient aux prises d'air avant et arrière et à des jupes latérales dans un noir discret.

La M5 E34 fut un tournant pour BMW. Sophistiquée, aux courbes douces, addictive, ce fut probablement la première voiture que BMW put qualifier, en toute honnêteté, de « voiture ultime ». En 1991, la M5 européenne reçut un moteur encore plus puissant : le S38 B38 de 3 795 cm^3, avec ses 347 ch à 6 900 tr/min.

M3 (E36), 1992

La Série 3 E36 inspira la M3 que le monde entier attendait depuis l'E30 : une M3 avec un moteur 6 cylindres. Lancée pour la conduite à gauche au Mondial de l'automobile de Paris en septembre 1992, cette nouvelle M3 fut commercialisée au Royaume-Uni en mars l'année suivante, mais les États-Unis durent patienter jusqu'en 1994 pour en profiter. Contrairement à la M3 E30, ce modèle n'était pas une voiture de course à peine voilée, mais une GT de route assumée dès le début. Par la suite, BMW en produirait une version coupée, berline et cabriolet, mais c'est le coupé qui remporta les faveurs du public. La nouvelle M3 fut construite à Regensburg, à l'exception de quelques exemplaires assemblés en Afrique du Sud à destination de ce marché.

Comme les modèles M précédents, les variantes par rapport à la version classique touchaient surtout au moteur et au châssis. Ce premier moteur 6 cylindres sur M3, appelé S50 B30, était une version modifiée du M50 6-cylindres en ligne existant à 24 soupapes. Cette variante gardait le bloc-moteur en fonte du M50, mais faisait passer l'alésage et la course à 86 x 85,8 mm, et la cylindrée de 2 494 à 2 990 cm^3. Une culasse modifiée était équipée de boîtiers papillon, et le rapport de compression passa à 10,8/1. Le moteur fut doté du système de distribution variable VANOS uniquement côté admission, et un système d'échappement libre fut ajouté. Le moteur offrait 286 ch à 7 000 tr/min, et 320 Nm de couple à 3 600 tr/min, assez pour atteindre 100 km/h en 6 secondes et une vitesse de pointe de 250 km/h.

L'E36 de base était une évolution importante pour la Série 3. La répartition du poids avant-arrière était presque parfaite, même une fois le moteur 6 cylindres installé, et donna à la M3 la prestance et l'équilibre qui firent sa renommée. L'E36 fut également la première Série 3 à être dotée de l'« essieu en Z », essieu arrière multibras inauguré sur le roadster Z1, modèle rare et original. La caisse de la M3 fut abaissée de 31 mm, et la plate-forme améliorée à l'avant et à l'arrière avec des suspensions et amortisseurs plus performants, des barres de stabilisation plus épaisses et des disques ventilés sur les quatre roues. La M3 E36 fut saluée comme l'une des voitures les plus excitantes de sa génération, et l'une des BMW les plus maniables jamais construites.

En 1996, des voitures à spécification européenne furent dotées du moteur S50 B32 3 201 cm^3 (3,2 L) ainsi que d'une boîte manuelle 6 vitesses, ce qui porta la puissance de 321 ch à 7 400 tr/min, et 350 Nm de couple à 3 250 tr/min. Les spécifications variaient d'un pays à l'autre : les voitures sud-africaines arboraient un moteur 310 ch à compression réduite ; en Amérique du Nord, les M3 étaient équipées du moteur S52 de 3 152 cm^3 offrant seulement 243 ch et 320 Nm de couple.

Moteur McLaren F1 et Le Mans, 1995-1997

Être la voiture de série la plus rapide au monde est un privilège unique, et c'est exactement le titre que la McLaren F1 sur moteur BMW reçut en son temps, avec un record de vitesse officiel de 373 km/h. La McLaren F1 fut pensée par Gordon Murray et construite par McLaren Cars, avec une carrosserie de Peter Stevens. Elle était conçue autour d'une monocoque en fibres de carbone, une première pour une voiture de route de série, et son capot cachait un moteur exclusif conçu et construit par BMW Motorsport pour la F1, à la demande de Murray.

C'est Paul Rosche, responsable du développement des moteurs pour BMW pendant 40 ans, et considéré comme le père des moteurs de Formule 1 à turbocompresseur qui battirent tous les records dans les années 1980, qui eut l'idée d'un nouveau moteur V12. Le S70/2 reposait sur l'architecture du « petit » moteur 6 cylindres en ligne M20 qui avait connu tant de succès sur les berlines de Séries 3 et 5 en 1977 ; il s'agissait d'un V12 60 degrés classique avec quatre arbres à cames en tête et un système de distribution variable, alors une technologie de pointe. Si le M20 possédait un bloc-moteur en fonte, le S70/2 était tout en aluminium, avec un alésage du cylindre en alusil pour rester léger et un système de lubrification par carter sec pour prévenir les fuites d'huile lors des virages et freinage extrêmes.

Pour réduire le poids au maximum, la voiture utilisait des carénages en magnésium ultra-légers pour les boîtiers de l'arbre à cames, des couvre-culasses et du carter d'huile. Un alésage/course du moteur de 86 x 87 mm était idéal pour atteindre le plein régime, et donc plus de puissance. Des pistons forgés et des bobines d'allumage individuelles venaient parfaire ces spécifications d'exception. Sur sa version de route, le moteur offrait 618 ch à 7 400 tr/min et 650 Nm de couple à 5 600 tr/min. Sous sa forme finale, le moteur était 14 % plus puissant et pesait 16 kg de plus que le concept d'origine, pour un poids final de 266 kg. La voiture finie présentait 1 138 kg sur la balance.

Même si Murray pensait seulement en faire une voiture de route, la McLaren F1 connut la gloire sous sa version de course GTR F1 en 1995, qui remporta la victoire au Mans la même année. Selon le règlement, le moteur devait respirer par un régulateur de débit : contre toute attente, la version

de course produisait moins de chevaux-vapeur que le moteur de série, à 604 ch au maximum. Le poids fut diminué de 126 kg pour rendre la F1 plus agile, et de 38 kg supplémentaires en 1996. Une F1 GTR remporta la victoire au Mans, tandis que d'autres McLaren se classèrent aux troisième, quatrième et treizième places.

Roadster M (E36/7), 1996

Au printemps 1996, M, filiale de BMW, était arrivée à maturité, et les clients retenaient leur souffle en attendant un modèle M de presque tout ce qui sortait de l'usine. Les amateurs de roadsters ne furent pas déçus lorsqu'au Salon de l'automobile de Genève en mars, la marque annonça la sortie du roadster M inspiré du Z3. Le Z3 était assemblé à l'usine de BMW à Spartanburg, en Caroline du Sud ; pour le roadster M, le groupe motopropulseur fut construit en Allemagne avant d'être envoyé à Spartanburg pour y être assemblé. Des versions européennes du roadster M étaient dotées du moteur S50 B32, version avancée du moteur M36 M3 de 3 201 cm^3, équipée d'un double système de distribution variable VANOS et de boîtiers papillon. Le roadster M offrait ainsi 321 ch à 7 400 tr/min ; les versions américaines étaient dotées du moteur S52 de 3 152 cm^3, avec une course plus courte et offrant 240 ch.

Le châssis du roadster M reprenait la formule de la M3 E36, avec un empâtement légèrement plus large, une caisse plus basse et des suspensions et amortisseurs plus rigides. Le sous-cadre fut renforcé, tout comme les bras semi-oscillants arrière. Lancé en 1999, le roadster M était doté du système Automatic Stability Control plus Traction (ASC+T). En 2000, les roadsters M européens reçurent un nouveau moteur S54 atteignant 325 ch, couplé à la fonction Dynamic Stability Control (DSC). Sous cette forme, la voiture pouvait atteindre 100 km/h en à peine 5,3 secondes ainsi qu'une vitesse de pointe de 250 km/h, ce qui en faisait l'un des modèles M les plus puissants de l'époque.

Coupé M (E36/8), 1998

Fusion quelque peu bancale entre un roadster et ce qui rappelait l'arrière d'une Série 3 Touring, le coupé M était la croisade personnelle d'un homme, l'ingénieur Burkhard Göschel, et de son petit groupe de disciples, tous convaincus que la carrosserie ouverte du roadster M était trop souple pour faire honneur à l'emblème M. Leur solution fut d'assembler un coupé de démonstration pour convaincre le conseil d'administration de le produire. L'une des BMW les plus rigides (2,6 fois plus que le roadster M) et viscérales jamais construites entra alors en production en 1998, dotée du moteur S50 321 ch pour l'Europe, et du S52 243 ch pour l'Amérique du Nord. La production fut abandonnée en 2000, pour mieux revenir en 2001 avec le moteur S54 325 ch.

Le coupé M offrait les mêmes performances brutes que les versions ultérieures du roadster, mais avec la précision et la maniabilité souhaitées par Göschel et son équipe. À l'époque, personne n'aurait su dire si le coupé M E36/8 était décalé ou simplement laid. Quoi qu'il en soit, il n'eut jamais les faveurs du service marketing de BMW, et la marque mit un point final à sa production en 2002, après seulement quatre ans d'existence et 6 291 exemplaires vendus dans le monde.

M5 (E39) 1998

Sans conteste le sleeper ultime de toute l'histoire des modèles M, la M5 (ci-contre), lancée en 1998 avec un moteur S62 V8 de 4 941 cm^3 qui offrait 394 ch, fut la toute première berline à atteindre le seuil de 400 PS, les chevaux-vapeur allemands. Le moteur était une version préparée de celui de la 540i, avec une cylindrée accrue à 4 398 cm^3. Exception faite de ses quatre pots d'échappement, ce qui la distinguait des autres, c'était sa puissance subtile associée à un niveau de raffinement qui isolait ses occupants du monde extérieur.

Il était d'ailleurs facile pour le conducteur d'être déconnecté des performances et, pour reprendre les mots d'un journaliste lors du lancement international pour la presse, « le potentiel d'accidents était immense ». Il ne critiquait par les capacités de la M5, loin de là. Le châssis était si robuste et la stabilité si grande que la M5 atteignait des vitesses incroyables en un clin d'œil, son raffinement éclipsant sa vitesse. Ce châssis intégrait la même entretoise avant MacPherson et la même suspension arrière multibras en aluminium que l'E39 standard, mais avec des barres de stabilisation plus épaisses, des amortisseurs améliorés et une caisse abaissée de 23 mm.

Le rugissement des 6 cylindres était adouci sur le V8, même si la transmission ZF manuelle 6 vitesses gardait au moins l'attention du conducteur sur la conduite. En chiffres, cette performance sans effort se traduisait par une accélération à 100 km/h en 4,8 secondes et une vitesse de pointe bridée par électronique de 250 km/h. Ce modèle fit le tour du Nürburgring en 8 minutes 20 secondes, temps spectaculaire pour une berline sportive de luxe. Des disques flottants ventilés de 345 mm à l'avant et 328 mm à l'arrière donnaient une puissance de freinage presque illimitée,

constante même pendant l'arrêt le plus brutal. Contrairement à sa précurseuse, la M5 E34, cette M5 n'était plus construite à la main à Garching, mais sur la principale chaîne d'assemblage de Dingolfing.

M3 (E46), 2000

La M3 la plus puissante de l'époque fut saluée dès son lancement pour la presse en 2000 comme un modèle sportif qui ferait date. Sous sa forme E46 (ci-dessous), la M3 était dotée d'un moteur S54 B32 préparé pour M, dernier de la gamme S50 installée sur les M3 E36 européennes. La cylindrée avait été portée à 3 246 cm^3 et le moteur fut largement revisité. Un système de lubrification élaboré reposait sur un carter semi-sec, avec une deuxième pompe à huile pour extraire le lubrifiant de l'avant du moteur.

La disposition, qui comprenait un carter discret à l'arrière du moteur, faisant office de réservoir au carter sec, avait été pensée pour éviter les problèmes de lubrification dans les virages à gauche pris à grande vitesse et les freinages d'urgence. Le collecteur avait été repensé avec l'aide de la nouvelle mouture du département de courses F1 ; au milieu de trois paires de collecteurs, la M3 E46 comportait six papillons d'étranglement électroniques partageant un seul collecteur d'admission. La voiture offrait désormais une puissance renversante de 343 ch à 7 900 tr/min et 365 Nm de couple au maximum à 4 900 tr/min.

La suspension restait quasi-identique à celle de l'E36, à cela près que l'essieu arrière comprenait un différentiel autobloquant novateur développé par GKN Viscodrive : le M Differential Lock. La M3 pouvait atteindre 100 km/h en moins de 5,2 secondes, ainsi qu'une vitesse de pointe bridée par électronique de 250 km/h. Les clients avaient le choix entre une boîte manuelle 6 vitesses et la transmission manuelle robotisée SMG II. Construite à Regensburg, la M3 E46 était un véhicule formidable, mais une voiture encore plus puissante était sur le point de voir le jour.

M3 CSL (E46), 2003

À première vue, le M3 CSL (coupé Sport Leichtbau), lancé en 2003, était, comme son nom l'indique, une version plus légère de la M3. Mais l'habit ne faisait pas le moine. Ce modèle était allégé de 110 kg grâce à un toit en fibres

de carbone qui raidissait aussi la carrosserie et abaissait le centre de gravité. Les suspensions et amortisseurs avaient été conçus pour le CSL, et les rapports de vitesse étaient plus rapides que sur le modèle standard.

La voiture arborait une carrosserie exclusive avec des lames sous pare-chocs en carbone pour augmenter la déportance de près de 50 %, et un coffre d'allure unique avec une ailette arrière. Sous le capot, le moteur avait été préparé avec des cames légèrement plus radicales et un collecteur d'échappement revisité pour gagner 17 ch, l'arrivée d'air était en fibres de carbone et le système DSC comprenait un mode « M Track », qui augmentait considérablement son seuil d'intervention.

Le CSL ne possédait pas de boîte manuelle et était uniquement doté de la boîte de vitesses SMG II, avec un contrôle de lancement brutal. La transmission avait aussi été calibrée pour être plus féroce, avec un changement de vitesse en 80 millisecondes dans son mode le plus rapide. Conduire le CSL, c'était l'adopter. Les sièges étaient si fermes qu'ils en étaient à la limite de l'inconfort, la conduite était encore plus raide, mais en pleine course, le rugissement du moteur donnait littéralement la chair de poule. Le moteur atteignait 355 ch à 7 900 tr/min et 370 Nm de couple au maximum à 4 900 tr/min, montant à 100 km/h en à peine 4,9 secondes. Mais encore plus enivrant que la performance en ligne droite : la sensation exaltante que ce modèle sous stéroïdes transmettait au conducteur. Le meilleur modèle de toute l'histoire de M ? Sans aucun doute.

BMW M5 (E60), 2005

Nous avons vu en quoi la M5 E39 V8 était le sleeper ultime, associant une bulle de raffinement à une vitesse ahurissante, mais la M5 suivante alla encore plus loin, atteignant pas moins de 500 ch et 521 Nm de couple grâce à son moteur 10 cylindres 4 999 cm^3. Pensé comme le chaînon manquant entre les voitures de route de BMW et son moteur V10 de Formule 1, la M5 (ci-dessous) possédait 40 soupapes et 4 pompes à huile pour garder son millier de composants lubrifiés à la perfection.

La M5, dotée du V10, comportait la toute première boîte 7 vitesses de SMG, qui pouvait changer de rapport en seulement 65 millisecondes et était conçue dès le départ comme une transmission manuelle robotisée. Mais aussi impressionnante qu'elle soit, les clients américains n'étaient pas emballés : ils firent assez pression sur BMW pour que la marque propose une version manuelle 6 vitesses sur le marché nord-américain. La M5 fut rejointe par la version E61 Touring, toutes deux construites dans l'usine de Dingolfing.

Malgré sa grande cylindrée, le V10 était construit autour de ce que BMW appelait son « concept de haut régime », filant à une vitesse colossale de 8 250 tr/min. En un sens, la M5 E60 était deux voitures en une : elle assurait une accélération phénoménale (0 à 100 km/h en 4,2 secondes) avec le moteur hurlant à plein régime, tout en restant capable de rouler à une allure détendue et silencieuse. Un groupe motopropulseur aussi spécialisé la rendait unique (de même que le coupé M6 et les cabriolets dotés de la même configuration), mais

avec la tendance actuelle en faveur de régimes plus faibles et de turbocompresseurs pour améliorer l'efficacité, il est peu probable qu'un tel modèle voit à nouveau le jour.

Roadster et coupé M Z4 (E85/86), 2006

Ces deux véhicules s'inscrivaient dans la continuité de la Z3, avec son moteur S54 B32 de 3 246 cm^3 initialement installé sur la M3 E46. De l'extérieur, l'allure de la gamme Z4 était totalement différente de celle de la Z3 : les courbes tout en douceur cédaient la place à un profil affûté plus spectaculaire. Le roadster et le coupé M Z4 de 2006 étaient encore plus frappants, avec une fente plus profonde, des calandres double haricot noires, un diffuseur arrière, les roues en alliage à double rayon typiques de M et quatre sorties d'échappement.

La puissance et le couple restèrent exactement identiques, à 343 ch à 7 900 tr/min et 365 Nm à 4 900 tr/min ; toutes les M Z4 étaient équipées des transmissions manuelles 6 vitesses ZF et du différentiel M Differential Lock. Le châssis se distinguait des versions standard : la direction était différente, le système électronique de la Z4 classique ayant été remplacé par la crémaillère de direction hydraulique plus rapide de la M3.

Comme tous les modèles M, la Z4 était incroyablement rapide, atteignant 100 km/h en 5 secondes avec une vitesse de pointe de 250 km/h, et même s'il lui manquait les passages de roue extrêmes de son prédécesseur, son allure restait controversée.

M3 (E90, E92 et E93), 2007

Pour la première fois, la M3 fut dotée d'un moteur V8 avec l'avènement de la génération E90, révélée sous la forme du concept M3 lors du Salon de l'automobile de Genève en 2007.

Trois modèles étaient disponibles : la berline quatre portes E90, le coupé E92 et le cabriolet E93. Les versions berline et coupé furent lancées plus tard cette même année, suivies par le cabriolet l'année suivante.

Toutes trois étaient propulsées par le nouveau moteur S60 B40 V8 100 % aluminium, qui offrait une cylindrée de 3 999 cm^3 et quatre arbres à cames en tête. Étrangement, les cames du collecteur étaient entraînées par des chaînes et les cames d'échappement par des engrenages. Le V8 offrait 414 ch à 8 300 tr/min, initialement grâce à une transmission manuelle 6 vitesses. Au printemps 2008, BMW dota la M3 d'une nouvelle transmission 6 vitesses à double embrayage DCT, capable de changer de vitesse en moins de 100 millisecondes. Cette transmission raccourcit de 0,3 seconde la durée d'accélération à 100 km/h et, tout comme les précédentes transmissions SMG, était disponible en version manuelle ou automatique.

Plusieurs versions spéciales à faible volume étaient disponibles. La M3 GTS coupé de 2009 offrait 444 ch, pesait 136 kg de moins que le modèle standard et atteignait 100 km/h en 4,3 secondes. La berline CRT (Carbon Racing Technology) pesait 45 kg de moins que la 4-portes classique, mais n'était pas en reste avec la navigation par satellite et un système de sonorisation hi-tech. Elle fut lancée en 2011, année où la berline fut abandonnée.

X5 M et X6 M (E70 et E71) - 2009 - (F85 et F86) - 2013 - (F95 et F96) - depuis 2020

Les premières versions M de la série X de BMW débarquèrent fin 2009 et provoquèrent le tollé chez certains puristes, qui estimaient qu'un SUV M trahissait l'esprit de BMW Motorsport. Mais les enjeux allaient plus loin qu'une simple question d'emblème, et les voitures figuraient parmi les plus puissantes au monde dans leur catégorie. Les deux modèles avaient été construits à Spartanburg autour de groupes motopropulseurs envoyés d'Allemagne, et tous deux arboraient une version simplifiée du moteur N68 V8 100 % aluminium de 4 395 cm^3, appelée le S63 B44O0. Ce moteur comportait des pistons et des joints de culasse revisités, mais le plus grand changement concernait le turbocompresseur : le S63

était doté de turbocompresseurs à double volute, technologie plus sensible que la volute simple classique. Avec la double volute, l'échappement du turbocompresseur se divise en deux « volutes » au sein même du boîtier du turbocompresseur, un collecteur d'échappement hybride assurant des impulsions synchronisées vers chaque volute depuis les deux rangées de cylindres. Le S63 comportait aussi un collecteur d'air haut débit. Le résultat ? Une puissance de 555 ch à 6 000 tr/min et un couple colossal de 678 Nm entre 1 500 et 5 650 tr/min. Ces chiffres représentaient une augmentation impressionnante de 155 ch par rapport au moteur N63 de base.

Les X5 et X6 étaient équipées de versions robustes de la transmission automatique ZF 6HP et non d'une transmission à double embrayage. La transmission était préparée pour offrir des changements de vitesse plus rapides que la normale, et en mode manuel, le logiciel empêchait de passer au rapport de vitesse supérieur une fois dans la zone rouge du compte-tours. Le système de transmission intégrale xDrive était calibré pour donner un couple davantage axé sur l'arrière que d'ordinaire, et la M X5 comme la M X6 étaient équipées du système Dynamic Performance Control (DPC). Le DPC était un différentiel arrière avec vecteur de couple qui favorisait la maniabilité en donnant plus de couple à la roue ayant le plus d'adhérence. La fonction DSC possédait un mode M dynamique qui donnait du couple en proportion à l'essieu arrière afin que la voiture puisse survirer si besoin. Les M X5 et X6 ne correspondaient peut-être pas à l'idée que certains se faisaient d'un modèle M, mais personne ne pouvait reprocher à BMW d'être timide en termes de performance et de maniabilité.

En 2014, BMW lança de nouveaux modèles sportifs : la X5M F85, et la M X6M F86. Le moteur V8 bi-turbo 4,4 L offrait 567 ch et 750 Nm de couple, et la transmission automatique 6 vitesses fut remplacée par la ZF Steptronic 8 vitesses. Les performances restèrent ahurissantes : la M X5 comme la M X6 pouvaient atteindre 100 km/h en tout juste 4,2 secondes. La course à la puissance n'est pourtant pas terminée puisqu'à partir de 2018, avec le lancement de la nouvelle gamme X5 et X6, les versions M atteignent 600 ch (la X5 M et la M X6 M) ou 625 ch (la X5 M et la M X6 M Competition). Ces machines sportives héritent non seulement de la transmission Steptronic, mais aussi du système Drivelogic.

La troisième génération X5M (F95) et X6M (F96) est présentée en 2020. Ces modèles sont basés sur la nouvelle plateforme CLAR. Le moteur de 4 395 cm^3 est désormais porté à 592 ch (616 ch pour les M Competition). Comme le reste de la gamme X5 et X6, un restylage a lieu en 2023, mais en 2024, il ne subsiste plus que les X5 M Competition dont le moteur est désormais hybridé.

Coupé M, Série 1 (E82), 2010

Le coupé M de Série 1, avec son nom déconcertant, n'était peut-être le plus beau modèle M, mais à l'époque, c'était celui dont l'esprit et la taille se rapprochaient le plus de la M3 E30. Ici s'arrête la comparaison, car ce nouveau modèle était équipé d'une version bi-turbo du 6-cylindres en ligne N54 2 979 cm³. Cette particularité en faisait non seulement le premier modèle M à être doté d'un moteur à turbocompresseur, mais aussi le premier à reposer davantage sur le couple que sur les chevaux-vapeur pour ses performances.

Malgré 79 ch de moins que la M3 E90, il offrait plus de couple à une allure tranquille que la M3 à pleine puissance. En termes absolus, cela équivalait à 335 ch à 5 900 tr/min et 450 Nm de couple entre 1 500 et 4 500 tr/min, avec une suralimentation de 53 Nm atteignant 500 Nm en un instant. Le changement de rapport dépendait exclusivement d'une transmission manuelle 6 vitesses ; dépourvu d'option automatique, le coupé M atteignait 100 km/h en 4,8 secondes. Avec un poids à vide de 1 495 kg, une répartition parfaite du poids avant-arrière et le différentiel autobloquant de rigueur, conduire ce modèle était une expérience envoûtante La nature compacte du coupé M le plaçait parmi les favoris sur les bancs d'essai, même si d'un point de vue purement esthétique, il était le vilain petit canard de la gamme de coupés M.

M5 (F10), 2012-2018, M5 (F90) 2018-2023, M5 (G90) depuis 2024

En 2012, la M5 E60, avec son moteur V10 aux performances intersidérales, fut remplacée par la M5 F10, dotée du moteur S63 V8 de 4 395 cm³ à turbocompresseur offrant 553 ch et 680 Nm de couple. Malgré cette puissance bestiale, la nouvelle M5 ne trouva pas son public aussi facilement que son prédécesseur. La version DCT 7 vitesses accusait 125 kg de plus que la E60 SMG, et l'utilisation de bruits de moteur de synthèse par le système de sonorisation n'était pas à la hauteur du rugissement féroce du V10 en pleine action. Comme avec les M3 et M4 actuelles, le bruit de synthèse s'imposait pour compenser l'absence d'un bruit d'induction naturel, effet indésirable inévitable du turbocompresseur.

Néanmoins, la première M5 à turbocompresseur pouvait atteindre 100 km/h en 4,2 secondes et une vitesse de pointe bridée par électronique de 250 km/h. Sans cette limite, ce modèle pouvait monter jusqu'à 300 km/h. Un pack compétition sorti en 2014 fit passer la puissance à 567 ch, et une édition limitée de 300 exemplaires produits à l'occasion de son 30ᵉ anniversaire atteignit 592 ch et 700 Nm de couple. Elle pouvait alors accélérer à 100 km/h en 3,9 secondes. La M5 F10 fut construite à Dingolfing aux côtés de la gamme classique. Le coupé F12 et le cabriolet F13, deux versions de

la M6, étaient dotées du même moteur 553 ch et de la boîte DCT 7 vitesses, mais grâce à un toit en fibres de carbone, entre autres, le coupé pesait 140 kg de moins que la M5. Pour 2018, la nouvelle M5 (F90) de sixième génération adopte le système xDrive à 4 roues motrices et une version plus radicale M5 Competition est proposée. La puissance des deux modèles à moteur V8 atteint respectivement 600 et 635 ch. La septième génération de M5 est un 4 roues motrice, c'est un modèle hybride entièrement rechargeable avec un V8 couplé à un moteur électrique offrant 750 ch. Cette M5 marque le retour du break Touring.

M135i, M140i, M235i (F20) - 2012-2019, M135i (F40) - 2019-2024 - M118i (F70) - 2024

Le modèle à hayon M135i fut lancé lors du Salon de l'automobile de Genève en 2012. Il était doté du moteur N55 6 cylindres en ligne offrant 316 ch à 5 800 tr/min. Il représentait une nouvelle catégorie de voitures haute performance issue du tout jeune département M Performance Automobiles, appelé à offrir des versions légèrement moins extrêmes des modèles M en termes de sensations et de convivialité. En tant que tels, ni la M135i ni le coupé M235i n'étaient un modèle M à part entière. Le moteur N55 remplaçait le N54 et malgré une cylindrée identique, il était doté d'un turbocompresseur simple à double volute plutôt que d'un bi-turbo à simple volute.

La M135i fut revisitée en 2015 tout en gagnant 6 ch, pour faire jeu égal avec le coupé M235i lancé en 2014, avec ses 332 ch. Ces modèles comportaient tous deux une boîte manuelle 6 vitesses ou l'excellente transmission automatique classique ZF, et non la technologie à double embrayage. Même s'il s'agissait de « petits » modèles M, leurs performances n'étaient pas en reste : la M135i manuelle atteignait 100 km/h en 5,1 secondes et l'automatique était encore plus rapide, avec 4,9 secondes. Malgré leurs dimensions compactes, aucune n'était un poids plume : la M135i pesait 1 425 kg, contre 1 520 kg pour la M3 F80. Construite sur la principale chaîne d'assemblage à Leipzig, elle offre aux passionnés la possibilité d'accéder aux modèles M d'entrée de gamme. Après un restylage général entre 2015 et 2017, la sportive M135i a vu sa puissance passer à 326 ch. En 2017, cette monture est remplacée par la M140i dotée du même moteur mais forte de 14 chevaux de plus (340 ch), tandis que la M235i devient la M240i (340 ch). La petite bombe de BMW adopte ensuite la traction intégrale xDrive. En 2019, cette M fait un curieux retour en arrière lors du lancement de la troisième génération de la Série 1 puisqu'elle redevient la M135i xDrive (page ci-contre), motorisée cette fois par un 4 cylindres turbo 2 L et 306 ch. En 2020, ajout de la 128ti à traction avant, chassant sur le terrain de la Golf GTI. Dévoilée en juillet 2024, la nouvelle Série 1 a été complètement revue tant à l'extérieur qu'à l'intérieur. La M118i reçoit le bloc B38 de 1 499 cm^3 turbo. Dévoilée en juillet 2024, la nouvelle Série 1 présente un châssis et un habitacle entièrement repensés. La M118i reçoit le bloc B38 de 1 499 cm3 turbo. La M2 conserve quant à elle la propulsion arrière.

M3 et M4 (F80 et F82) - 2014 - 2021, M3 et M4 (G80 et G82), depuis 2021

C'est à ce stade que l'histoire de M devient confuse. La M3, au sens le plus strict, était un coupé trois portes dont la production fut abandonnée en juillet 2013, date à laquelle le dernier E90 sortit des chaînes de montage. Son successeur, la M3 F80, n'apparut que sous forme de berline pour l'année modèle 2014 : c'est alors que BMW créa la Série 4 pour donner un nom indépendant au coupé, et l'ancien coupé M3 devint le M4.

La F80 marquait un retour au moteur 6 cylindres en ligne inspiré du moteur N55 à turbocompresseur de 2 979 cm^3. La version Motorsport du S55 était radicalement différente de la version classique. Passant à un bi-turbo simple volute, il atteignait 425 ch entre 5 500 tr/min et 7 300 tr/min, et 555 Nm de couple entre 1 850 et 5 500 tr/min. Malgré ses 4 portes, la M3 F80 était dotée d'un toit en fibres de carbone et, avec sa boîte manuelle 6 vitesses, pouvait atteindre 100 km/h en 4,3 secondes, voire 4,1 secondes avec la transmission à double embrayage 7 vitesses.

La M4, construite à Regensburg, offrait les mêmes performances, mais avait recours à la technologie des fibres de carbone pour le toit, l'arbre d'hélice, le coffre et l'entretoise avant. La M4 fut aussi le premier modèle M à se voir doté d'une direction assistée électrique, et de la technologie Active Sound pour amplifier le bruit naturel du moteur dans l'habitacle. La M4, dont le moteur atteint 431 ch à partir de 2017, n'avait plus grand-chose à voir avec la première M3 E30, mais elle eut l'honneur d'être adoubée parmi l'une des voitures les plus rapides à avoir jamais roulé sous le célèbre emblème M.

La M2 compacte renouait avec l'esprit des M3 plus anciens et plus simples au sommet de leur art.

La nouvelle génération de M3 Berline et break Touring et du coupé M4, produite à partir de 2020, adopte une ligne nettement plus affirmée. Sur ces modèles, le moteur 6-cylindres double turbo de 2 993 cm3 offre trois niveaux de puissance (480 ch sur les M3/M4, 510 ch sur les M3/M4 Competition et 551 ch sur la M3 CS et la M4 CLS). Les deux modèles sont proposés en propulsion ou en transmission intégrale. La transmission est proposée en manuelle de manière optionnelle, ou en automatique.

ROVER

Coventry Evening Telegraph
Monday, January 31, 1994
City Final
Safety Outside Schools
GIVE YOUR CHILD A CHANCE
Starts tonight, the campaign no parent can afford to miss
PAGES 11, 12 and 13
LAST MAJOR UK CAR MAKER SOLD FOR £800m
BMW BUYS ROVER
By ANDREW MACLEOD, Industry Editor
BACKGROUND TO TODAY'S DEAL Pages 2,3,4 & 5
FINAL WEEK OF SALE
MASSIVE SAVINGS
LIBERTY of LONDON PRINTS
CURTAIN VELVET
Lowest prices ever!!
DECOR
ALLENS TAXIS The People Movers
COV: 555555

CHAPITRE

14

Aventures et mésaventures

Les années 1980, sur lesquelles avaient soufflé un vent d'entrepreneuriat, furent propices à BMW : le climat de dérégulation de la finance sur les marchés occidentaux contribua à une hausse de 50 % de son chiffre d'affaires, sans compter une envolée en termes d'image ; BMW et les valeurs de la marque étaient désormais connues de tous. Le début des années 1990 fut tout aussi prospère ; l'entreprise évita avec brio la récession de 1992-1993 si éprouvante pour les entreprises allemandes, prises de folie des grandeurs lors de l'éphémère bulle économique dans le sillage de la réunification du pays en 1990. La Série 3 revisitée était la voiture du moment pour les cadres et les ambitieux, et 1 200 exemplaires sortaient des chaînes d'assemblage chaque jour ; des initiatives prometteuses étaient aussi en cours dans quasiment tous les domaines, du recyclage des pièces à la coopération sur les moteurs d'avion avec Rolls-Royce en passant par le développement de moteurs haut de gamme avec McLaren, qui donnerait naissance à la voiture de route la plus rapide au monde.

Aussi rassurant que cette position puisse paraître, du moins de l'extérieur, le visionnaire Eberhard von Kuenheim et son jeune lieutenant fétiche Wolfgang Reitzle admettaient néanmoins leur inquiétude face à certaines tendances du secteur, susceptibles de saper la position de BMW. Parmi celles-ci, le coût élevé de la main-d'œuvre automobile en Allemagne, bientôt compensé par l'ouverture d'une usine aux États-Unis, et l'arrivée sur le marché haut de gamme des entreprises japonaises, avec leurs prix raisonnables et leurs modèles de développement rapide. Évoquant le prix de la toute nouvelle Lexus aux États-Unis, vendue à peine 40 000 $, Reitzle se plaignit au *Financial Times* qu'il « s'agissait d'un prix agressif : les Japonais nous donnent plus de fil à retordre que nos rivaux européens ».

Et hormis le coût de développement et de construction des voitures, une grande question subsistait : la stratégie commerciale à trois piliers de BMW, dont la réussite reposait jusqu'alors sur les berlines, allait-elle pouvoir continuer à assurer la croissance nécessaire pour entrer dans le nouveau millénaire ?

Lors d'un déplacement au Japon en 1987, Reitzle avait suggéré à von Kuenheim de faire entrer BMW sur le segment tout terrain, qui représentait alors une infime fraction du marché, en rachetant Land Rover. Lors d'une interview

^ Février 1994 : le PDG de Rover, John Towers (droite), signe le contrat de rachat avec son homologue de BMW, Bernd Pischetsrieder.

‹ Le rachat de Rover par BMW prit le secteur par surprise et fit la une de tous les journaux. *Coventry Evening Telegraph*

La gamme de modèles de Rover (ci-dessus) et BMW (ci-contre) à l'époque du rachat. Peu de synergies prévues au niveau de la technologie et des composants devinrent réalité.

accordée en 1993 à *Manager Magazine*, von Kuenheim expliqua la situation : « Si nécessaire, nous pourrions faire d'une pierre deux coups en achetant aussi son département petites voitures. Les modèles tout-terrain de Rover nous intéressaient, mais ce n'était pas les seuls : BMW avait besoin de marques et de modèles pour le segment situé en dessous de sa propre gamme, à la fois en termes de taille et de prix. »

Avec l'annonce officielle de l'ouverture du site de Spartanburg (Caroline du Nord) en juin 1992, d'une capacité de production de 70 000 unités et avec des coûts de production 30 % inférieurs pour la voiture sportive qui y serait construite, von Kuenheim avait commencé la diversification de BMW. Ce fut toutefois une série d'électrochocs au niveau du secteur à la fin de l'année qui fit véritablement passer l'entreprise à l'action.

Tout d'abord, juste avant Noël 1992, Porsche annonça des pertes catastrophiques suite à l'effondrement des marchés américain et allemand, dont dépendait énormément ce constructeur de sportives de luxe ; les membres de la famille Porsche se retirèrent de la gestion de leur entreprise pour laisser la place à une approche plus commerciale.

Deuxièmement, le nouveau PDG de Mercedes-Benz, Helmut Werner, fit trembler tout le secteur en déclarant que les célèbres produits de son entreprise étaient trop chers et trop techniques. « Ce dont nous avons besoin, ce sont des voitures de sport, des coupés, des petites voitures, des monospaces et des SUV », proclama-t-il, suggérant même une collaboration technique entre Mercedes et BMW sur des pièces détachées. Par la suite, Mercedes-Benz accuserait de grandes pertes pour son département de voitures de route : pour la première fois, ce fleuron de l'industrie allemande était passé dans le rouge.

Un troisième choc eut lieu à la mi-mars, lorsque von Kuenheim annonça qu'après 23 ans à la tête de l'entreprise, il se retirait de la direction. Rares étaient les personnes à s'attendre à une démission si soudaine, et encore moins à prévoir que Bernd Pischetsrieder, illustre inconnu ou presque, serait nommé successeur potentiel : la plupart auraient parié sur le numéro deux autoproclamé, Reitzle, dont certains estimaient qu'il avait saboté ses chances en montrant trop d'intérêt pour un éventuel poste chez Porsche.

Cette situation, notamment le *cri du cœur* d'Helmut Werner, n'aurait pu constituer meilleure impulsion pour

pousser le conseil d'administration de BMW à agir. L'entreprise avait déjà pris la décision de procéder à une acquisition, et elle possédait assez de trésorerie ; il ne restait plus qu'à choisir la cible, et quand passer à l'action.

L'aventure Rover : vers l'inconnu

Pischetsrieder, à tout juste 45 ans, n'aurait pas pu être plus différent de son prédécesseur réfléchi et sophistiqué. Arborant un bouc, amateur de cigares et de vieilles voitures conduites sur les chapeaux de roues, il offrait un profil très différent qui lui valut une réputation de franc-tireur ou de rebelle dans la presse. Mais avec son expérience de la planification, du contrôle qualité et plus récemment, de la création de l'usine de Spartanburg, son sérieux et ses qualifications pour le poste de directeur ne faisaient aucun doute.

Lors de la présentation des résultats de BMW au premier semestre 1993, Pischetsrieder était confiant malgré une baisse des ventes de 9 % ; d'autres entreprises avaient été touchées bien plus durement par la récession, déclara-t-il, et BMW n'avait eu qu'à baisser la production de 10 %, contre parfois 25 % chez ses concurrents. Parmi ses projets, il souhaitait améliorer l'efficacité de l'entreprise pour qu'elle puisse faire des bénéfices même avec 500 000 exemplaires par an, et alla jusqu'à suggérer que BMW se fasse une place à l'internationale en construisant des voitures plus petites que la Série 3 de l'époque, sur laquelle reposait le succès de l'entreprise.

Ces mots s'avérèrent prémonitoires : sous quelques mois, la direction de BMW avait entamé des négociations top secret avec British Aerospace, sous-traitant de la défense britannique qui avait acheté le groupe Rover pour une bouchée de pain au gouvernement, et souhaitait à présent s'en défaire. Et ce sera la décision d'acheter Rover, véritable séisme qui secoua l'industrie au mois de janvier suivant, qui finira par symboliser – et couper court – au mandat de Pischetsrieder à la tête de BMW.

Lors de l'annonce du 31 janvier 1994, le sentiment de triomphe à s'être emparé de Rover était palpable, surtout alors que ce rachat intervenait dans une conjoncture catastrophique pour Volkswagen, Mercedes et d'autres poids lourds allemands. Les 800 millions de livres sterling déboursés pour des marques inestimables, comme Land Rover, Mini, Riley et Triumph, furent généralement considérés comme une excellente affaire, qui allait doubler la capacité de production totale et amener quatre grandes usines avec un fort potentiel d'expansion dans le giron de BMW. Passés sous silence dans l'euphorie générale, les antécédents peu reluisants de l'industrie britannique en termes de qualité, de climat social et

BMW Série 7 (E38) 1994-2001

Reprenant le flambeau de la Série 7 E32 révolutionnaire qui avait attiré tant de nouveaux clients fortunés chez des concessionnaires BMW, l'E38 de 1994 fit l'effet d'une révision prudente de la nouvelle image de l'entreprise. Plus fine, basse et discrète, c'était la bonne voiture au bon moment pour BMW, et elle dépassa la Mercedes Classe S W140, poids lourd de l'époque. D'un point de vue mécanique, elle adoptait l'essieu arrière intégral multibras complexe des coupés de la Série 8, et fut la toute première voiture au monde à offrir la navigation par satellite de série. Ce fut aussi la première avec un moteur diesel à injection directe, comme le V8 245 ch qui rivalisait de raffinement avec ses homologues à essence.

1994 : Lancement sous le nom 730i et 740i avec des moteurs essence V8 de 218 et 286 ch, avec une version à empattement long, et 750i avec un moteur V12 amélioré (5,4 L et 326 ch) en fin d'année.
1995 : Ajout des 728i (193 ch) et 725td diesel (143 ch) 6 cylindres.
1996 : La 730i V8 cède la place à la 735i dotée d'une plus grande cylindrée et du système de distribution variable VANOS et offrant 235 ch ; ajout de VANOS sur la 740i ; tous les modèles font peau neuve.
1998 : Lancement de la 730d avec moteur diesel à injection directe à rampe commune de 184 ch.
1999 : La nouvelle 740d est la première voiture particulière à V8 diesel au monde, avec 245 ch.
2001 : Abandon de la production après 327 599 exemplaires construits.

de gestion, ainsi qu'un détail légèrement gênant : Honda, qui avait fourni la technologie et l'expertise grâce auxquelles Rover était restée à flots pendant les dix dernières années, possédait 20 % de l'entreprise et n'avait même pas été consultée.

La stratégie de BMW pour déjouer ses concurrents afin de faire main basse sur Rover fut présentée comme une belle manœuvre, qui coûtait à peine plus que de développer un nouveau modèle pour BMW ; dans les médias, Pischetsrieder parlait avec passion de ses projets d'une marque Mini indépendante, du potentiel de Triumph et d'une toute nouvelle stratégie pour produire des moteurs dans quatre pays.
Ce marché se présentait aussi sous les meilleurs auspices : Pischetsrieder était le grand-neveu de Sir Alec Issigonis, auteur de la Morris Minor et de la révolutionnaire Mini de 1959, et l'une des marques du panier d'acquisition était Austin, dont la minuscule Seven n'était autre que le modèle que BMW, alors constructeur de motos et de moteurs d'avion, avait commencé à fabriquer sous licence en 1928 pour se lancer dans la construction automobile.

Sans conteste, Pischetsrieder était le héros du moment pour l'industrie automobile, et son aura grandit encore un peu plus par ricochet lorsque le public apprit que le nouveau concept de cabriolet Java de Bentley, présenté sur le stand Rolls-Royce Bentley lors du Salon de l'automobile de Genève en 1994, utilisait des pièces de BMW. L'entreprise allemande, les yeux rivés sur la marque la plus prestigieuse au monde, avait fait équipe avec Rolls-Royce pour construire des moteurs d'avion et commençait à avancer ses pions pour offrir également de la technologie automobile. Ce coup de semonce s'adressait clairement à Mercedes, qui cherchait elle aussi à fournir des pièces détachées à Rolls-Royce dans l'espoir de l'acquérir par des voies détournées. Le marché qui sera conclu par la suite, selon lequel des moteurs BMW viendraient équiper des Rolls-Royce et Bentley de nouvelle génération, fut annoncé cette même année ; mais lorsque Vickers mit enfin les marques britanniques de luxe en vente en 1997, le résultat ne fut pas tout à fait celui escompté.

Bien que le public s'intéressât principalement à Rover, surtout après l'annonce du lancement d'une version revisitée de la classique Mini, à l'été 1994 la marque BMW se retrouva confrontée à ses défis habituels : des commandes plus nombreuses que la production, le passage à une troisième génération de Série 7, et la chute du deutsche mark, même si ce dernier point eut le léger avantage de rendre plus rentable les investissements de Munich en faveur de Rover.

L'intention initiale était d'adopter une démarche non interventionniste vis-à-vis de Rover, laissant l'équipe britannique diriger ces activités qu'elle maîtrisait déjà. Et en effet, Pischetsrieder montrait un respect teinté de déférence pour le groupe Rover ; lors de l'une des premières réunions avec la direction de Rover, on dit qu'il aurait refusé que deux vins de millésimes différents soient servis, déclarant qu'il était impensable de mélanger ces crus. Fait intéressant, Rover sortait d'une réorganisation globale, processus qui semblait prendre exemple sur BMW ; lors du lancement, un an plus tôt, de la Série 600 de Rover sur châssis Honda, le directeur général John Towers s'était félicité du nouveau modèle en l'appelant « notre Série 4 », mélange parfait entre les Séries 3 et 5 de BMW de l'époque.

Il fut pourtant vite évident que la situation de Rover était bien plus compliquée que prévu. Non seulement le sous-investissement chronique de la part de son ancienne société mère, British Aerospace, avait donné lieu à un embrouillamini de plates-formes et groupes motopropulseurs incompatibles, mais des fossés dans la culture d'entreprise des deux pays éclataient au grand jour. En septembre, Pischetsrieder installa Reitzle, bien plus interventionniste, au poste de directeur général, et l'affable Walter Hasselkus à celui de directeur sur le terrain, mais la baisse de la livre sterling avait alors commencé à diluer les recettes de Rover qui parvenaient à Munich. C'est l'escalade de cette tendance qui força le Royaume-Uni à quitter le système monétaire européen lors du triste mercredi noir du 16 septembre 1992, événement qui sonna le glas du partenariat entre BMW et Rover.

La direction de BMW continuait à insister sur le fait que les difficultés de Rover n'avaient pas d'emprise sur la société-mère, ce que la pratique semblait confirmer. La Série 7 de troisième génération, lancée en 1994, affichait un style discret

La 600 comptait parmi les rares voitures vraiment modernes du catalogue de Rover, mais ses pièces de Honda posaient problème à BMW.

^ Pendant que les dirigeants de BMW étaient occupés à traiter avec Rover, les ingénieurs poursuivaient les programmes de développement. Voici le puissant Coupé M, première version du Z3 à avoir réellement conquis les amateurs de sport.

Le succès commercial du SUV Land Rover Freelander justifia la mise en pause du programme de remplacement du Discovery.

›

et élégant, en parfait contrepoint à la Mercedes Classe S W140 de l'époque, imposante et outrancière ; et ses ventes se mirent bientôt à la surpasser même en Allemagne. L'usine de Spartanburg avait lancé la production de berlines de Série 3 avant de passer à la toute nouvelle sportive Z3 à l'été 1995 ; les moteurs BMW avaient triomphé aux 24 Heures du Mans sur la McLaren F1, et pour la première fois depuis des générations, une supercar de route avait remporté cet événement éreintant. La Série 5 de quatrième génération, présentée à l'automne 1995, revisita avec élégance le design fondateur de 1987, et s'avéra encore plus victorieuse dans le duel à long terme avec Mercedes. Sur le versant technologique, BMW était désormais en tête de course : en plus d'avoir forcé Mercedes à faire profil bas en devenant la première marque à proposer un moteur V12, BMW offrait aussi des moteurs diesel supérieurs, comme les 730d et 530d 3 L à injection directe qui, pour la première fois, rivalisaient de raffinement avec les moteurs essence, sans oublier le remarquable 740d V8 qui suivit en 1998. En 1995, la Série 5 lança une autre tendance : économiser du carburant et alléger le véhicule à l'aide d'une structure mixte. La section centrale était en acier résistant, tandis que l'avant, l'arrière et tout le système de suspension étaient en aluminium ultra-léger.

Étrangement, BMW ne procéda à aucun lancement de premier plan en 1996 ; à la place, la marque mit l'accent sur les investissements en faveur de l'Afrique du Sud pour augmenter la capacité de la Série 3, et de Spartanburg pour passer à 100 000 roadsters Z3 par an. Ce roadster s'avérait d'ailleurs populaire, malgré un accueil mitigé des médias qui critiquaient ses performances en douceur et sa suspension arrière de génération précédente. Bientôt, les moteurs 6 cylindres, l'amélioration de la dynamique et les puissantes versions M feraient partie intégrante du Z3, et les passionnés de conduite sportive se laissèrent progressivement persuader de prendre le train en marche.

Jouer le jeu international

La direction de BMW se retrouva plongée dans l'univers de la politique internationale en faisant monter les enchères entre le gouvernement autrichien et son homologue britannique pour obtenir la meilleure subvention possible pour la grande usine de moteurs initialement prévue au Royaume-Uni. La victoire du Royaume-Uni fut annoncée en fanfare lors du Mondial de l'automobile à Paris en octobre, avec une autre annonce surprise, celle d'une alliance avec Chrysler pour la fourniture de moteurs essence 4 cylindres d'entrée de gamme pour

BMW Série 5 (E39) 1995-2004

Tout comme la Série 7 l'année précédente, la Série 5 de quatrième génération marqua un pas en avant plus prudent en termes visuel, mais un bond de géant en termes de raffinement, confort et sophistication. À l'aide de pièces en aluminium pour la suspension et de l'astucieux essieu en Z à l'arrière, la gamme de moteurs V8 6 et 8 cylindres plaçait la barre très haut pour les performances et la maniabilité, coiffant la Mercedes Classe E au poteau ; d'autres versions diesel à rampe commune devinrent des modèles de raffinement et de sensibilité, tout en faisant du diesel le moteur par défaut du segment haut de gamme. La M5 à moteur V8 fut la première voiture de performance de luxe à dépasser les 400 ch.

1995 : Lancement de la 520i 6 cylindres (150 ch), 523i (170 ch), 528i (193 ch), et 530i (231 ch), toutes équipées du système de distribution variable VANOS ; les modèles essence V8 sont appelés 535i (235 ch) et 540i (286 ch), et le 525tds 6 cylindres (143 ch) est le seul diesel.
1997 : Ajout du break avec un arrière en deux parties et un plancher plat coulissant en option.
1998 : Lancement de la M5 avec un moteur V8 5 L 400 ch et quatre sorties d'échappement ; la 525tds est remplacée par un diesel à rampe commune 530d offrant 193 ch ; les modèles essence sont tous dotés du système de distribution variable VANOS.
2000 : Extension de la gamme diesel à rampe commune pour inclure la 520d 4 cylindres (136 ch) et 525d 6 cylindres (163 ch).
2001 : Les modèles font peau neuve avec des révisions frontales pour ajouter le feu diurne en anneau autour des quatre phares.
2003 : Les modèles berlines passent le relais au nouveau design E60.
2004 : Abandon des Touring, après 1,49 million d'exemplaires produits.

BMW Z3 (E36/7), 1995–2002

Le retour tant attendu de BMW sur le marché des roadsters sportifs s'inspirait très fortement de la Série 3 précédente pour le matériel et de la 507 classique des années 1950 avec son long capot. Tous les modèles étaient construits sur le site de Spartanburg aux États-Unis, mais les premières versions, avec leur moteur 4 cylindres 1,8 L, avaient déçu les passionnés de vitesse ; les amateurs de sport furent davantage séduits par les dérivés ultérieurs à 6 cylindres, le virtuose coupé M jouant le rôle d'improbable favori.

1995 : Lancement d'un roadster 2 places avec un moteur 4 cylindres 1,8 L (116 ch) ou 1,9 L (140 ch).
1996 : Lancement de la Z3 2.8i avec un moteur 6 cylindres à 192 ch, suivie des versions 3.0i avec double système de distribution variable VANOS et 231 ch en 2000.
1997 : Lancement du roadster M avec un moteur 3,2 L Motorsport issu de la M3, offrant 321 ch. Ce modèle se distingue par ses roues et passages de roues élargis et son quadruple pot d'échappement.
1998 : Lancement du coupé Z3 avec sa carrosserie à hayon controversée ; initialement disponible uniquement sous forme de 2.8i et, à partir de 2000, de 3.0i ; ajout du coupé M.
2002 : Remplacement par la Z4.

la nouvelle Mini, dont le lancement était prévu au début du nouveau millénaire. L'investissement envers l'usine, située à Hams Hall, dans les Midlands, faisait partie d'un extravagant programme de trois milliards de livres sterling mis sur pied par Hasselkus pour dynamiser la production de Rover de 50 % et déployer une nouvelle stratégie, grâce à laquelle Rover produirait des voitures à traction « détendues et non sportives » sur deux plates-formes dérivées de BMW (au lieu des cinq plates-formes de Rover), ainsi qu'une nouvelle Mini dont le positionnement (et le prix) serait haut de gamme, « par respect pour son statut culte ». Hormis la Mini, seul l'un de ces projets, la Rover 75, finirait par voir le jour.

Même à ce stade, trente mois après le début du projet Rover, aucune répartition des pièces, sans même parler des moteurs ou des plates-formes, n'avait été décidée, et les deux camps commençaient à émettre de sérieuses réserves sur la viabilité du partenariat. Une inquiétude encore plus grande surgit plus tard cette année, lorsque la livre sterling commença à gagner du terrain sur le deutsche mark, situation qui eut le double inconvénient d'aggraver les pertes constantes de Rover et de rendre les investissements de BMW en faveur de son usine britannique encore plus coûteux. Finalement, c'est cette situation qui porta le coup de grâce à ce projet.

Même si les pertes de Rover dépassaient désormais 600 millions de livres sterling chaque année, les responsables persistaient à prétendre que la situation s'améliorait et deviendrait rentable à l'horizon 2000. En coulisses, Land Rover remontait tranquillement la pente, et la décision de lancer le Freelander, sur un châssis de voiture, s'avéra judicieuse, même si elle avait privé de liquidités la remplaçante du grand Discovery, nécessaire pour actualiser sa mécanique datée. La deuxième génération de Range Rover utilisait déjà un moteur diesel de BMW (selon un contrat conclu avant la reprise) et une équipe conjointe Land Rover-BMW se penchait sur la troisième génération, bien plus sophistiquée. Néanmoins, BMW restait attachée à son propre programme de 4 x 4, annonçant la construction d'un « véhicule de loisirs polyvalent » (SAV) à Spartanburg à la fin de la décennie. Ce modèle, le X5, s'avéra un excellent filet de sécurité : moins d'un an après son lancement, Rover avait été revendue, Land Rover avait été vendue à Ford, et un concurrent qui s'était approprié l'incroyable technologie du Range Rover de troisième génération s'apprêtait à défier BMW sur son propre terrain.

Le programme de développement de Range Rover est un rare exemple d'unisson entre les équipes d'ingénieurs

^ Le nouveau prototype de Mini est dévoilé à la presse en septembre 1997 et reçoit un accueil triomphal.

‹ C'est à Frank Stephenson (gauche) que l'on doit la carrosserie.

En 1995, la quatrième génération de la Série 5 était plus raffinée, plus légère et disponible exclusivement en 6-cylindres. Les modèles ultérieurs proposeront des diesels de pointe et les anneaux lumineux à qui l'on doit la mode des phares distinctifs pour chaque marque.

britanniques et allemands : l'organisation avait décidé de faire du développement d'une berline moyenne à grande la priorité numéro 1 de l'entreprise, avec la remplaçante de la Mini (sur fond de discorde) en deuxième position tandis que la remplaçante à gros volumes des séries 200 et 400, sur châssis Honda, attendait toujours son feu vert.

Pourtant, malgré les doutes et les tensions grandissant des deux côtés, l'excitation était palpable lors de la conférence de presse organisée en amont du Salon de l'automobile de Francfort en 1997. Pischetsrieder multipliait les bonnes nouvelles : le retour de BMW à la Formule 1 avec l'écurie Williams, une augmentation des bénéfices du groupe de 30 % sur le premier semestre, et le meilleur chiffre d'affaires de Rover en huit ans. C'est alors que le prototype de la nouvelle Mini, resplendissant dans un rouge Monte-Carlo avec un toit blanc, fit une entrée théâtrale dans des rugissements fracassants. Peu importe qu'il ne s'agisse que d'un modèle factice basé sur une Fiat Punto raccourcie : l'effet fut électrique, et tous les médias présents constatèrent de leurs propres yeux que la remplaçante de la mythique Mini serait racée et tendance, et que la nostalgie, le style rétro et l'image l'emporteraient sur l'innovation technique. L'habitacle était tout particulièrement spectaculaire, avec un énorme compteur de vitesse central exagérant le design du modèle d'origine en 1959. Soudain, le potentiel de ce modèle repoussa la morosité liée à Rover au second plan. Même si le prototype de la Mini n'avait pas fait son apparition sur le stand, les médias avaient été subjugués, et le concept rétro assumé de la Z07 de Henrik Fisker – qui deviendra le roadster BMW Z8 – au Salon de l'automobile de Tokyo le mois suivant ne fit que confirmer cette impression.

Du côté de BMW, c'était le statu quo, avec une augmentation régulière des volumes des trois gammes principales et, lors de l'édition 1998 du Salon de l'automobile de Genève, une preuve triomphante de la résilience de la marque, avec des bénéfices et des ventes records, la nouvelle berline M5, spectaculaire avec pas moins de 400 ch, et la toute nouvelle Série 3 exaltante qui rendait encore plus intéressante le fleuron de l'entreprise, et aussi son meilleur atout commercial. Tout comme les nouvelles Séries 5 et 7 avant elle, la Série 3 E46 revisitait avec prudence la génération précédente, affinant et épurant le style sans chercher à le révolutionner. Cette stratégie était révélatrice d'une tendance qui avait toujours régi la conception chez BMW : des bonds en avant révolutionnaires, mais calculés, alternaient avec des

BMW X5 (E53) 1999-2006

Le premier 4 x 4 de BMW incarnait la philosophie « véhicule de loisirs polyvalent » et utilisait la suspension et la direction des voitures particulières pour offrir une conduite sensible sur route, avec de grands pneus et des entretoises pneumatiques pour rester loin du sol hors route. Tous les modèles furent construits dans l'usine de Spartanburg, aux États-Unis. Le moteur V8 initial, avec ses 4,4 L, fut sans cesse amélioré en termes de capacité et de puissance, mais en Europe, ce sont les modèles 6 cylindres qui se vendirent le mieux.

1999 : Lancement de la X5 avec le moteur V8 4,4 L 32 soupapes (286 ch) de la Série 5, avec en option la transmission automatique ou manuelle 5 vitesses. Ajout de la version 3.0i avec moteur essence (231 ch).
2000 : Lancement sur le marché européen, avec ajout d'un moteur 3 L turbodiesel.
2001 : Passage du moteur V8 à 4,6 L et 347 ch.
2003 : Passage du moteur diesel 3 L à 218 ch ; tous les nouveaux modèles sont dotés du système de transmission intégrale xDrive et d'une calandre revisitée.
2004 : Passage à un moteur V8 4,8 L et 360 ch, avec une transmission automatique 6 vitesses.
2006 : Passage de relais à la X5 E70 nouvelle génération après 580 000 unités construites.

Rover 75 (RD1 et R40) 1998-2005

Seule Rover entièrement construite sous la direction de BMW, la 75 fut le premier modèle développé par des ingénieurs principalement britanniques dégagés de toutes contraintes budgétaires ; de l'avis général, il s'agit de la meilleure Rover jamais produite. Sur la plateforme à essieu en Z de la BMW Série 5 revisitée pour accueillir la traction, la 75 abritait des moteurs essence Rover Série K ainsi que des diesels de BMW. Le design, notamment l'élégant habitacle, fit l'unanimité, et un dérivé break Touring raffiné, développé en parallèle, suivit après la vente de Rover.

1998 : Présentation au Salon international de l'automobile de Birmingham.
1999 : Les versions de série reçoivent des critiques élogieuses.
2000 : L'assemblage est transféré de Cowley (Oxford) à Longbridge (Birmingham) suite à la vente du groupe Rover au Phoenix Consortium.
2001 : Présentation du break Tourer et des dérivés sportifs de marque MG.
2003 : Lancement de la MG ZT V8, développée par MG Rover après la séparation, avec le moteur V8 et la propulsion de Ford.
2005 : Arrêt de la production après l'effondrement de MG Rover. Cession des droits de conception à SAIC en Chine.

Le best-seller de BMW, la Série 3, fut renouvelée en 1998 avec sa quatrième génération, affinant toujours plus l'allure de son prédécesseur.

avancées moins spectaculaires, pour un mélange idéal de continuité, propice au maintien des valeurs, et de changement, pour garder l'entreprise à l'avant-garde du design de luxe. Avec les modèles coupé (désormais appelés Ci et Cd) et Touring sortis à sa suite en moins d'un an, l'E46 connut un franc succès et généra immédiatement des ventes colossales, largement aidée par son brillant moteur diesel nouvelle génération 320d à injection directe, qui deviendrait l'argument de choc de toutes les gammes de BMW, hormis la prestigieuse Série 7. La gamme fut vite rejointe par un élégant cabriolet Ci, la M3 affûtée haute performance et, fait surprenant, des versions de l'iX à transmission intégrale et un nouveau dérivé de la Compact.

BMW pouvait se féliciter de sa montée en gamme parfaitement orchestrée, avec le bon dosage pour attirer les amateurs d'innovation sans perdre les clients conservateurs ; lorsque l'E46 fut entièrement remplacée par les modèles E90 en 2006, quelque 2,7 millions d'exemplaires étaient sortis de quatre usines, ce qui en faisait le modèle le plus vendu de toute l'histoire de l'entreprise, à égalité avec son prédécesseur.

Entre-temps, Pischetsrieder tentait le tout pour le tout sur un green allemand, pour convaincre l'exubérant PDG du groupe VW, Ferdinand Piëch, de lui céder les droits de la noble marque Rolls-Royce à partir de 2003. Mais du côté de Rover, la situation s'assombrissait de jour en jour. Toutes les dépenses non essentielles furent gelées, l'action en bourse de BMW

^ BMW décroche la victoire aux 24 Heures du Mans de 1999 avec sa propre voiture – et un coup de main de l'équipe Williams Grand Prix.

› BMW s'intéressait depuis longtemps à la marque Rolls-Royce Motor Cars et travaillait déjà en partenariat avec son département de moteurs d'avion. En 1998, lorsque Volkswagen acheta le groupe Rolls-Royce Bentley, un accord fut conclu avec le PDG de VW, Ferdinand Piëch, pour que BMW produise des Rolls-Royce à compter de 2003.

La Rover 75 fut le seul modèle produit intégralement sous la direction de BMW. Son style gracieux et classique et son intérieur chic reçurent de nombreux éloges, et la mécanique était digne des standards élevés de BMW. Mais le PDG Bernd Pischetsrieder gâcha le lancement triomphal du modèle en critiquant la productivité médiocre de la main-d'œuvre de Rover au Royaume-Uni.

était sous pression et les vautours attendaient le bon moment pour fondre sur leur proie. Enhardis par le rachat surprise de Chrysler par Daimler en mai de la même année, les médias se mirent à prédire que BMW et Volvo, tout aussi vulnérable, seraient les prochaines victimes.

Pire encore, ce qui aurait dû être un triomphe pour Rover se transforma en véritable débâcle de relations publiques suite à une bourde au plus haut niveau de l'entreprise : Pischetsrieder en personne. La berline Rover 75, seul modèle entièrement développé après le rachat par BMW, avait fait l'unanimité sur le stand de Rover lors du Salon de l'automobile de Birmingham en octobre ; son style classique et surtout son habitacle élégant et pensé avec soin laissèrent bouche bée tous les observateurs, et Rover était à nouveau remontée dans l'estime générale. Lors de la conférence de presse qui suivit le jour même, Pischetsrieder eut le malheur d'improviser une diatribe sur la faible productivité de la main-d'œuvre britannique, menaçant de fermer l'usine de Longbride. Ce qui fit la une de tous les journaux le lendemain matin, ce ne fut pas la toute nouvelle Rover 75, à l'allure extrêmement raffinée, mais le mépris de BMW vis-à-vis des travailleurs britanniques.

La pression montait vis-à-vis de Pischetsrieder, non seulement de la part des autres membres du conseil d'administration, mais aussi de von Kuenheim, désormais responsable du conseil de surveillance, et des membres du clan Quandt. Rover était en roue libre, sans plan précis, et le fossé se creusait irrémédiablement entre Pischetsrieder, qui continuait à croire en l'intégration complète des modèles de volume britanniques, et Reitzle, qui avait toujours pensé que BMW devrait se contenter de Mini et Land Rover et vendre ou fermer le reste. La situation était intenable. Lorsque Ford acheta le département automobile de Volvo en début d'année suivante, *The Economist* déclara fort à propos dans son édition du 30 janvier que « c'est le sort de Rover qui déterminera la façon dont M. Pischetsrieder sera jugé ».

Le lendemain, date tristement célèbre dans les annales de BMW comme « la nuit des longs couteaux », le conseil d'administration de BMW tint la plus longue réunion de toute son histoire, suite à laquelle Pischetsrieder, mais aussi Wolfgang Reitzle, perdirent leur poste. L'homme qui avait mis BMW au cœur de la plus grosse tempête de toute son histoire n'était pas parvenu à trouver une stratégie de sortie et il n'était que logique qu'il perde la lutte de pouvoir qui s'ensuivit. Immense surprise, ce ne fut pas à son ambitieux acolyte, Reitzle, qu'il incomba de nettoyer les dégâts, mais à un ancien élève de l'université de Munich, discret et relativement peu connu, du nom de Joachim Milberg.

En 1999, l'usine de BMW à Spartanburg produisait le véhicule de loisirs polyvalent X5 aux côtés de la voiture de sport Z3. L'usine est désormais la plus grande du réseau de BMW.

Conçu pour une conduite aussi efficace sur route que sur tout-terrain, le X5 était un produit révolutionnaire dans le segment des SUV et un succès magistral pour BMW, qui compte désormais cinq gammes X.

Le roadster Z8 rétro s'inspire directement du concept car Z07, lui-même inspiré de la 507 des années 1950. La structure légère et le puissant V8 400 ch du M5 le rendait hors de prix, et il ne resta en production que trois ans après son lancement au printemps 2000.

M EY 4541

CHAPITRE

15

Du saccage à la suprématie

L'aggravation irrémédiable de l'état du « patient anglais », comme la presse allemande eut vite fait de surnommer Rover, avait déstabilisé BMW tout au long de 1998, et alors que 1999 approchait à grands pas, on ne pouvait s'empêcher de penser qu'elle serait l'*annus horribilis* de l'entreprise de Munich, non seulement en termes de résultats financiers, mais aussi en termes de personnel et de fierté de l'entreprise. Le patient était désormais en soins intensifs, avec à son chevet les meilleurs spécialistes d'Allemagne, mais le choix du traitement le plus adapté divisait.

Le directeur Bernd Pischetsrieder restait convaincu que la voie à suivre était d'investir toujours plus en faveur de Rover, pour transformer cet enfant terrible en marque à gros volume. Le directeur technique Wolfgang Reitzle, quant à lui, souhaitait conserver uniquement Mini et Land Rover, et vendre, voire fermer, tout le reste. Ce n'était pas les seuls face à un dilemme : d'autres, notamment de nombreux petits actionnaires, souhaitaient se délester de tout le groupe Rover, même si le clan Quandt en tant qu'actionnaire majoritaire se gardait de s'exprimer et faisait entière confiance au conseil d'administration ainsi qu'au conseil de surveillance, présidé par Eberhard von Kuenheim.

Finalement, les désaccords entre Pischetsrieder et Reitzle eurent raison d'eux lors de cette nuit fatidique de janvier 1999, et c'est Joachim Milberg, discret « homme neutre », qui fut nommé par von Kuenheim pour renouer avec un sentiment d'unité. Il n'est pas anodin que dans ses commentaires publics ultérieurs, Milberg mit l'accent sur le fait que les décisions et les politiques reflétaient le point de vue de l'ensemble du conseil d'administration.

Confortablement installé au bureau du directeur, Milberg entreprit de serrer la bride de Rover, qui aurait toujours dû rester sous le contrôle direct de Munich. Affirmant sa confiance envers les activités britanniques, il déclara avec une franchise désarmante que « la stratégie multi-marque mise en œuvre jusqu'à présent était correcte sur le fond, mais la direction adoptée péchait sur la forme ». Cette remarque était un rare aveu d'échec de la part d'une entreprise qui n'y était tout simplement pas habituée. Rien au sein de la culture de direction de BMW n'était prévu une fois les habituels processus de consensus épuisés, et à des niveaux plus fondamentaux, une véritable fracture existait entre les responsables allemands, qualifiés et dociles, et leurs homologues britanniques, moins assidus, comme en témoignent d'anciens employés de Rover. Mais avec le sang des directeurs encore frais dans le bureau de la direction, il fallait agir, d'autant plus que la fuite d'un rapport interne (vite démenti) publié par le journal allemand *Die Zeit* révélait que les pires prévisions de pertes pour Rover en 1999 se chiffraient à 900 millions de livres.

Il n'était donc que logique que la réunion des actionnaires en mars soit tendue, alors que les spéculations sur un éventuel rachat allaient bon train, et que les dirigeants

Le directeur Bernd Pischetsrieder était convaincu que Rover pouvait prospérer avec d'autres investissements, mais Wolfgang Reitzle, directeur du développement, souhaitait s'en défaire tout en gardant Land Rover et Mini. En l'absence de compromis, tous deux perdirent leur poste. Le conseil d'administration fit de Joachim Millberg le nouveau directeur. ›

❮ Le roadster Z4, initialement construit aux États-Unis, fut bien reçu et illustre parfaitement la technique de conception dite « flame surfacing » de Chris Bangle.

^ Joachim Milberg apporta unité et stabilité à BMW après la vente de Rover.

de BMW se retrouvaient éclaboussés d'accusations gratuites. Parmi les cibles principales, le président du conseil de surveillance, von Kuenheim, accusé par un petit actionnaire d'avoir livré « une prestation digne d'un mauvais feuilleton dans sa gestion pitoyable du changement de PDG ». Von Kuenheim rétorqua qu'il s'agissait de l'unique issue pour revenir à la stabilité, mais confirma néanmoins avoir déposé sa démission du conseil de surveillance.

Saluant les trente ans de von Kuenheim au sein de BMW et son rôle déterminant dans la métamorphose de l'entreprise, passée d'une *Mittelstand* régionale à une société mondiale florissante, Milberg déclara qu'une époque touchait à sa fin. Et c'était le cas, à de nombreux égards. L'homme dont la stratégie avait fait gagner à BMW un respect international n'était plus à bord, l'auteur du seul réel faux pas de l'entreprise avait sauté, et la question du mariage ou du divorce avec Rover, désormais passée à la loupe, tenait plus d'une décision commerciale que d'une profession de foi. Et alors que les données internes montraient que le patient ne cessait de s'affaiblir, l'entreprise se préparait déjà à abréger les souffrances de Rover ; la fin était proche, et BMW pourrait bientôt se réjouir de la fin de ce gouffre financier. Un ou deux obstacles restaient en travers de son chemin, mais alors que l'ensemble de l'organisation BMW avait hâte de revenir à sa philosophie habituelle d'expansion ambitieuse, tout restait encore à jouer.

En grande forme : l'après-Rover

Loin des tensions internes entourant Rover, BMW prouva au monde qu'elle était toujours en grande forme. La nouvelle berline de Série 3 lancée l'automne précédent sortait des salons de l'automobile à une vitesse record, les dérivés Touring et coupé Ci étaient bien partis pour atteindre des volumes annuels de 300 000 exemplaires, et le moteur diesel 740d V8 de la Série 7, abouti techniquement, était reconnu comme l'égal des modèles essence en termes de performance et de raffinement, tout en étant bien évidemment plus performant sur le plan économique et des émissions de CO_2. L'écurie BMW remporta les prestigieuses 24 Heures du Mans avec le prototype BMW LMR V12, conçu en partenariat avec Williams, écurie spécialiste des Grands Prix, en prélude à l'alliance des deux entreprises pour une campagne entière de Formule 1 la saison suivante.

Nouvelle prometteuse : la production de la première X5 à transmission intégrale à l'usine de Spartanburg démarra à l'été, tenant ainsi la promesse de Pischetsrieder, qui souhaitait élargir le portefeuille de modèles de BMW. Les ingénieurs de BMW avaient été choqués de la maniabilité approximative des Land Rover et d'autres 4 x 4 classiques sur route et savaient que sur le marché des SUV, une BMW se devrait d'être maniable et agréable, pour rester fidèle à la philosophie de pur plaisir de conduite de la marque. Plutôt que de s'efforcer de rendre un modèle de type pick-up tout juste maniable sur route, les équipes de développement avaient déjà décidé de partir d'une plate-forme de voiture pour la doter de capacités hors route, grâce à des pneus larges et une garde au sol réglable.

La X5 était née, amalgame des systèmes de châssis de la Série 5 et des groupes motopropulseurs de la Série 7, enveloppée dans une carrosserie de break agréablement fluide, mais néanmoins impressionnante, haut perchée sur ses roues et pneus surdimensionnés. Le système Hill Descent Control de la X5 était la seule preuve tangible d'un lien quelconque avec Land Rover. Cette fonction contrôlait automatiquement les freins pour réguler la vitesse du véhicule même dans les pentes les plus raides. Surtout, la X5 avait une conduite pleine d'aplomb, avec une direction précise (une nouveauté pour un SUV) et limitait le roulis de caisse dans les virages. Ce modèle était facile et agréable à conduire, et méritait pleinement son nom de Sports *Activity* Vehicle (SAV, véhicule de loisirs polyvalent) auquel BMW tenait afin de le distinguer de ses concurrents aux profils de pick-up bruts. Les premières X5 étaient destinées aux États-Unis, et une version diesel fut ajoutée au moteur essence V8 pour l'Europe l'année suivante. Avec son succès immédiat, ce modèle lança toute une gamme de SAV qui finira par représenter un tiers de modèles vendus par BMW dans le monde.

Sur le plan industriel, les dix-huit mois précédents avaient été curieusement riches en émotions. Les fusions

De nos jours, il est difficile de comprendre ce qui fit tant couler d'encre, mais en 2001, l'ensemble de la Série 7 de quatrième génération suscita un débat passionné.

Évolution technique remarquable : la première voiture de tourisme V8 diesel, qui plaça la barre très haut en matière de performances et de raffinement pour les diesels.

allaient bon train : Daimler-Benz avait absorbé Chrysler en mai 1998, peu avant Mitsubishi. En janvier 1999, Ford avait annoncé qu'elle reprenait les activités automobiles de Volvo, et Renault sauvait Nissan des difficultés en mars, pour former une alliance franco-japonaise. Même General Motors, plus lent à réagir, s'approchait d'une reprise totale de son allié suédois Saab, tout en envisageant de participer à Fiat.

Pour de nombreux observateurs, BMW, elle aussi, semblait vulnérable en raison du fardeau que représentait Rover, et des négociations sur un éventuel rachat étaient dans l'air alors que 1999 touchait à sa fin. Mais pour BMW, protégée des prédateurs par la stabilité de sa majorité d'actionnaires, la famille Quandt, la seule acquisition envisageable allait dans l'autre sens : une autre entreprise devait reprendre Rover. Réticents à l'idée d'avancer les investissements supplémentaires nécessaires pour Rover, de l'ordre de 1,7 milliard de livres sterling pour moderniser la gigantesque usine datée de Longbridge, d'où sortirait la nouvelle Mini dès 2001 et la R30 essentielle quelques années plus tard, les dirigeants de BMW

Suite page 170

Le nouveau langage du design de BMW : un véritable séisme

Lors du Salon de l'automobile de Francfort en 1999, un nouveau nom était sur toutes les lèvres. L'Américain Chris Bangle, qui travaillait dans les ateliers de design de BMW depuis 1992, avait gravi les échelons jusqu'à devenir concepteur en chef ; le coupé Z9 dévoilé lors du salon fut le premier concept présenté au public sous sa direction. Ce design – un grand coupé 4 places bleu au profil long et arrondi, et des portes papillon – suscita toutes les émotions possibles, de la perplexité au choc en passant par le dégoût, voire la répulsion. Ce qui choqua de nombreux observateurs, ce sont les libertés prises par Bangle avec la mythique calandre de BMW, désormais réduite à deux ensembles de barres verticales, mais aussi l'arrière d'une laideur inexplicable sur un modèle sinon élancé et élégant. Mais le Z9 était aussi un pionnier d'un habitable étonnamment simple, très loin de la masse complexe de boutons et de cadrans d'une voiture de luxe « ordinaire ». Le tunnel de transmission accueillait un grand bouton en métal : appelé l'Intuitive Interaction Concept, ce dispositif proposait de contrôler tous les sous-systèmes du véhicule. Il laissa lui aussi les observateurs perplexes, mais fera sa réapparition sur les BMW de série sous le nom iDrive et désormais, presque toutes les voitures de luxe en sont équipées.

De nombreux critiques considérèrent la Z9 comme une parenthèse fantaisiste avant un retour à une normalité rassurante. Mais ceux qui prirent le design au sérieux avaient perçu la stature d'une grande voiture de tourisme séduisante sous les extravagances du modèle d'exposition, et après la version cabriolet du Z9 lors du Mondial de l'automobile de Paris l'année suivante, il était clair que Bangle avait l'intention d'écrire un nouveau langage de design pour BMW, sans craindre de choquer ou de polariser le public, même sur des modèles de catalogue proposés à la vente.

Les choses devinrent vraiment sérieuses à l'été 2001, avec le lancement de la nouvelle Série 7. Première voiture de série montrant toute l'étendue de la démarche de Bangle, l'E65 est entrée dans l'Histoire comme le design qui révolutionna les règles de la voiture de luxe, autant sur le plan esthétique que fonctionnel. Elle fut reçue avec stupeur et entraîna une nouvelle salve d'insultes, mais Bangle tint bon et dans ce qui fut peut-être le plus grand compliment adressé à sa façon de voir les choses, son style influença dès lors la quasi-totalité des designers automobiles, notamment par son concept de surfaces élaborées pour ajouter des reflets et de l'intérêt à des zones fades de la carrosserie, comme les ailes et le capot.

Il fut éreinté par la presse et surtout, par la toute jeune communauté des internautes, souvent acerbes et agressifs dans leurs remarques. Comme bon nombre de pionniers, Bangle se battait pour des idées en avance sur son temps. Ses explications ne plaidaient pas toujours en sa faveur, desservies par leur complexité et leur côté théorique. Malgré les efforts des chargés de relations publiques pour contrôler ses envolées philosophiques, les journalistes insistaient souvent sur ses idées les plus décalées ; anecdote révélatrice, une note interne révélée lors de recherches pour ce livre résume la rencontre de Bangle avec un journaliste comme une « bonne interview, avec peu de déclarations de dingue ».

L'iDrive n'est qu'un exemple parmi les nombreuses idées avant-gardistes de Bangle qui finiront par être adoptées de tous, et avec le recul, il est dur de comprendre pourquoi elle causa tant de remous.

❮ Le concept de la Z9 GT fit entrer le langage de design de BMW dans une nouvelle ère, mais son lancement suscita l'incompréhension.

Le directeur de la conception, Chris Bangle (en haut à droite), était déterminé à faire souffler un vent de renouveau sur le design de BMW. Adrian van Hooydonk (à droite) fut responsable de la conception du concept Z9 et de la controversée Série 7 qui s'inspirait de ses principaux atouts.

Suite de la page 167

La nouvelle Mini, tant attendue, fut mise en production à Oxford à l'été 2001.

Prenant la succession de l'« homme tranquille », Joachim Milberg, en 2006, Helmut Panke était extraverti.

se mirent à tâter secrètement le terrain auprès des plus grands constructeurs pour tenter de trouver un repreneur. Il apparut vite que les candidats ne se bousculaient pas pour acheter ce qui ressemblait à un article défectueux, et lorsque deux entrepreneurs d'une société de capital-risque britannique, Alchemy Partener, vinrent discrètement aborder BMW avec un plan de reprise de Rover, l'accueil de BMW fut des plus chaleureux.
BMW et Alchemy procédèrent à des négociations secrètes pendant plusieurs mois, et même avec la publication, début 2000, des résultats désastreux de Rover, dont les ventes avaient chuté de 30 %, Milberg et le conseil d'administration de BMW ne cessaient de réaffirmer leur foi en l'avenir de Rover. Lors du Salon de l'automobile de Genève en mars, les dirigeants démentirent formellement que Rover était à vendre. « Nous ne laisserons pas tomber cette partie de notre groupe », déclara Helmut Panke, directeur financier, à *FT Automotive World*.

Ces déclarations en apparence sincères ne firent qu'amplifier le choc lorsque, deux semaines plus tard, BMW annonça au monde entier qu'un accord avait été trouvé pour céder à Alchemy le département de construction automobile de Rover, ainsi que l'usine de Longbridge. L'associé directeur d'Alchemy, Jon Moulton, entama le processus d'audit et suscita le tollé en déclarant que son groupe avait l'intention d'élaguer les activités de Rover pour se concentrer exclusivement sur la marque MG. L'annonce de la vente fut suivie d'autres révélations chocs : BMW avait vendu Land Rover à Ford pour la coquette somme de 1,8 milliard de livres sterling, redonnant à Reitzle, ancien directeur du développement passé chez cette dernière, son projet favori – le Range Rover sophistiqué de troisième génération.

Mais tout n'était pas encore joué. Alchemy, déçu des conclusions de l'audit, se rétracta, laissant une brèche dans laquelle s'engouffra le Phoenix Consortium, mouvement populiste centré sur les employés, d'anciens dirigeants de Rover et des hommes d'affaires locaux. Début mai, suite à des visites de délégations de syndicats avec à leur tête les quatre dirigeants de Phoenix, qui passeraient bientôt à la postérité, un marché satisfaisant avait été conclu. Mais lors de son annonce, le 9 mai, cet accord semblait incroyablement déséquilibré. Phoenix paierait 10 livres sterling symboliques pour tous les équipements de Rover, le site de production de Longbridge, les vastes stocks invendus et le droit d'utiliser le nom Rover jusqu'à une éventuelle revente. Pour adoucir encore le marché, un prêt de restructuration de 500 millions de livres

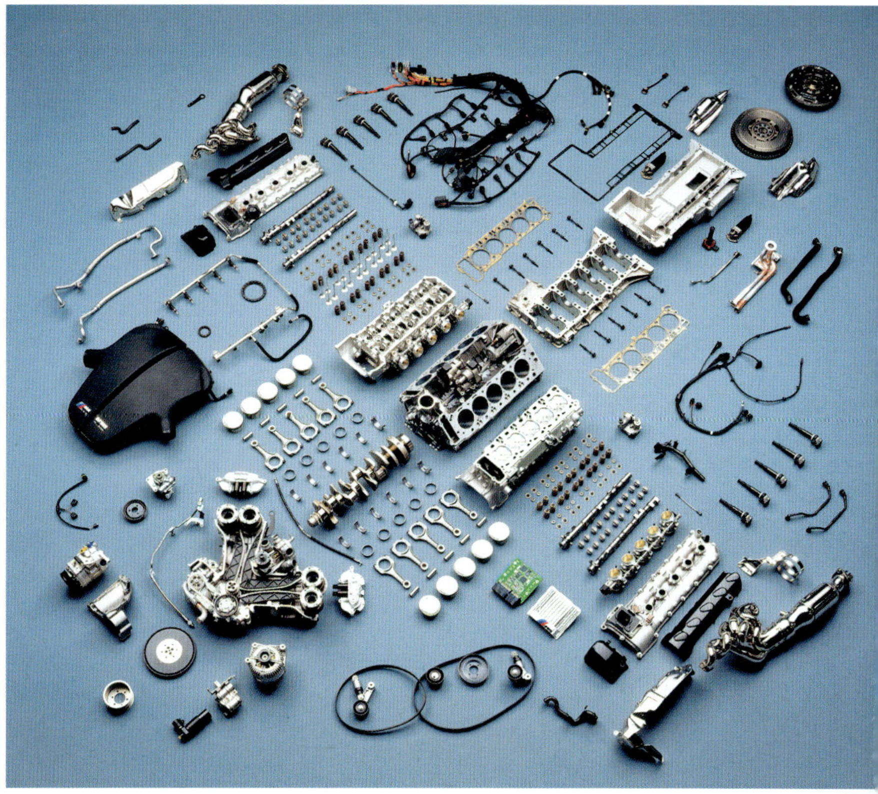

Ci-dessus, Wolfgang Reitzle avec la Range Rover de troisième génération qu'il entama chez BMW et lança chez Ford. Le moteur V10 de la M5 de 2004 (droite) s'inspirait des moteurs de Formule 1 de l'époque.

avait été accordé pour compenser le fait que Phoenix n'avait pas obtenu d'appui suffisant sur les marchés de capitaux.

Le dirigeant de Phoenix, John Towers, fut porté en triomphe lors de son retour à Longbridge, et la presse à scandale britannique jubilait de voir qu'une entreprise si chère au pays ait été sauvée ; la presse financière, quant à elle, restait plus mitigée sur les qualifications du consortium et les perspectives à long terme pour Rover en tant que constructeur indépendant. BMW, pour sa part, se frottait discrètement les mains d'avoir bel et bien placé l'épisode Rover derrière elle, et de ne pas être entrée dans l'Histoire comme l'entreprise responsable de la mort des derniers vestiges de l'industrie automobile britannique, jadis florissante. « Un partenariat malheureux », voilà comment l'histoire officielle de BMW résume l'épopée Rover, même si en fin de compte, la fierté des deux parties a été ménagée. BMW était dégagée de toute responsabilité et Rover était désormais libre de suivre son propre chemin, qui se terminerait en un effondrement brutal cinq ans plus tard.

BMW pouvait enfin se détourner du Royaume-Uni et respirer à nouveau. Rover s'éloignait rapidement dans le rétroviseur de Milberg ; enfin capable de regarder droit devant lui, le directeur reprit l'habituelle course effrénée de l'entreprise. BMW avait retrouvé son mojo, et les annonces de choc se succédèrent rapidement : selon la nouvelle stratégie de luxe, les ventes allaient mieux que jamais, alors que les chiffres du premier semestre montraient les meilleures ventes semestrielles de voitures et motos de toute l'histoire de l'entreprise. Les congés des ouvriers des chaînes de montage furent annulés, des créneaux de travail furent ajoutés, et un millier d'employés embauchés pour répondre à la demande ; une toute nouvelle usine fut prévue, avec pour objectif un début de la production à l'horizon 2004.

Défiant le ralentissement global du secteur, BMW fit un retour en force, et en août, son action était montée de 50 % depuis la vente de Rover. Le transfert de l'usine de production de Mini vers le site de Cowley, bientôt rebaptisé BMW Oxford, pour couper définitivement les ponts avec Morris, s'était déroulé sans heurts, et Phoenix, renommée MG Rover, construisait le fameux Rover 75 à Longbridge.

Malgré de nombreux investissements pour le lancement de la Mini, BMW se vanta d'un bénéfice confortable en 2000, et Milberg annonça le début du développement d'une « nouvelle série pour le milieu de gamme, sous la marque BMW » dans un discours aux actionnaires. Ce modèle entrerait en concurrence avec la Golf de VW pour combler le fossé béant laissé par les Rover de milieu de gamme, et ferait son entrée sur le marché en 2004 sous le nom de Série 1. Un autre

BMW Série 7 (E65) 2001-2008

Premier modèle de série de l'équipe de design de Chris Bangle et du concepteur en chef Adrian van Hooydonk, la Série 7 de 2001 suscita une controverse immédiate par son style rentre-dedans et ses fonctions novatrices de gestion de nombreux systèmes internes, comme l'iDrive. La voiture en elle-même était imposante, mais d'une conduite agréable, avec d'excellents moteurs, la toute première transmission automatique 6 vitesses au monde et la suspension intelligente Dynamic Drive. Des retouches mineures à l'extérieur et l'intérieur affinèrent progressivement son aspect massif, et sa silhouette finit par influencer tout le secteur.

2001 : Lancement avec un choix de deux moteurs V8 Valvetronic ; la 735i offrait 272 ch, et le 745i, 333 ch ; boîte automatique 6 vitesses, avec sélecteur en colonne de série.
2002 : Extension de la gamme pour inclure les 730i (231 ch) et 730d (218 ch) 6 cylindres, le diesel V8 740d (258 ch) et l'emblématique 760i avec le tout premier V12 à injection 6 L à 445 ch. La 760i, aussi disponible avec un empattement allongé, se distingue par ses calandres plus larges.
2003 : Les modèles font peau neuve avec un capot et des phares (désormais au xénon) arrondis, des calandres plus larges et des feux arrière revisités, qui s'étendent jusqu'au coffre.
2005 : La 730i atteint 258 ch, la 735i passe le relais à la 740i à 306 ch et la 745i devient la 750i à 367 ch. Le moteur 740d atteint 300 ch.
2006 : Édition limitée de cent exemplaires de l'Hydrogen 7 en leasing pour des clients triés sur le volet.
2008 : Passage de flambeau à la nouvelle F01.

La Série 5 de cinquième génération ne divisa pas autant l'opinion que la Série 7 en 2001. Elle devint le leader sur son segment de marché.

programme de développement (la petite sœur de la X5) allait bientôt lui emboîter le pas pour s'attaquer au segment dominé par le Freelander tout-puissant de Land Rover, qui générait désormais des bénéfices pour sa concurrente Ford. La X3 ferait son apparition en 2003, et puisque BMW atteignait à nouveau ses limites de capacité, ce modèle serait construit par Magna Steyr, sous-traitant spécialiste en Autriche.

Début 2001, Bangle imagina un nouveau concept déconcertant : le coupé X, véhicule asymétrique haut perché qui bouscula les quelques traditions qui résistaient encore. Cette allure macho referait surface quelques années plus tard, lorsque le coupé de loisirs polyvalent X6 créerait une nouvelle niche de marché pour les fashionistas. Le mois de janvier fut aussi le théâtre du lancement en fanfare du tout premier produit de mobilité personnel de BMW : le scooter C1. Doté d'un toit, d'un pare-brise, d'essuie-glace et de ceintures de sécurité, ce deux-roues se vantait d'être aussi sûr qu'une voiture, et de reléguer le casque aux oubliettes. Mais il ne reçut qu'un accueil mitigé, d'autant plus que de nombreux pays imposaient le port du casque, à l'encontre des recommandations de BMW. Clairement trop en avance sur son temps, le C1 fit un flop rare pour BMW, et le sous-traitant italien Bertone dut cesser la production plus tôt que prévu. En compensation, BMW confia à l'entreprise italienne l'édition limitée d'une Mini haute performance, la Mini GP, en 2002.

Chris Bangle avec trois concepts créés sous sa direction : le Coupé X, la CS1 et la Z9 Gran Turismo.

Les cabriolets et coupés 645Ci s'inspiraient directement du concept de la Z9 en 1999 et 2000, sans plus faire polémique.

Deux lancements clés font de 2001 une année charnière pour BMW : la Série 7 E65 dessinée par Bangle, qui présenta une toute nouvelle philosophie du design dans le segment des grandes voitures, et la Mini tant attendue. Les analystes financiers, d'ordinaire inquiets des marges de BMW, doutaient depuis longtemps de la capacité du groupe à produire une voiture de la taille de la Mini tout en gardant la qualité chère à BMW et en faisant un bénéfice, d'autant plus que le volume prévu se résumait à 80 000 unités par an. Mais tous les doutes sur le bien-fondé du projet Mini s'évanouirent comme par magie lorsque la Mini-mania s'empara du public, et il fut vite clair que les clients commandaient leur voiture avec des niveaux inouïs de personnalisation. Dans bien des cas, les dépenses supplémentaires liées aux finitions et équipements représentaient jusqu'à 30 ou 40 % du prix de base, ce qui complétait confortablement la rentabilité du modèle.

BMW joua énormément sur le statut de la Mini, présentée comme la toute première petite voiture de luxe au monde : elle attirait des clients de tous les horizons, qui la considéraient comme le summum de la mode ludique, surtout après l'arrivée de la puissante version Cooper S à surcompresseur en 2002. L'usine d'Oxford fit bientôt les trois-huit en permanence pour répondre à la demande. Portée par un marketing astucieux, un flux régulier de variantes novatrices comme le cabriolet et, plus tard, le break Clubman, la Mini resta sous le feu des projecteurs, et attisa la demande dans le monde entier : les prix de revente crevaient le plafond, et le coût réel de la seule petite voiture de luxe au monde sur le marché devint encore plus intéressant.

Viser au plus haut

Depuis que BMW avait acquis le droit d'utiliser le nom Rolls-Royce auprès de VW en 1998, le 1er janvier 2003 est resté dans les annales de la marque. À partir de ce jour, BMW fut autorisée à utiliser cette marque des plus prestigieuses et le célèbre emblème à double R sur un véhicule de série ; le groupe souhaitait lancer son modèle super luxe, qui redonnait vie au célèbre modèle Phantom, dès la nouvelle année. La toute nouvelle usine, nichée dans la campagne anglaise à côté du champ de course Goodwood, avait déjà été terminée, les carrosseries en aluminium et les moteurs V12 avaient été expédiés depuis l'Allemagne et les experts-artisans de Rolls-Royce étaient à pied d'œuvre sur le bois, le cuir, les sièges, la peinture et l'assemblage final.

BMW Z4 (E85/86/89-G89), 2002–2024

Le modèle ayant succédé à la Z3 rétro fut la première BMW à arborer les idées de surface novatrices de Chris Bangle sur la carrosserie, créant des reflets typiques, des zones convexes et concaves et donnant une allure sculpturale à la voiture. Le long capot classique de type roadster et le coffre court étaient toujours là, mais en comparaison à l'apathie des premières Z3, la Z4 était dotée de moteurs 6 cylindres puissants, de vraies suspensions sportives multibras et de l'option d'une transmission SMG séquentielle 6 vitesses ou automatique 5 vitesses.

2003 : La gamme de lancement de la Z4 se composait d'une 2.2i (170 ch), 2.5i (192 ch) et 3.0i (231 ch).
2005 : Présentation du Coupé Z4 au Salon de l'automobile de Francfort avec un arrière fastback et une finition argent mat novatrice. Validation immédiate de la production.
2006 : Lancement de la M Z4 sous forme de roadster et coupé, avec un 6-cylindres 3,3 L issu de la M3, qui offrait 343 ch. Transmission manuelle ZF 6 vitesses et différentiel autobloquant M de série, avec un passage à la direction hydraulique et non plus électrique.
2009 : Le roadster et le coupé font place à des modèles de deuxième génération, avec une carrosserie revisitée et un hardtop en métal escamotable. Transfert de la production de Spartanburg (États-Unis) à Regensburg (Allemagne). Modèles renommés 23i, 30i et 35i ; ce dernier est disponible avec une transmission 7 vitesses à double embrayage, tandis que les autres offrent une option automatique 6 vitesses.
2011 : Révision des options de moteur pour inclure le 20i (4 cylindres turbo, 184 ch), 28i (4 cylindres bi-turbo, 245 ch) et 35is (6 cylindres bi-turbo, 340 ch).
2012 : Présentation d'un concept de coupé façon Zagato au Concours d'élégance en Italie.
2013 : Rafraîchissement de la gamme de moteurs pour ajouter la Z4 18i, à 156 ch ; tous les modèles sont dotés d'EfficientDynamics, et d'anneaux lumineux en DEL blanches en guise de feux.
2018 : Lancement de la troisième génération de Z4, co-développée avec Toyota, disponible uniquement en cabriolet, avec trois motorisations essence de 197 à 340 ch.

Les premières Phantom furent achevées à temps pour être présentées aux VIP le jour du lancement, et ce n'est qu'alors que l'on prit la pleine mesure de l'ampleur de la prouesse accomplie par les ingénieurs de BMW et Rolls-Royce. En achetant seulement un emblème et le droit d'utiliser le nom Rolls-Royce, BMW avait bâti un monument aristocrate de toutes pièces, une voiture inoubliable qui fonctionnait à la perfection dès le premier tour de clé ; même si la carrosserie du directeur de la conception Ian Cameron, large et imposante, semblait intimidante, la technologie et les finitions étaient incomparables. Les commandes des super riches du monde entier dépassèrent vite la petite capacité de production de Goodwood, et comme Mini avant elle, l'entreprise se mit à grandir tout au long de la décennie, au fil des nouveaux modèles et de l'augmentation de la capacité de production de l'usine.

Loin des millionnaires et de retour dans le monde réel des BMW plus abordables, la nouvelle Série 7 avait réduit au silence les critiques et se vendait bien depuis son lancement en 2001 : les clients semblaient moins intimidés par sa forme monolithique et ses gadgets électroniques de nouvelle génération que les journalistes et les analystes. Le roadster sportif Z4, lancé sous le mandat du nouveau directeur Helmut Panke fin 2002 pour remplacer la Z3 vieillissante, montrait la philosophie de l'équipe de design de Bangle sous un tout nouveau jour. Cette voiture de sport élancée et basse sortait des sentiers battus avec le « flame surfacing », jeu de formes complexe entre sections convexes et concaves pour mieux refléter la lumière et donner du mordant à des zones généralement ternes de la carrosserie. La Z4 illustrait à la perfection cette technique et reste en production à l'heure où nous rédigeons ce livre, avec une longévité remarquable de 14 ans.

Le lancement suivant fut mémorable : la Série 5 de cinquième génération, qui montra sous son meilleur jour la nouvelle philosophie de design. Loin d'être la Série 7 au rabais que beaucoup redoutaient, la série 5 E60/61 se révéla être une berline sportive sculpturale à fière allure, avec une ligne acérée sur toute la longueur de la voiture et de plus en plus affirmée au fil des modèles ; la Touring qui suivit un an plus tard était tout aussi aboutie. Toutes deux présentaient une structure carrosserie-châssis novatrice mélangeant acier et aluminium léger pour garder le véhicule aussi bas et léger que possible, au profit de l'économie et de la maniabilité. L'E60 la plus sensationnelle était la M5, qui passa à un V10 haut régime inspiré d'une voiture de course, atteignant une puissance inouïe de 507 ch et une vitesse de pointe de 331 km/h sans être bridée.

^ En 2004, le meilleur lancement commercial fut celui de la Série 1. BMW était convaincue que la propulsion serait un argument commercial de poids, mais l'asymétrie de l'arrière suscita le débat. La finition argent métallisé du concept de Z4 en 2005 (ci-dessous) soulignait la complexité de ses surfaces concaves et convexes.

BMW Série 5 (E60/61) 2003-2010

La Série 5 de cinquième génération fut le premier lancement tout public après le séisme de la Série 7 E65 de 2001, tout en évitant le style massif « à la Bangle » de cette voiture : à l'inverse, l'E60 et son dérivé Touring E61 avaient une belle allure sculpturale et sportive. La mécanique reflétait les avancées de BMW, avec une structure en alliage d'aluminium et d'acier pour garder un poids plume et une conduite maniable. Hormis le V8 de la 545i haut de gamme, tous les moteurs étaient des 6-cylindres et toutes les transmissions, qu'elles soient manuelles ou automatiques, avaient 6 vitesses. Nouveauté : la direction active en option. L'iDrive simplifié comprenait désormais un écran couleur et l'option d'un affichage tête haute des informations vitales.

2003 : Lancement d'une gamme de six modèles de berlines, allant de la 520i (170 ch) à la 545i (V8 avec Valvetronic et 333 ch) essence et 525d et 530d diesel (177 et 218 ch).
2004 : Ajout de modèles Touring (E61) et de la 535d haute performance avec turbocompresseur 2 corps offrant 272 ch ; présentation du concept M5 au Salon de l'automobile de Genève avec un moteur V10 5 L et 507 ch. Construction de versions L à long empattement en chine.
2005 : Lancement de la M5 avec moteur V10 à haut régime et transmission séquentielle 7 vitesses et 11 programmes.
2007 : Légères retouches : les modèles reçoivent des phares à boîtiers transparents, des feux arrière à DEL en éventail et des pare-chocs revisités. Les groupes motopropulseurs sont dotés de fonctions EfficientDynamics, comme la récupération de l'énergie au freinage. Ajout du 520d 4 cylindres ; montée en puissance d'autres moteurs. Ajout du M5 Touring.
2008 : Révision de l'iDrive avec disque dur, accès Internet embarqué et transmission intégrale en option.
2010 : Passage de relais aux modèles F07 de sixième génération.

BMW X3 (E83) 2003-2010

Lorsque BMW vendit Land Rover en 2000, elle put enfin donner le feu vert au projet de l'E83, petite sœur de la X5 en concurrence directe avec le Land Rover Freelander qui connaissait un franc succès. Mais lorsque la X3 sortit en 2003, elle était presque aussi grande que la X5, mais plus abordable. Tout comme la X5, son châssis de voiture la rendait agréable à conduire, bien qu'un peu raide : le nouveau différentiel central multi-plaque favorisait la réactivité sur les routes sinueuses. Son allure n'avait pas l'élégance classique de sa grande sœur, surtout à l'arrière, et elle donnait l'impression générale, surtout avant de faire peau neuve en 2006, d'être le parent pauvre de la X5. Initialement, toutes les X3 étaient assemblées par Magna Steyr en Autriche.

2003 : Présentation du concept xActivity sous forme d'aperçu au Salon de l'automobile de Détroit en janvier ; lancement de la version de série avec moteurs 3 L essence et diesel en septembre.
2004 : Ajout de moteurs 4 cylindres.
2006 : Les modèles font peau neuve : nouveaux phares et feux arrière, pare-chocs, habitacle, transmission intégrale xDrive et suspensions assouplies. La gamme est désormais couronnée de la 35d bi-turbo diesel 286 ch, avec une boîte automatique 6 vitesses.
2010 : Passage de flambeau au nouveau modèle F25, désormais produit à Spartanburg.

BMW développa le coupé aérodynamique H2R pour étudier les systèmes de propulsion à hydrogène.

D'autres modèles, comme la 760i à moteur V12 à injection directe, la X3, véhicule de loisirs polyvalent de taille moyenne, sans oublier le retour surprise de la Série 6, voiture sportive de luxe, firent encore grimper les ventes. Fin 2004, BMW était en mesure d'annoncer non seulement une autre année record, mais aussi un cap dont l'ancienne génération de dirigeants n'aurait pu que rêver : elle dépassa sa rivale de toujours, Mercedes Benz, pour devenir le premier constructeur de voitures de luxe au monde. Les résultats globaux du groupe BMW dépassaient 1,2 million d'exemplaires vendus : pour la première fois en une même année, l'entreprise avait dépassé le million de BMW vendues, auxquelles s'ajoutaient 184 000 Mini, produites contre toute attente par une usine prévue pour 120 000 unités, et près de 800 Rolls-Royce Phantom. Les motos, comptabilisées à part, s'approchaient toujours plus d'une centaine de milliers d'exemplaires, seuil que l'entreprise franchirait deux ans plus tard.

Cette année-là, l'élégante H2R de BMW battit des records de vitesse pour un véhicule à hydrogène,

Soixante-dix ans de roadsters BMW en 2006, de gauche à droite : Z1 (1988), Z3 (1995), Z8 (1999) et Z4 (2002).

un partenariat fut signé avec Brilliance China Automotive Holdings pour la production de BMW et, lors de changements de fond, Chris Bangle assuma des fonctions de direction de la conception au niveau du groupe, passant le relais aux nouveaux concepteurs en chef, Adrian van Hooydonk pour BMW et Gert Hildebrand pour Mini. D'un point de vue commercial, le lancement le plus important fut celui de la Série 1, modèle compact à hayon 5 portes conçu pour en découdre avec la VW Golf et d'autres voitures familiales avec des ambitions haut de gamme.

La Série 1 exhuma de nombreuses polémiques sur le design « à la Bangle ». Celui-ci était assurément controversé, avec son long capot, son habitacle à hayon relativement court et son arrière énergique qui, selon BMW, mettait en valeur sa propulsion, unique sur ce segment. Mais comme pour toutes les polémiques, celles de la Série 1 finirent par s'évanouir. Initialement disponible uniquement en 5 portes, ce modèle se mit à faire de belles performances auprès des acheteurs qui

BMW Série 6 (E63/64) 2003-2010

Ressuscitant l'esprit de la classique 635 CSi, dont la production fut arrêtée en 1989, la Série 6 est le modèle qui montre le plus clairement l'influence du concept car controversé de Chris Bangle en 1999, la Z9. Au moment de la sortie de l'E63 en 2003, le calme était revenu : le modèle était accepté et considéré comme une voiture de tourisme raffinée et puissante. Avec une mécanique principalement inspirée de la Série 5, la 6 était puissante et agréable à conduire. L'arrivée ultérieure des versions M et d'un diesel exclusif sur une sportive de luxe prouvèrent que la gamme vivait avec son temps.

2003 : Débuts du coupé 645Ci au Salon de l'automobile de Francfort, avec un moteur V8 4,4 L offrant 333 ch.

2004 : Présentation du cabriolet 645Ci au Salon de l'automobile de Détroit, avec un 6-cylindres 3 L offrant 258 ch ; la M6, avec son moteur V10 507 ch, fait fureur.

2006 : Ajout du cabriolet M6 ; la 645Ci devient la 650i avec un moteur 4,8 L plus grand et offrant 360 ch.

2007 : La 635d double turbo devient la première voiture sportive de luxe à moteur diesel ; un moteur essence 3 L est doté de l'injection directe. Retouches mineures de conception sur tous les modèles.

2010 : Abandon de la production en attendant l'arrivée des nouveaux modèles F12/F13 en 2011.

BMW Série 1 (E81/86/87), 2004-2011

La Série 1 était conçue pour combler l'écart laissé après la vente de Rover en 2000, offrant un modèle abordable aux acheteurs se tournant vers BMW pour la première fois, ou pour ceux qui passaient de Mini à BMW. Les dirigeants de l'entreprise étaient convaincus que la propulsion « classique » de BMW offrirait un solide argument commercial par rapport aux concurrents de la classe de la VW Golf, mais ce fut le style original de la Série 1, avec son long capot et son habitacle placé en arrière, qui cliva le plus l'opinion.

2002 : Présentation du cabriolet compact CS1 au Salon de l'automobile de Genève en guise d'aperçu d'une BMW plus petite.
2004 : Lancement de modèles à hayon cinq portes, avec des moteurs allant du 116i 115 ch au 120d 163 ch ; tous comportent une boîte 6 vitesses hormis le 116i, et le 120i est doté de Valvetronic.
2005 : Lancement de la 130i, avec moteur essence 6 cylindres 258 ch.
2007 : La Série 1 devient l'ambassadrice de la nouvelle philosophie EfficientDynamics de la marque, en réduisant les émissions de 20 %. Ajout de modèles 3 portes. Tous les modèles sont dotés de la récupération de l'énergie au freinage et de la mise en veille (sauf les modèles automatiques). Le nouveau moteur 120i (170 ch) est doté de l'injection haute précision, et le 130i avec le bloc moteur 6 cylindres le plus léger au monde, un double VANOS et Valvetronic, offre désormais 265 ch.
2008 : Débuts du coupé, avec un coffre court de type berline pour rappeler la 2002 classique. Les moteurs comprennent des versions diesel 120d (177 ch) et 123d (204 ch) et essence 135i avec 6 cylindres bi-turbo et 306 ch. Présentation du cabriolet à Détroit, ajout d'un moteur essence 125i, avec 218 ch.
2009 : Ajout des moteurs 118d et 123d ; à 204 ch, le 123d est le seul diesel au monde avec des turbocompresseurs doubles à géométrie variable, tandis que la 118d est la voiture de série la plus économe de BMW.
2010 : Débuts du coupé M de Série 1, avec une version 3 L du 6-cylindres en ligne bi-turbo N54 offrant 335 ch et 450 Nm de couple. Boîte manuelle 6 vitesses.
2011 : Série limitée de coupés Active E rechargeables pour des essais de voitures électriques sur le terrain. Abandon des modèles restants pour céder la place à la nouvelle génération F20.

appréciaient sa maniabilité, sans se soucier de l'espace minimal à l'arrière. À l'époque, BMW insistait sur le fait que la propulsion de la Série 1 serait un solide argument de vente, mais en 2015, lorsqu'il fut annoncé que la troisième génération de cette série serait à traction, des études de marché révélèrent que la transmission n'était pas déterminante pour les acheteurs.

L'année suivante, 2005, fut riche en événements pour BMW. Les projets technologiques entamés après la vente de Rover portaient leurs fruits, avec une nouvelle génération de la Série 3 (qui représentait 38 % des ventes de BMW), une nouvelle génération de moteurs 6 cylindres avec injection haute précision et des blocsmoteurs en magnésium pour plus de légèreté, une version M de la Z4 et d'un concept de coupé élégant, une série de concepts de petits breaks dérivés de Mini, et de nouveaux moteurs 4 soupapes pour la moto boxer, toujours pimpante. BMW envisageait également un monospace et promettait une nouvelle Rolls-Royce, légèrement plus petite. Au niveau industriel, les choses s'accéléraient elles aussi, avec l'ouverture en grande pompe de l'usine de Leipzig et la signature d'accords de partenariat avec Peugeot sur des moteurs, et GM et Honda sur l'hydrogène. Pendant ce temps, en Chine, l'intermédiaire local visait des ventes annuelles de 33 000 exemplaires pour les modèles des Séries 3 et 5 ; en 2014, les ventes de BMW en Chine avaient allègrement dépassé 450 000 unités.

Cette frénésie encouragea BMW à créer 12 000 postes à une époque où ses concurrentes enchaînaient les plans sociaux. Cet étalage de confiance alarma de nouveau les analystes financiers, qui ne cessaient de déplorer les faibles marges de BMW en comparaison à Mercedes-Benz ou à Porsche, de retour en pleine forme. Il n'est peut-être pas anodin que le successeur de Helmut Panke au poste de directeur, Norbert Reithofer, se mit à organiser des expositions itinérantes pour rassurer les financiers, alors que sa « stratégie numéro un », lancée en 2007, délaissait les ventes unitaires au profit de la rentabilité et de valeurs plus douces comme la satisfaction du client. Début 2006, l'élan était irrésistible, avec des moteurs 6 cylindres diesel et essence avancés bi-turbo, des modèles M de la Série 6, une nouvelle M5 plus grande, une X3 revisitée, la Mini de deuxième génération prévue pour l'automne, une Série 7 dotée du V12 à hydrogène, la technologie diesel aux normes américaines, et la moto F850 bicylindre parallèle. D'excellente humeur en livrant pour la dernière fois ses résultats semestriels en août, Panke put passer le relais en laissant son entreprise en vitesse de croisière maximale, à une place de leader mondial dont elle tirerait le meilleur parti.

BMW Série 3 (E90/91/92/93), 2004-2011

À nouveau, BMW doit organiser la succession du modèle le plus vendu de son histoire (cette fois, la Série 3 E46), et le nouveau modèle E90 de 2004 s'avéra moins polémique que la Série 7 de 2001, avec pour principaux atouts la ligne latérale acérée et les anneaux lumineux en guise de feux diurnes. À nouveau plus grande que son prédécesseur, l'E90 est plus confortable et plus légère, grâce à ses pièces en aluminium et ses nouvelles suspensions arrière 5 bras.

2004 : Annonce d'une berline 4 portes.

2005 : Lancement de l'E90 à Genève ; la gamme de moteurs comprend le 320d, 320i (désormais à 4 cylindres), 325i et 330i (218 et 258 ch respectivement), ces deux derniers étant dotés d'une même cylindrée de 3 L. Présentation de la version break Touring (E91) plus tard la même année.

2006 : Ajout du coupé (E92), avec une carrosserie complètement différente de la berline, un toit plus bas et des feux arrière plus larges. Le cabriolet possède désormais un toit pliant en métal rigide au lieu d'une capote.

2007 : Lancement de la nouvelle M3 sous forme de berline, coupé et cabriolet, avec un moteur V8 4 L offrant 414 ch. La boîte de vitesses initiale est une manuelle à 6 vitesses, et la transmission à double embrayage 6 vitesses sera ajoutée par la suite. Ajout du coupé 335i, avec un moteur TwinPower Turbo offrant 306 ch.

2008 : La berline et le Touring font peau neuve avec de nouveaux pare-chocs, feux, capot et arrière ; ajout de la transmission intégrale xDrive en option sur certains modèles ; la 318d est désormais proposée avec une boîte automatique 6 vitesses, la 330d atteint 245 ch, et la 335d, 286 ch.

2009 : Amélioration de tous les moteurs ; la nouvelle édition 320d EfficientDynamics est la BMW la plus écologique de l'époque, avec des émissions de CO_2 de 109 g/km. Le nouveau moteur 318d propose aussi des émissions réduites. Édition limitée de 135 coupés légers M3 GTS.

2010 : Le coupé et le cabriolet font peau neuve, avec un reprofilage des calandres en double haricot, des feux et du capot, en plus d'améliorations à l'habitacle.

2011 : Annonce du nouveau modèle F30 pour remplacer les berlines E90. La version 450 ch dotée de la technologie Carbon Racing de la berline M3 est équipée d'une transmission à double embrayage 7 vitesses et d'équipements de pointe.

RALLYE MONTE-CARLO
AJB 44B

CHAPITRE

16

Le phénomène Mini selon BMW

La marque Mini fut un succès étonnant pour BMW, qui révolutionna la structure du marché automobile mondial et le positionnement de ses concurrents, notamment pour la promotion de leurs produits. Mais l'aventure Mini faillit ne pas voir le jour, victime d'une gestation très difficile au sein de Rover et BMW, et le projet manqua de passer au point mort à plusieurs reprises. Chaque faction campait sur ses positions, non sans tension : le contingent Rover souhaitait un design innovant techniquement, fidèle à l'esprit révolutionnaire de l'original de 1959, tandis que du côté de BMW, on privilégiait le style tendance et ludique à l'utilité et au confort.

Fidèle à la philosophie haut de gamme de BMW, c'est cette dernière approche qui fut adoptée. Frank Stephenson, designer d'origine marocaine ayant fait ses études aux États-Unis, donna naissance à son allure funky rétro, en tenant compte d'autres propositions, notamment pour son habitacle à l'exubérance assumée, idéal pour le système de personnalisation qui ne ferait qu'asseoir la nouvelle Mini au rang de tout premier modèle de luxe dans le segment des petites voitures.

Ce qui deviendrait le programme R50 mariait différents éléments alors en développement : une plate-forme BMW à traction et suspension arrière avec essieux en Z sophistiqué ;

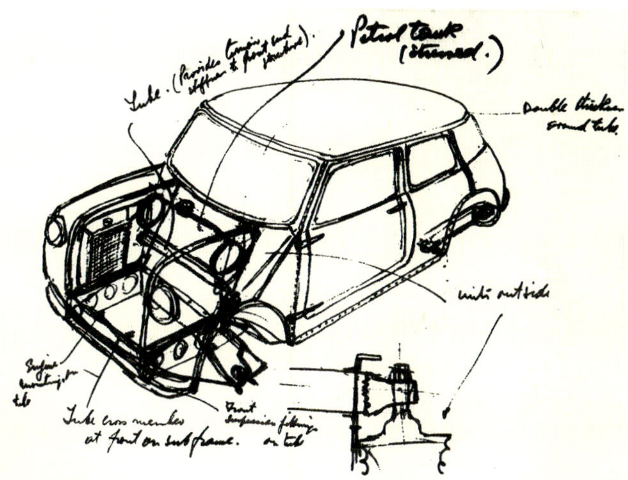

Le célèbre croquis d'Issigonis sur une serviette pour la Mini de 1959, et le croquis de la Spiritual qui lui rend hommage dans les années 1990.

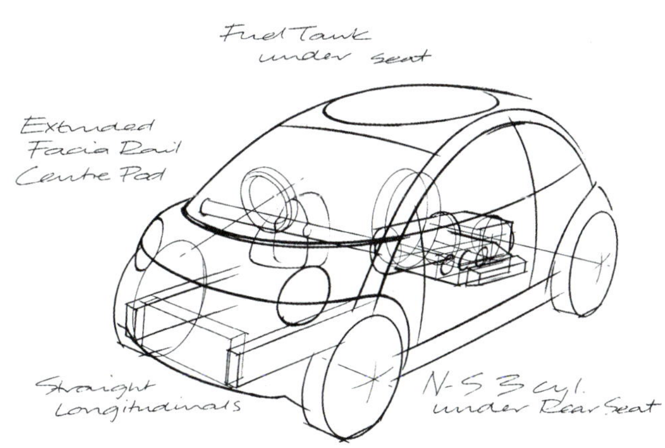

un nouveau moteur 4 cylindres conçu et construit avec Chrysler au Brésil ; et la carrosserie racée 2+2 de Stephenson, légèrement modifiée pour améliorer l'espace de la banquette arrière et du coffre. Tout le charme de la R50 résidait dans son inspiration, puisée directement dans l'allure, l'atmosphère et les couleurs des Mini des années 1960, qui enchaînaient des victoires avec panache, même si le nouveau modèle était bien plus imposant, et qu'il lui manquait l'ergonomie de la voiture originale qu'il imitait pourtant à la perfection.

Ainsi était né l'élément le plus perturbateur que le segment des petites voitures ait jamais connu depuis la première Mini en 1959, petite voiture débordante de caractère et d'énergie, dont la gamme grandissante de dérivés prêcherait la bonne parole du luxe dans d'autres segments jusqu'à révolutionner le marché.

Concept Rover Spiritual, 1997

Grande favorite au sein de la faction britannique de l'équipe anglo-allemande qui se déchirait sur les éventuelles remplaçantes de la classique Mini Issigonis de 1959, la Spiritual redonnait vie à ses idées radicales, avec un moteur sur châssis à l'arrière et un habitacle incroyablement spacieux par rapport à son empreinte sur la route. Mais la Spiritual perdit la bataille cruciale de 1995 entre les propositions rivales : selon la direction de BMW, elle ne reflétait pas l'esprit d'une Mini du XXIe siècle.

Concept BMW ACV30, 1997

Fruit des efforts d'Adrian Hooydonk et Frank Stephenson, l'ACV30 (ci-dessus) s'inspirait des triomphes en compétition de la Mini des années 1960, rappelés par son toit peint en blanc et son allure racée. Plus coupé que petit modèle à hayon, l'ACV30 fut construite sur une plate-forme de voiture de sport MG, et était donc à propulsion. Elle n'en montrait pas moins clairement la trajectoire que BMW comptait prendre, et les nombreux thèmes du design définitif de Stephenson.

Mini Cooper, 2000

Ce n'est que lorsque critiques et clients vinrent admirer de plus près la Mini de série exposée lors du Mondial de l'automobile de Paris en 2000 qu'ils comprirent à quel point le design de BMW était réussi. De l'intérieur comme de l'extérieur, ce produit était audacieux et élégant, unique dans sa portée et ses détails, surtout au niveau de son habitacle créatif et de son compteur de vitesse central surdimensionné. Surtout, ce modèle était sophistiqué et d'une qualité incomparable, et le catalogue colossal d'options de personnalisation promettait à chaque client un modèle à son image. Peu importe le prix, le coffre minuscule ou la banquette arrière quasi inexistante : la petite voiture de luxe personnalisable était née, et le secteur automobile ne serait plus jamais le même.

Mini Cooper S, 2002

Dès le départ, la coûteuse Mini Cooper fut le modèle le plus vendu, et les acheteurs dépensaient largement 25 % de plus pour des options de personnalisation ultra-rentables pour BMW. Mais si la direction aussi agile qu'un kart et la tenue de route firent l'unanimité, le moteur 1,6 L ne reçut que peu de compliments… jusqu'à la Cooper S. Dotée d'un moteur à surcompresseur survolté au rugissement bestial et d'un pot d'échappement assourdissant, la S offrait des performances hautes en couleur et convertit de nombreux amateurs de voitures plus grosses et rapides. Légèrement brute sur les bords, la sensationnelle S montra néanmoins à quel point BMW savait créer des voitures ludiques quand elle le voulait.

Mini cabriolet, 2004

Avec sa capote intégrale en tissu et ses quatre sièges, ce modèle incarnait à merveille la philosophie Mini, qui prônait un plaisir maximal pour tout le monde. La capote pouvait être soulevée ou abaissée d'un simple bouton, voire laissée en position intermédiaire, comme un pare-soleil ; une fois ouverte, elle reposait sur la plage arrière pour abriter les passagers du vent. Mais ce cabriolet n'était pas la Mini la plus pratique : le coffre, qui s'ouvrait avec une charnière inférieure, était microscopique, la banquette arrière était étroite et la visibilité à l'arrière si médiocre que le système de stationnement à distance était proposé en série. Mais son style et son charme étaient indéniables, et chaque génération de Mini eut droit à sa version cabriolet.

Concepts Mini Traveller, 2005-2006

BMW avait toujours été franche sur son intention de faire de Mini une gamme à part entière, et les spéculations sur un éventuel break allaient bon train. Le break Traveller, à l'arrière carré, avait joué un rôle important dans l'histoire de la Mini d'origine, tout comme ses deux portes arrière verticales. Les concepteurs de Mini présentèrent trois concepts de break du XXIe siècle lors d'une série de Salons de l'automobile à Francfort, Tokyo et Détroit, chacun porteur d'une mine d'idées de rangement, de sièges, d'instruments et surtout, d'agencements complexes et créatifs pour les portes. Dans son ensemble, la série Traveller prouvait à quel point la Mini était inventive et ne reculait devant rien pour bousculer les conventions.

Mini GP, 2006

Les kits de préparation de John Cooper Works (JCW) ont toujours joué un rôle important dans l'allure de la nouvelle Mini, et en 2005, ceux-ci pouvaient être installés dès la chaîne d'assemblage et non uniquement par le préparateur. Avec l'avènement de la Cooper S, les kits de JCW faisaient monter la puissance à 200 ch, sans pour autant rivaliser avec les 218 ch de la féroce Mini GP, édition spéciale qui signa la fin du premier modèle S à surcompresseur. Assemblés par Bertone en Italie et finis en gris métallisé, les 2 000 exemplaires de la GP étaient aussi plus légers, grâce notamment à la suppression de la banquette arrière et de la majeure partie de l'isolation sonore. Avec sa vitesse de pointe de 235 km/h, les collectionneurs en raffolent.

Mini Hatch/Hardtop, deuxième génération, 2006

En 2006, la Mini Hatch, appelée Mini Hardtop en Amérique du Nord, était commercialisée depuis cinq ans, mais elle n'avait rien perdu de son aura jeune et dynamique, et une remplaçante n'était pas à l'ordre du jour. BMW joua la carte de la prudence avec la deuxième génération : elle garda exactement les mêmes détails, mais releva la silhouette, allongea le capot et agrandit plusieurs éléments, comme les phares, le compteur de vitesse, sans oublier quelques

centimètres essentiels sur la banquette arrière et le coffre. Au niveau mécanique, le principal changement fut un passage aux propres moteurs de BMW, développés en partenariat avec Peugeot : le diesel de la Cooper D était particulièrement apprécié, avec bien plus de mordant que le diesel mou de la première génération, sous-traité à Toyota.

Mini Clubman, 2007

Avec un empâtement élargi de 80 mm, il s'agissait de la première nouvelle carrosserie de Mini depuis le cabriolet. Elle reprenait certaines idées expérimentées dans les voitures d'exposition Traveller de type break. Parmi celles-ci, la plus notable (et controversée) était la « club door », une demi-porte antagoniste du côté droit, qui facilitait l'accès à la banquette arrière, mais imposait d'ouvrir la portière avant au préalable. À la place de l'arrière habituel se trouvaient deux portes verticales, en écho au Traveller des années 1960 avec ses finitions bois, et l'augmentation de la taille du coffre, si minime fût-elle, était la bienvenue.

Concept de crossover Mini, 2008

La présentation de ce concept de modèle à transmission intégrale haut perché lors du Mondial de l'automobile de Paris en 2008 marqua un tournant pour la marque Mini. Non seulement la carrosserie était bien plus imposante que la Mini Hatch familière, mais ce modèle était aussi plus long : il avait désormais dépassé la marque des 4 mètres pour accueillir confortablement quatre adultes. La configuration des portières, toujours novatrice chez les concepts Mini, était exceptionnellement complexe, avec une porte arrière coulissante à gauche, une porte standard à droite et une porte à charnière latérale au dos. L'habitacle n'était pas en reste, avec une console centrale pleine longueur pour accueillir les espaces de rangement, et un compteur de vitesse sous forme de globe vert fluo. Certaines des idées les moins extravagantes furent d'ailleurs intégrées au Countryman produit en 2010.

Concepts de coupé et roadster Mini, 2009 et modèles de série, 2011-2012

Bien que sur le papier, une Mini sportive compacte soit séduisante, les concepts aux proportions étranges présentés par la marque en 2009 ne ressemblaient pas à l'idée générale d'un deux-places élégant. Ils semblaient se contenter de doter une Mini standard d'un arrière tronqué, d'un pare-brise plus accentué et d'un toit exagérément bas. Le coupé, avec son étrange *hardtop* à la façon d'un casque, fut commercialisé en 2011. Il fut suivi un an plus tard du roadster, vaguement plus séduisant avec sa capote et sa lunette arrière décorée de rayures à la façon d'une voiture de course. Ces modèles ne se vendirent pas bien et furent retirés du catalogue plus tôt que prévu.

Mini Countryman, 2010

Fidèle à la promesse du concept de crossover en 2008, Mini se libéra de ses entraves de petite voiture deux ans plus tard pour se lancer dans le marché des crossover compacts, encore à l'état d'embryon, avec le Countryman. Sur un plan industriel, la surprise vint du fait que le nouveau modèle ne serait pas construit à Oxford mais en Autriche, par un sous-traitant spécialiste de la transmission intégrale du nom de Magna Steyr. La voiture de série resta fidèle au concept sur de nombreux plans, même si l'expression frontale vindicative fut adoucie et que certains des détails les plus extravagants furent gommés. Certaines idées, comme la console de rangement centrale dans l'habitacle, furent néanmoins gardées, et même si la carrosserie massive et les détails exagérés laissèrent d'abord perplexe, le Countryman fut la première Mini à offrir véritablement quatre places. Il apporta la touche ludique de Mini à un secteur classique et fut un franc succès sous toutes ses formes, jusqu'à la Cooper S JCW 218 ch à transmission intégrale.

Concept Mini Paceman, 2011 et véhicule de série, 2012

Une autre Mini à passer rapidement du concept d'exposition à une production de série fut le Paceman, septième carrosserie à faire son entrée dans le catalogue de Mini, en 2012. Comme avec le coupé et le roadster, il semblait qu'il s'agissait du modèle de trop, d'un simple exercice de permutation consistant à dériver une fastback 3 portes spacieuse de la longue plate-forme du Countryman. Du point de vue du style, sa seule innovation fut l'effet acéré de sa silhouette en pointe, qui créait des piliers très courts et une fenêtre étroite à l'arrière. Comme tous ses prédécesseurs, il fut déployé sous toutes les formes, mais cette fois, la magie de Mini n'était pas au rendez-vous.

Concept Mini Rocketman, 2011

Après la déception du concept de Paceman lors du Salon de l'automobile de Détroit, la Rocketman fut saluée par les critiques comme un retour aux sources pour Mini, désormais sous la direction d'Anders Warming. La Rocketman revint aux origines de la première Mini sous forme de modèle ultra-compact utilisant l'espace avec ingéniosité et faisant à peine 3,4 mètres de long, contre 3,7 mètres pour la Mini Hatch standard. De longues portes latérales astucieuses permettaient d'accéder à l'habitacle, et les portes arrière s'ouvraient en deux parties : un hayon supérieur fixé au toit et un tiroir inférieur coulissant vers l'arrière pour faciliter le chargement ou accueillir des skis ou des snowboards à la verticale. Une vaste gamme de matériaux rendait l'intérieur unique, et des arceaux colorés sur les ailes, semblables à des poignées, servaient de feux arrière. Le public espérait que Mini produirait la Rocketman de série, mais malheureusement, ses atouts commerciaux ne furent pas jugés assez convaincants.

Concept Mini Touring Superleggera Vision, 2014

Fruit de la toute première collaboration entre Mini et un cabinet de design indépendant, le concept de Touring Superleggera fut dévoilé lors du Concours d'élégance de la Villa d'Este 2014 en Italie. Elle marqua une rupture complète avec une grande partie de ce qui symbolisait Mini jusqu'alors : il s'agissait d'une deux-places sportive (contrairement à la Mini Roadster tronquée), elle possédait peu de détails emblématiques hormis la calandre hexagonale et les phares arrondis, et roulait à l'électricité. Ronde et simple à la façon de l'ancienne Austin-Healey Frogeye Sprite, sa carrosserie était élégante, surtout l'arrière tronqué avec son aileron central et ses feux aux couleurs du drapeau britannique.

Mini, troisième génération, 2014-2023

Si l'allure restait la même, ou presque, la troisième génération de la Mini Hatch standard marquait un passage à une technologie bien différente : la plate-forme UKL, commune à une nouvelle génération de petits à moyens modèles BMW à traction. Autre nouveauté : les moteurs tricylindres modulaires efficaces pour tous les modèles à l'exception des Cooper S et Cooper SD, plus puissantes, qui utilisaient des moteurs 4 cylindres à partir des mêmes modules. Le changement de style le plus évident comprenait le capot plus long et horizontal, les phares toujours plus grands et les feux arrière plus carrés, mais la grande nouveauté fut l'apparition, en 2015, d'une version 5 portes, résultat d'un allongement de 161 mm qui jouait des tours aux proportions habituelles de la Mini Hatch. En 2019 est dévoilée la version Mini SE électrique qui opte pour la motorisation de l'i3 de 184 ch avec une batterie de 36,6 kWh. Pour 2023, une ultime évolution de cette troisième génération, la Mini JCW 1to6 Edition (référence à la grille du levier de vitesses), est commercialisée.

Mini, quatrième génération, depuis 2024

La nouvelle Mini apparue en 2023 est la Cooper SE, forte de 218 ch. Elle est secondée par la Copper E (184 ch) et les versions essence de 156 ch et 204 ch, qui sont toujours produites dans l'usine anglaise d'Oxford, tandis que les électriques sortent principalement des chaînes chinoises de Great Wall Motors.

Concept Mini Clubman, 2014 et véhicule de série, 2015

Après les précédentes incarnations de la Mini, avec leur intensité visuelle et leurs détails exagérés, les lignes sereines de la nouvelle Clubman offraient un contraste reposant. Ce modèle était de toute évidence une Mini, mais une Mini bien plus grande destinée au segment de la VW Golf, qui se devait de donner une impression plus mature, moins vindicative. Les détails emblématiques de Mini avaient été revisités : les portes verticales arrière étaient dotées de feux horizontaux et d'une poignée en métal d'un raffinement extrême, la grande colonne de direction s'inscrivait dans un tableau de bord luxueux. Mini avait grandi. La Clubman était devenue une voiture familiale avec une touche ludique, mais celle-ci n'était pas au détriment du côté pratique. Et mieux encore, le nouveau châssis offrait quelque chose d'inédit pour Mini : un trajet relativement confortable.

Le concept-car Mini Urbanaut, 2020

La Mini réaffirmait sa nature innovante avec la perspective d'un véhicule familial ludique et ultra pratique, aux possibilités foisonnantes. Elle maximisait astucieusement l'espace intérieur et proposait même un pare-brise qui se soulève vers l'extérieur et un projecteur embarqué. On avait peu de détails sur son groupe motopropulseur 100 % électrique, mais on s'attendait à ce que ses lignes fluides et épurées influencent le design des futurs modèles de Mini.

HB-305-YF
HB-642-JM
HC-531-ZR
37
DE 462 NW

Intégré à la marque Mini depuis 2007, le préparateur anglais John Cooper Works (JCW) propose régulièrement une gamme plus vitaminée, y compris dans les versions électriques John Cooper Works E.

CHAPITRE

17

La meilleure voiture au monde

Rolls-Royce et sa marque affiliée, Bentley, enchaînèrent les difficultés dans les années 1970 et 1980, lorsque leur image prestigieuse de meilleures voitures au monde commença à s'effriter dans l'imaginaire populaire. Leur société mère, tout d'abord le constructeur aéronautique Rolls-Royce plc (entité séparée du constructeur automobile), puis le groupe de défense Vickers, avait du mal à trouver des investissements pour permettre à ces marques encore nobles de faire jeu égal avec le budget que leur seule rivale, l'opulente Mercedes-Benz, consacrait au développement. À l'aube des années 1990, les dirigeants de Rolls-Royce savaient que pour se permettre de répondre aux normes toujours plus strictes sur les émissions, leur seule solution était d'utiliser les groupes motopropulseurs d'un concurrent.

Les liens entre Rolls-Royce plc et BMW donnèrent à cette dernière un avantage psychologique qui lui permit de conclure un marché pour fournir la marque britannique en V8 et V12 destinés aux Rolls-Royce Silver Seraph et Bentley Arnage, modèles de nouvelle génération prévus pour 1998. BMW était convaincue de compter parmi les favoris lors de la mise en vente officielle de Rolls-Royce Motors en 1997, mais plus dure fut la chute lorsque les enchères entre plusieurs groupes s'envolèrent avant d'être remportées par Volkswagen et son ambitieux PDG, Ferdinand Piëch. Peu après la conclusion de ce marché surprise, il apparut toutefois que Rolls-Royce plc aurait besoin de céder la licence de la marque au double R pour des applications automobiles, et que Volkswagen ne l'obtiendrait pas forcément.

Il s'ensuivit une célèbre réunion entre Piëch et le directeur de BMW d'alors, Bernd Pischetsrieder, sur un green allemand pour une partie de golf dont les enjeux incroyables concernaient Rolls-Royce et Bentley, sœurs siamoises depuis cinquante ans, qui furent séparées dans le plus grand secret. VW récupérerait la marque Bentley, l'ensemble du réseau mondial de concessionnaires, et l'usine de Crewe où étaient construites les deux marques ; quant à BMW, elle pourrait utiliser la marque Rolls-Royce à compter de 2003. Dans les faits, BMW n'avait acheté qu'un nom et la bonne volonté

qui y était associée : le marché ne prévoyait ni personnel, ni modèles, ni usines.

BMW faisait donc face à la tâche dantesque, même pour ses équipes de designers aguerris, de concevoir à partir de rien ce que les acheteurs aussi riches qu'exigeants attendaient tout naturellement d'une Rolls-Royce : la meilleure voiture au monde. Un cabinet de design secret fut installé dans le quartier londonien de Mayfair pour y étudier les habitudes et les préférences des acheteurs les plus nantis au monde, et après de nombreux débats internes, on parvint à la conclusion que pour de nombreux clients, l'archétype de la Rolls-Royce était la Silver Cloud des années 1950 et 1960. Les planificateurs de BMW s'inspirèrent de la haute stature gracieuse de la Cloud, avec son radiateur en forme de temple grec, ses lignes aériennes et son arrière en pointe, pour définir les éléments essentiels d'une nouvelle Rolls. Lors de conversations confidentielles avec des journalistes triés sur le volet, les dirigeants de BMW laissèrent entendre sans ambiguïté que la taille et surtout la position au volant élevée compteraient parmi les meilleurs atouts de la Rolls-Royce nouvelle génération.

Alors que le lancement approchait à grands pas, il devint évident que la nouvelle voiture aurait une structure avancée 100 % aluminium, avec un moteur sophistiqué exclusif, et qu'elle serait effectivement en lice pour le titre de meilleure voiture au monde. Mais sur le parti pris esthétique de Ian Cameron, peu d'informations avaient filtré, jusqu'à ce jour de janvier 2003 où la forme des ambitions de BMW pour la Rolls-Royce apparut au grand jour.

Phantom, 2003

Des indices avaient laissé entendre qu'une voiture grandiose était en préparation, mais lorsque la RR1 et son nom, la Phantom, furent finalement dévoilés le 1er janvier, l'envergure et la puissance du design dépassèrent même les attentes les plus folles. Dans cette limousine de près de 6 mètres, tout était théâtral, imposant, surtout l'avant audacieux avec sa calandre massive et ses nombreux phares ; la carrosserie était d'une stature intimidante au premier abord, mais laissait ensuite la vedette à l'élégance intrinsèque des lignes, notamment à l'arrière. Et surtout, la Phantom avait atteint son but ultime :

un impact phénoménal, une voiture reconnaissable entre mille, qu'elle soit à Beverly Hills ou Birmingham. Sous cet aspect mémorable se cachaient une mécanique impeccable inspirée de BMW, avec le nouveau moteur V12 promis (453 ch), ainsi qu'un habitacle irréprochable et des détails ingénieux, mariant nouvelles technologies et discrétion tout aristocrate : des portes antagonistes pour accéder dignement à la banquette arrière, un écran de navigation par satellite escamotable derrière une exquise boiserie vernie, l'emblème de Rolls-Royce sur les roues, qui remontait à la verticale une fois la Phantom à l'arrêt, et le compteur de puissance à la place du compte-tours sur le tableau de bord. En 2017, cette première Phantom sous l'ère de BMW a été progressivement abandonnée et la toute nouvelle Phantom VIII a pris sa place l'année suivante.

Prototype 100EX, 2004

D'autres constructeurs l'auraient qualifiée de concept car, mais lors du Salon de l'automobile de Genève 2004, Rolls-Royce était fière de décrire la 100EX comme une voiture expérimentale, dans la plus pure tradition de l'entreprise. Et à juste titre : la 100EX était un élégant dérivé cabriolet de la Phantom, débordant de détails fascinants qui mirent en émoi le monde du design. À première vue, la 100EX était un véhicule long et gracieux, qui délaissait la sévérité de la berline Phantom. Parmi ses innovations mémorables, le long capot en aluminium poli, s'évasant de la calandre au pare-brise, les portières antagonistes donnant un accès facile aux sièges avant et arrière, et les superbes boiseries en teck à la façon d'un pont de bateau, révélées une fois la capote baissée. Le thème naval faisait un fil rouge tout au long du véhicule, jusqu'au coffre qui s'ouvrait sur un fond en teck et un strapontin. D'autres merveilles se cachaient sous l'immense capot en métal nu : un moteur colossal de 9 L et pas moins de 16 cylindres. Ce moteur ne figurera jamais dans une voiture de série, mais la quasi-totalité des éléments de la 100EX fut reprise sur le cabriolet Phantom Drophead trois ans plus tard.

Coupé Phantom Drophead, 2007

Les paris allaient bon train sur le fait que Rolls-Royce ressusciterait le nom « Corniche » pour la version de série du cabriolet 100EX, mais lors du Salon de l'automobile de Détroit en 2007, le modèle fut présenté sous le nom de coupé

Phantom Drophead. « Il s'agit d'une réinterprétation moins formelle du design classique de Rolls-Royce », expliqua le PDG Ian Robertson, observation née non seulement de la silhouette d'une somptueuse fluidité, que la capote soit baissée ou non, mais aussi du superbe habitacle à quatre places, avec ses vernis immaculés, ses peaux, son plancher en métal poli et sa moquette. Tous les atouts de la 100EX, comme les portes antagonistes et les élégantes boiseries en teck sur la capote, furent gardés. À l'arrière, le couvercle inférieur du coffre se repliait vers le bas pour offrir un strapontin, tandis que sous le fond du coffre se cachaient un seau à champagne, six verres et, en option, un superbe ensemble à cocktails (ci-contre). Difficile d'imaginer plus belle façon de voyager.

Coupé Phantom, 2008

Semblable au concept car 101EX de 2006 et au Drophead fraîchement lancé, le coupé Phantom n'en marquait pas moins un changement très subtil pour Rolls-Royce. Doté du moteur V12 et de la transmission automatique 6 vitesses, communs à toutes les Phantom, le coupé se tournait désormais plus délibérément vers le conducteur. La transmission était dotée d'un programme « sport », pour la toute première fois sur une Rolls-Royce, et de suspensions et amortisseurs plus rigides, avec des barres de stabilisation plus raides, pour raffermir la prise en main et donner au conducteur une conduite plus sensible. Selon le concepteur en chef de Rolls-Royce, Ian Cameron, « avec cette voiture, nous souhaitions mettre en avant le potentiel de performance du moteur V12 6,75 L et la conduite sans effort qu'il procure. Bien que Rolls-Royce n'ait jamais été ouvertement sportive, la marque a toujours offert aux clients une conduite puissante et raffinée combinée avec ce que Sir Henry Royce décrivait comme du mordant ». Tout comme pour le Drophead, le capot en métal poli était une option retenue par la quasi-totalité des premiers clients ; comme le ciel de toit étoilé, tissé de milliers de minuscules fibres optiques, pour que les passagers du coupé ne soient en aucun cas privés de la beauté d'une nuit d'été.

Ghost, 2009

Une petite Rolls-Royce avait toujours été dans les projets, et à l'été 2009, la RR4 fut annoncée sous le nom Ghost. Le design revisitait les valeurs visuelles de Rolls-Royce avec fraîcheur et dynamisme, avec une allure plus basse et ancrée sur la route, globalement moins massive. La fameuse calandre était légèrement orientée vers le pare-brise, comme sur le coupé, et l'arrière était distingué sans être grandiose, mais ce modèle n'était pas avare des célèbres marques de fabrique de Rolls-Royce : les portes antagonistes à l'arrière, le large montant de toit pour donner plus d'intimité aux passagers sur la banquette arrière, sans oublier la qualité technique sans égale de tous les détails intérieurs. Mais sous le capot, c'était la révolution : le nouveau moteur V12 bi-turbo 6,6 L marquait une première pour Rolls-Royce, tout comme sa puissance inédite de 570 ch. La transmission automatique 8 vitesses était à propulsion, et le châssis de pointe à suspension pneumatique intégrait une stabilisation active et une fonction de réglage de la hauteur de caisse pour aider les passagers à monter et gérer les routes difficiles. On disait la suspension si sensible qu'elle pouvait détecter les mouvements d'un passager d'un côté de la banquette arrière et compenser en conséquence. Une seconde génération de Ghost, aux lignes plus régulières et sportives, prenait la relève en 2020.

Wraith, 2013

Décrite par Rolls-Royce comme le modèle le plus puissant et dynamique de toute son histoire, la Wraith marqua une nouvelle avancée vers une voiture plus axée sur le conducteur et, avec son arrière fastback en pointe, la première à adopter une silhouette résolument sportive. Bien plus courte et basse que le coupé Phantom, son allure ramassée, son côté athlétique et son habitacle étaient plus dynamiques, eux aussi : la décoration évoquait davantage un yacht sélect qu'un club de gentlemen enfumé, avec des boiseries claires à grain droit sur les portières et le tableau de bord, plutôt que du cuir opulent et de la ronce de noyer sombre. Sur la console centrale, un discret codeur rotatif en verre taillé fit son apparition pour contrôler les paramètres système du véhicule, en écho luxueux à l'iDrive de BMW. Détails surprenants pour un modèle à tendance sportive, aucun mode manuel n'était disponible sur la transmission automatique 8 vitesses, le tableau de bord ne comprenait pas de compte-tours et le levier de vitesses restait sur la colonne de direction, comme sur toutes les Rolls-Royce. Mais surtout, les 632 ch et les 800 Nm de couple du moteur V12 donnaient une performance inédite pour une Rolls-Royce, et la liaison satellite de la transmission permettait au groupe motopropulseur de rouler en s'adaptant à ce qui l'attendait sur la route.

Dawn, 2015

Bien plus basse, fuselée et séduisante que la Phantom Drophead, la Dawn (ci-dessous et ci-contre en haut) avait vu le jour en réponse au défi posé par la construction d'un cabriolet ultra haut de gamme capable d'accueillir quatre adultes sans aucun compromis, et le résultat n'avait rien à voir avec ses quelques concurrentes, dont la plupart ne pouvaient offrir au mieux une assise 2+2. Le langage de conception plus doux de Giles Taylor mettait désormais l'accent sur des

courbes voluptueuses, surtout visibles autour du nez et des ailes arrière, surélevées pour suggérer une énergie une fois relevée, la capote se fondait à la perfection dans la silhouette basse et sportive. Le toit était un chef-d'œuvre de technologie et de savoir-faire. Ses coutures françaises offraient une surface uniforme et éliminaient presque entièrement le bruit du vent pour atteindre un raffinement comparable à celui d'un coupé, et la Dawn était dotée de tout le luxe possible, et plus encore, pour faire de la vie à bord une parenthèse hédoniste. D'une taille comparable à la Wraith fastback, la Dawn présentait une version légèrement moins puissante du V12 bi-turbo, plus adaptée à son style détendu.

Projet Cullinan, 2018 et l'avenir

En février 2015, le directeur et PDG de Rolls-Royce prit une décision inhabituelle : écrire une lettre ouverte « au sujet d'une nouvelle Rolls-Royce ». Torsten Müller-Ötvös y confirmait que l'entreprise était en train de développer un tout nouveau modèle avec « une présence, une élégance et un but inédits ». Il expliquait que cette voiture offrirait le luxe d'une Rolls-Royce dans un véhicule capable de rouler sur tous les terrains, un véhicule à la carrosserie haut perchée dotée d'une architecture novatrice 100 % aluminium. En d'autres termes, il s'agirait d'un SUV ultra haut de gamme, bien qu'il n'ait pas été question de modèle sportif ou utilitaire : la promesse était celle d'un luxe sans effort. Peu après, l'entreprise révéla le nom de code du programme : le projet Cullinan, avec une toute nouvelle suspension intégrale en développement, et au confort de conduite « d'une facilité polyvalente », notamment hors route. En janvier suivant, l'entreprise annonça avoir commencé les tests sur la nouvelle architecture en aluminium, qui devrait être installée sur toutes les gammes de Rolls-Royce dès 2018. Müller-Ötvös conclut sa lettre ouverte par une célèbre citation du fondateur de l'entreprise, Sir Henry Royce : « Quand rien n'existe, concevez-le. »

En mai 2018, le projet Cullinan devient une réalité. Il prend la forme d'un SUV à transmission intégrale destiné à concurrencer les Bentley Bentayga, Maserati Levante et autres Lamborghini Urus. Si les codes esthétiques de Rolls-Royce sont conservés, le choix d'une carrosserie de SUV est pour le moins novateur chez le constructeur britannique. De fait, le Cullinan est le premier Rolls-Royce pourvu d'un hayon, d'une banquette rabattable et d'un équipement multimédia dernier cri. Toutefois, le véhicule est traité comme toutes les Rolls-Royce avec un équipement pléthorique et une finition hautement soignée. Un seul moteur est disponible, un V12 bi-turbo de 571 ou 600 ch sur la version Cullinan Black Badge. Ce modèle de 2,66 t à vide dispose aussi d'une suspension pneumatique et de quatre roues directrices et est à ce jour le plus cher des SUV jamais produits.

Rolls Royce Spectre, depuis 2022

D'abord nommée Silent Shadow, la Rolls-Royce Spectre est la première voiture 100 % électrique de la prestigieuse marque. Ce coupé deux portes et quatre places utilise les systèmes clés de la BMW i7 et dispose d'un moteur de traction électrique arrière et avant avec une puissance cumulée de 430 kw (585 ch) pour 450 km d'autonomie annoncée.

RR25 GWD

La finition Black Badge de la Spectre (2025) fait de ce coupé de luxe électrique la plus puissante des Rolls-Royce.

concept CS

CHAPITRE

18

À plein régime pendant la crise

De l'avis de tous, BMW était dans une forme olympique au tournant de 2006. Les années noires de Rover désormais loin derrière elle, l'entreprise entamait sa troisième année au sommet du secteur du luxe. Sa rivale la plus prestigieuse, Mercedes-Benz, se battait vaillamment pour sauver son image après les débuts désastreux de la Classe E suite à des déboires électriques, et avec la Série 1, le SUV X3 et une nouvelle Série 3, les ventes de BMW venaient d'augmenter de 10 %, ce qui faisait de 2005 la meilleure année de toute son histoire. Les fluctuations du taux de change et le coût des matières premières, qui avaient ébranlé les autres constructeurs, avaient à peine entamé les performances de BMW, un contrat de partenariat sur un moteur avait été signé avec PSA Peugeot Citroën, et de nouveaux modèles clés, comme la Z4 et la X6, étaient en préparation, tout comme une expansion de la capacité de production pour la Mini qui battait tous les records : autant de raisons pour que BMW envisage l'avenir avec sérénité.

Au moment du Salon de l'automobile de Londres cet été-là, le PDG Helmut Panke avait prévu un taux de croissance à long terme de 5 à 7 % pour les modèles BMW, et avec son objectif de 1,4 million d'exemplaires vendus en 2008 déjà à portée de main en 2007, il revit ses ambitions à la hausse en prévoyant 1,6 million de modèles vendus à l'horizon 2010, objectif qui serait finalement repoussé suite à la crise financière de 2008-2009. De l'extérieur, il semblait cruel de forcer Panke, extraverti et exubérant, à démissionner à l'âge

^ BMW était en plein essor lorsque Norbert Reithofer devint PDG en 2006. Il prévoyait de continuer l'expansion de la marque, tout en préparant des scénarios de crise.

‹ Un style affirmé : le concept de CS 2007 laissait entrapercevoir un nouveau langage de design pour BMW.

EfficientDynamics fut une tactique judicieuse de la part de BMW : ce système réduisait la consommation sans compromis sur le plaisir de conduire.

obligatoire de 60 ans, et de l'empêcher de rester pour voir quatre ans d'efforts à la tête de BMW porter ses fruits au niveau financier, de la production et des produits.

Mais avec le recul, en sachant que la crise financière mondiale était sur le point de frapper, le choix du conseil de surveillance de BMW, qui nomma le directeur de la production Norbert Reithofer au poste de directeur, fut une bonne tactique. Avec ses connaissances des systèmes de fabrication et de production, Reithofer avait déjà réorganisé le réseau de construction du groupe en mettant en œuvre un système de production flexible à base de comptes épargne-temps pour chaque employé, afin que chaque site reste à pleine capacité en évitant les licenciements soudains ; c'est en grande partie cette flexibilité, alliée à une capacité de prise de décision tout aussi souple, qui permit à BMW de mieux tirer son épingle du jeu que ses concurrentes pendant la crise.

Face à des tendances défavorables au niveau du prix des matières premières et des devises, comme le dollar et le yen, Reithofer choisit de se rapprocher de la Chine, où la Série 5 à empâtement long, exclusive à ce pays, était sur le point d'être lancée. Néanmoins, le ton de Reithofer lors de sa première présentation au poste de directeur, au troisième trimestre 2006, était plus mesuré que celui de son prédécesseur ; avec la prudence de mise, il avertit que 2007 démarrerait lentement en raison des nouveaux modèles lancés plus tard dans l'année, en particulier la version 3 portes de la Série 1 et la quatrième génération du coupé M3 de luxe. Bien entendu, Reithofer avait aussi minimisé le véritable potentiel d'une innovation parfaitement planifiée, qui aurait un effet durable sur tout le secteur. Le système EfficientDynamics fut présenté sous forme de suite de technologies relativement simples qui, combinées, permettaient aux voitures de BMW de consommer moins de carburant tout en gardant leur célèbre conduite sportive.

« D'après nous, déclara Reithofer, l'essentiel est que les futurs véhicules de BMW continuent à offrir de meilleures performances que les autres voitures. Le plaisir de conduire et l'utilisation raisonnable des ressources naturelles ne sont pas incompatibles. Et BMW EfficientDynamics ouvre la voie en la matière. Constatez-le par vous-même : BMW pense à l'avenir ! »

L'une des fonctions les plus simples mais ingénieuses d'EfficientDynamics était un contrôle électronique qui déconnectait l'alternateur et le compresseur de climatisation lors de l'accélération pour éviter de trop puiser dans la

puissance du moteur, tout en les reconnectant quand la voiture ralentissait pour accompagner le freinage. Ce système fit l'unanimité chez les ingénieurs et les dirigeants des concurrents, aussi ébahis de l'initiative de BMW que furieux de ne pas y avoir pensé avant.
Le timing d'EfficientDynamics, dû au hasard ou non, fut un coup de génie. Il arrivait dans une conjoncture morose, faite de hausses spectaculaires du prix du carburant et d'inquiétudes croissantes vis-à-vis des négociations sur une taxation des véhicules en fonction de leurs émissions de CO_2. Les concurrents se hâtèrent de développer leurs propres solutions d'économies de carburant, situation qui mena à une profusion de macarons « verts » sur les véhicules de toutes les formes et tailles. Néanmoins, BMW avait toujours des coups d'avance dans la partie, et avant la fin de l'année, l'entreprise avait déployé EfficientDynamics sur toutes ses gammes, car ce système s'appliquait autant aux grandes voitures de luxe qu'aux modèles compacts, économes en CO_2.

Si EfficientDynamics prouvait que BMW se focalisait surtout sur la technologie destinée à l'Europe, la marque révéla ses ambitions mondiales en faisant le choix étonnant du Salon de l'automobile 2007 de Shanghai pour dévoiler son extravagant concept CS, soucieuse de garder un œil sur les marchés en développement comme la Chine. Encore plus choquant : le CS, voulu comme un avant-goût de la nouvelle identité luxueuse de la marque, n'était pas la grandiose limousine attendue, mais un coupé 4 portes élégant aussi bas qu'une sportive, semblable à l'Audi Sportback et la Porsche Panamera qui seraient lancées quelques années plus tard.

Les dirigeants de BMW avaient laissé entendre que le CS serait le prélude d'une série Gran Turismo, gamme de luxe qui deviendrait le fleuron de la marque dans le monde entier. Ce modèle servit malgré lui de baromètre à la conjoncture économique : tout d'abord symbole de l'optimisme global envers les marchés haut de gamme en 2007, il dut être annulé dix-huit mois plus tard, à l'automne 2008, suite à l'effondrement de la banque Lehman Brothers, qui entraîna l'économie mondiale dans son sillage.

Même si l'heure n'était pas à l'inquiétude lors de la présentation des résultats du deuxième trimestre à l'été 2007, Reithofer révéla que le conseil d'administration de BMW mettait la touche finale à une stratégie novatrice et ambitieuse pour faire avancer le groupe. L'analyse stratégique présentée en septembre de la même année serait par la suite

BMW X5 (E70) 2006-2013 (F15) 2013-2019 et (G05) depuis 2019

La X5 de deuxième génération (E70) fut lancée en 2006 pour prendre la relève, avec panache, de la version de 1999, dont la conduite sportive en fit un succès bien plus important que prévu. Elle gagna considérablement en taille et en stature, s'éloignant de la X3 de milieu de gamme, tout en gagnant de l'espace à l'arrière avec une troisième rangée de sièges. Elle proposait les 6-cylindres familiers, en version diesel ou essence, et le V8 toujours plus puissant.
La troisième génération de X5 (F15) reprit le flambeau en 2013, avec un poids plus léger, des équipements et une connectivité améliorés et, pour la première fois, l'option de moteurs 4 cylindres et une transmission par propulsion (et non plus intégrale).

2008 : Lancement des modèles E70 avec le nouveau système de transmission intégrale xDrive et trois rangées de sièges.
2009 : Ajout de la X5M avec moteur V8 bi-turbo 5 L 555 ch.
2010 : La carrosserie fait peau neuve, ajout de nouveaux moteurs et d'une boîte automatique 8 vitesses.
2013 : Lancement du modèle F15 de troisième génération. La gamme comprend un diesel 4 cylindres à propulsion, ainsi que de nouveaux moteurs 6 et 8 cylindres et le système xDrive allégé ; les programmes multimode Drive Dynamic Control gèrent la conduite, la maniabilité et le comportement tout-terrain. Présentation du concept de l'eDrive X5 au Salon de l'automobile de Francfort, avec une transmission hybride rechargeable sur moteur essence bi-turbo 4 cylindres et moteur électrique 113 ch.
2014 : Lancement de la M X5 avec un moteur M V8 4,4 L turbo TwinPower double volute offrant 575 ch, le plus puissant de tous les modèles BMW à transmission intégrale.
2015 : La X5 xDrive40e est la première voiture de série hybride de BMW, avec une puissance totale de 313 ch sur son moteur essence 2 L et électrique. L'autonomie zéro émission est de 60 km et les émissions de CO_2 chutent à 77 g/km.
2018 : Présentation de la nouvelle génération de X5 (G05) avec boîte de vitesses Steptronic 8. La version musclée M X5 à moteur V8 4,4 L atteint désormais les 600 ch. Une version M X5 Competition portée à 625 ch est inscrite au catalogue. Une version hydrogène et une version hybride ont ensuite intégré le catalogue.

BMW montra qu'elle souhaitait conquérir la Chine en lançant le nouveau concept CS à Shanghai. Annoncé comme la future Série 8, le modèle de série fut annulé en raison de la crise économique. L'intérieur du concept regorgeait de détails exquis.

connue comme la stratégie Numéro Un, au nom révélateur : sa vocation était de pérenniser la place de BMW au sommet des constructeurs de produits et services haut de gamme pour la mobilité individuelle. Prenant à contre-courant un secteur souvent dominé par des philosophies pragmatiques à court terme, l'analyse de BMW définissait des objectifs sur treize ans, visant deux millions de véhicules à l'horizon 2020 ainsi qu'une rentabilité de 8 à 10 % d'ici 2012 ; pour cela, selon Reithofer, des économies et des améliorations de productivité de l'ordre de 6 milliards d'euros seraient mises en place sur cinq ans.

Lors du Salon de l'automobile de Francfort en septembre 2007, la marque lança la Mini Clubman, petit break aux portes originales, d'autres modèles EfficientDynamics et, grande première mondiale, un moteur diesel sur une voiture sportive de luxe : la Série 6. Parmi les modèles annoncés par Reithofer, le petit SUV X1, le coupé de loisirs polyvalent X6 et un SUV Mini. Celui-ci deviendrait le Countryman, et ne serait pas construit à Oxford, trop limité en capacité, mais par Magna Steyr en Autriche.

BMW Motorrad ayant récemment fait l'acquisition de Husqvarna Motorcycles, célèbre marque d'origine suédoise produisant des motocross et motos tout-terrain en Italie, Reithofer déclara rester ouvert à d'autres acquisitions ou à la création d'une quatrième marque de voiture. En l'occurrence, la façon dont BMW s'approcherait le plus d'une quatrième marque serait avec le Projet i, programme novateur et groupe de réflexion secret lancé en 2011 pour étudier des véhicules électriques et modes de transports durables.

La période qui suivit l'analyse stratégique fut émaillée moins de nouveaux lancements que d'activités en coulisses, comme l'organisation du Projet i secret en mars 2008, qui conduisit à l'annonce de la Mini E et à un test sur le terrain de modèles électriques Mini, avec un seul petit inconvénient : l'énorme batterie remplaçait toute la banquette arrière. En 2008, les projets d'envergure se limitèrent au lancement de la X6, coupé de loisirs polyvalent à la silhouette controversée, en janvier, et à la présentation de la Série 7 de cinquième génération, avec un design bien plus consensuel que celui de son prédécesseur polémique,

Les dérivés de la Mini se mirent à proliférer après 2007, en commençant par le minibreak Clubman avec deux portes arrière novatrices et une demi-porte latérale.

L'essai sur le terrain de la Mini E donna des informations précieuses sur la voiture électrique et influença le programme d'i-voiture qui prenait de Ivessor. Les recherches ont mené indirectement au lancement de la Mini Cooper SE entièrement électrique, à la fin de l'année 2019. Disponible seulement en trois portes, la puissante SE offrait une conduite plaisir, mais son autonomie en pleine charge n'arrivait pas à la hauteur de ce que proposaient les concurrents de la marque.

BMW utilisa le véhicule de loisirs polyvalent X6 pour créer une niche dans le segment des SUV.

en juillet. Mais peu après, Lehman Brothers s'effondra, et rien ne fut plus comme avant.

Lors d'un entretien pour ce livre, Ian Robertson, nommé membre du conseil d'administration pour les ventes et le marketing mondial au début de l'année, se souvient très bien de la situation :

> *« Tout d'abord, la crise financière prit par surprise tout le monde, tous les secteurs. Le plus surprenant fut peut-être que le monde entier s'engagea sur une mauvaise voie en même temps. [Chez BMW] nous avions plusieurs avantages. Nous avions mis en œuvre notre stratégie Numéro Un l'année précédente, et nous avions donc envisagé plusieurs scénarios, en tenant compte de la volatilité. Nous avions déjà prévu quelques "si". Mais à mon avis, nous avons surtout réagi rapidement face à un contexte difficile à comprendre et à analyser. Je me souviens d'une discussion capitale lors du Mondial de l'automobile à Paris, en octobre 2008, alors que je lisais les résultats du mois de septembre précédent. Sur mon Blackberry, je lisais moins 30, moins 35, moins 40 %, partout. J'ai dit à*

BMW X6 (E71) 2008-2014, (F16) 2014-2018 et G06 depuis 2019

Provoquant un petit séisme lors de son lancement début 2008, la X6 (E71) était, selon BMW, la première du tout nouveau segment des véhicules de loisirs polyvalents, adressée aux acheteurs à la recherche d'une hauteur de caisse digne d'un 4 x 4 alliée à la maniabilité d'une sportive. Dotée de la plateforme et des moteurs de la X5, la X6 avait un toit plus bas, un arrière fastback et de grandes roues dans des passages surdimensionnés pour un effet macho. Pour la première fois de l'histoire de BMW, la gamme était 100 % turbo.

2007 : Débuts du concept car X6 au Salon de l'automobile de Francfort, avec un style haut perché audacieux.

2008 : Lancement des modèles de série avec un choix de trois 6-cylindres et du V8 xDrive50i 4,4 L bi-turbo offrant 408 ch. Tous les modèles sont dotés de la transmission intégrale, d'EfficientDynamics et du Dynamic Performance Control pour répartir le torque latéralement et longitudinalement au sein du système xDrive.

2009 : Ajout de la X6 M, avec une version 555 ch du moteur V8 4,4 L et une suspension abaissée. Recalibrage de la transmission et du Dynamic Performance Control pour une conduite plus sportive. Présentation du concept X6 ActiveHybrid à l'aide du moteur V8 et d'une transmission deux modes développée en partenariat avec GM et Daimler.

2014 : La première gamme cède la place à des modèles de nouvelle génération (F16), avec un choix de moteurs et des mises à jour semblables à celui de la X5.

2015 : X6M, avec 575 ch et une vitesse de pointe de 280 km/h sous sa forme débridée.

2019 : La nouvelle X6 de troisième génération reprend le design de la X5 avec sa calandre en haricots et les feux arrière de la X4. La version M X6 adopte le même V8 que la M X5 (600 et 625 ch en version M X6 Competition). Restylage avec de nouveaux feux LED et un habitacle repensé.

BMW Série 7 (F-01), 2008-2015

Reflétant l'influence du concepteur en chef Karim Habib, la cinquième génération du fleuron de BMW, la berline de luxe, présentait un visage plus lisse, moins agressif. Afin de répondre aux nouvelles normes de sécurité pour les piétons, le capot est rehaussé, avec des calandres plus grandes et des feux plus enfoncés, la silhouette du coffre est adoucie, et l'habitacle somptueux revient au style précédent, avec son tableau de bord intégré. Le tout nouveau châssis, avec deux triangles de suspension à l'avant et le nouvel essieu en V intégral à l'arrière, comprenait une option de direction active intégrale avec une propulsion liée à la vitesse. Des transmissions automatiques 6 vitesses avec sélecteurs électroniques venaient compléter une nouvelle gamme de moteurs EfficientDynamics. L'iDrive et des systèmes de sécurité active complets améliorés comme la Night Vision étaient aussi inclus.

2008 : Lancement de la nouvelle Série 7 au Mondial de l'automobile de Paris avec un choix de moteurs 6 cylindres en ligne essence ou diesel et un nouveau V8 sur 750i avec des bi-turbocompresseurs entre les rangées de cylindres pour gagner de la place et accélérer le temps de chauffe. Des versions à long empattement sont également disponibles. Le concept de la Série 7 ActiveHybrid offre un groupe motopropulseur essence-électrique V8 avec un moteur électrique intégré à la nouvelle transmission automatique 8 vitesses.

2009 : Lancement des 760i et 760iL avec nouveau moteur V12 bi-turbo 100 % aluminium, offrant 544 ch et une transmission automatique 8 vitesses. Ajout du 740d plus puissant, à 306 ch ; ajout de la transmission intégrale xDrive en option sur les modèles 750i et 750iL.

2010 : Les équipements comprennent désormais le système de vision nocturne améliorée et Internet embarqué, des informations en temps réel sur la circulation pour le système de navigation et un affichage tête haute.

2012 : Introduction d'une boîte automatique 8 vitesses sur toute la gamme ; l'ActiveHybrid7 présente un moteur 6 cylindres 3 L essence et électrique synchrone avec des émissions de CO_2 de 158 g/km.

Norbert Reithofer, « Quelque chose de grave est en train de se passer, et je ne sais pas ce que ça va donner, mais nous devons revoir nos projets ».
Les décisions que nous avons prises les trois semaines suivantes visaient à protéger nos acquis. Nous avons décidé de baisser la production de 78 000 voitures avant Noël, et je me souviens des discussions complexes et sérieuses avec le conseil d'administration. Notre planning était déjà défini et nos sous-traitants prêts à travailler. Ce fut un débat douloureux, mais au final, nous avons décidé de tenter le tout pour le tout.
Nous avons fini l'année avec un flux de trésorerie en bien meilleure forme que nos concurrents. Savions-nous que la conjoncture économique allait empirer à ce point ? Non, mais nous savions que quelque chose se profilait et que nous devions réfléchir, réagir et à de nombreux égards, prendre des décisions courageuses, le plus vite possible. »

Le directeur commercial Ian Robertson (en photo) et le PDG Norbert Reithofer identifièrent rapidement les signes d'une chute des ventes mondiales.

Un facteur qui joua en faveur de BMW fut qu'au début de la décennie, l'entreprise avait développé un système de fabrication flexible autant à la hausse qu'à la baisse ; dans une crise, rien de pire que d'être coincé avec trop de capacité, trop de stocks et trop de frais fixes. Robertson l'explique : « Nous avons pu réduire notre capacité assez simplement, en utilisant le compte épargne-temps de nos employés. Mais cette décision n'en resta pas moins difficile à prendre : nous avions la souplesse, mais cette situation était exceptionnelle. Cela signifiait prendre des décisions de gestion pour éviter les stocks excédentaires, avec le problème de flux de trésorerie que cela suppose. »

Lors de la publication des résultats des mois suivants, l'ampleur de l'effondrement était impossible à ignorer. Au premier trimestre 2009, les recettes de BMW avaient diminué de 13 % et les livraisons de 21 % sur l'ensemble du groupe ; mais même ces chiffres sous-estimaient la chute de la production, car pour minimiser les stocks BMW continuait de livrer plus de véhicules qu'elle n'en construisait.

En mai 2009, le marché automobile européen avait régressé de 14 % par rapport à l'année précédente, mais Reithofer ne perdait rien de son optimisme, en témoignage de la solidité de BMW en matière de trésorerie, de son statut incontesté de première marque de luxe au monde et de son avance sur Lexus et Mercedes aux États-Unis. En effet, selon Reithofer, les investissements continueraient pour doubler la capacité de l'usine de Spartanburg, et d'autres nouveaux produits, comme la X1, la Série 5 GT et la sportive Z4, aideraient à attirer les clients.

Le bien-fondé de la stratégie de BMW fut confirmé avec la publication de son rapport 2009. Si le groupe BMW accusa une baisse de 10,4 % en termes de ventes de véhicules et que ses activités automobiles étaient dans le rouge, ses résultats restaient globalement positifs et les actionnaires avaient reçu des dividendes. Mercedes-Benz, à l'inverse, avait reculé de 15 % et souffrait de lourdes pertes de 2,6 milliards d'euros, dont elle paierait les conséquences pendant de nombreuses années.

Faisant ses débuts en 2008, la nouvelle Série 7 F01 évita la polémique avec une allure plus originale et nette et un retour à un habitacle soigneusement intégré.

Karim Habib, responsable de la Série 7 de 2008, est le directeur de la conception de BMW depuis 2012.

Malgré les perspectives incertaines sur les marchés mondiaux, le portefeuille de modèles neufs du groupe BMW, prêts à être lancés, donnait matière à être optimiste, et lors d'une interview accordée au *Financial Times* pendant le Salon de l'automobile de Francfort en septembre, Reithofer balaya les suggestions laissant entendre que BMW devrait s'associer à un concurrent pour survivre. « Il n'y a pas que la taille qui compte, déclara-t-il à *FT*. Nous sommes convaincus que notre stratégie haut de gamme est la bonne : nous ne mélangeons pas haut de gamme et volume. »

Persuadé que BMW pourrait survivre sans le filet de sécurité du volume d'un constructeur de masse – exactement l'erreur commise dans les années 1990 avec l'acquisition de Rover – Reithofer prédit que le secteur automobile mondial ne se relèverait pleinement qu'en 2010, et restait « absolument convaincu » que la demande pour les voitures de luxe reviendrait à son niveau pré-2008.

Mais surtout, un sentiment d'excitation palpable entourait les modèles présentés par BMW sur son grand pavillon lors du Salon de l'automobile de Francfort. La star incontestée fut un spectaculaire concept car, la Vision EfficientDynamics, dont découlera la voiture de sport i8 produite en série. Avec son allure large et basse, sa carrosserie complexe, fluide et multicouche, et ses phares bleu électrique, elle semblait décidément venue tout droit du futur, sensation encore confirmée par un groupe motopropulseur créatif et offrant des performances incroyables pour un moteur 3 cylindres 1,5 L, des moteurs électriques et une batterie hybride rechargeable. Promettant des économies de carburant tout aussi incroyables, cette star du Salon de 2009 était un avant-goût envoûtant du futur, auquel il était difficile de résister.

En comparaison, les modèles prêts à conduire semblaient presque ternes. La X1, malgré son importance stratégique, manquait de classe, surtout en comparaison avec sa grande sœur la X3 ; la Série 5 GT, construite sur la plate-forme de l'imposante Série 7 lancée l'année précédente, semblait le résultat maladroit d'un exercice que s'était imposé BMW : associer les qualités d'un break, d'une berline, d'une limousine et d'un utilitaire haut perché en un seul et même véhicule. Mais sur le versant technique, les critiques saluèrent vite la transmission automatique 8 vitesses, ainsi que son dérivé hybride, sur la Série 7. Fabriquée par ZF, cette transmission permettait aux constructeurs d'obtenir un rapport de vitesses à même de doter les véhicules du quotidien de neuf ou dix vitesses, voire plus.

^ L'i3 rechargeable fut présentée sous différents concepts avant de faire ses débuts de série en 2013.

⌄ Le concept Vision EfficientDynamics de 2009 marqua le début d'une nouvelle ère pour les voitures de sport sophistiquée et écologiques.

La seule survivante de la Série 6 est la GT, une cinq-portes spacieuse à hayon. En 2017, elle a remplacé la tout aussi spacieuse Série 5 GT. Elle est dépourvue de tout lien avec les modèles de la Série 6 Coupé, dont la production a cessé en 2018.

« Nous avons donné un visage à EfficientDynamics, déclara Reithofer aux actionnaires en mai 2010. Notre message est le suivant : la mobilité durable peut être aussi excitante que la mobilité conventionnelle, sinon plus, dès lors que l'on dispose des meilleurs ingénieurs et des meilleurs designers pour développer les meilleurs résultats. » À nouveau, cette confiance était justifiée, car c'est grâce à sa flotte de véhicules équipés du système Efficient Dynamics à faible émission de CO_2 que BMW fut choisie comme partenaire officiel de la mobilité pour les très médiatisés Jeux olympiques de Londres en 2012. Tous les indicateurs financiers pointaient dans la bonne direction : les ventes avaient augmenté de 14 % lors du premier trimestre, la nouvelle Série 5 avait fait un tabac, et la Mini Countryman avait les faveurs des clients.

Tout comme sa grande sœur, la Série 7, la nouvelle Série 5 faisait volte-face par rapport au style complexe du modèle E60 de l'époque Bangle ; bon nombre des nouvelles technologies de la Série 7, comme la transmission intégrale et la boîte automatique 8 vitesses, se retrouvaient pour la première fois sur cette petite voiture. Du côté de la construction, le passage à un assemblage modulaire présageait l'approche « 35-up » bien plus stricte qui serait adaptée avec la Série 7 de sixième génération en 2015.

Toutes ces évolutions accéléraient l'élan des produits de BMW, Rolls-Royce et Mini, amélioraient le développement et les systèmes de production, et laissaient entendre que

BMW X1 (E84 2009-2015, F48 - 2015-2022), U11 depuis 2022

La compacte sportive tant attendue de la part de BMW avait été en partie dévoilée grâce à un concept-prototype lors du Mondial de l'automobile de Paris en 2008 : la X1, très proche de la X3, ne fut pas vraiment une surprise lorsque le modèle final fit ses débuts à Francfort l'automne suivant. Inspirée de la mécanique de la Série 1 à hayon, la X1 proposait trois moteurs essence et trois moteurs diesel, ainsi que le choix entre la propulsion (sDrive) ou la transmission intégrale (xDrive). Grâce aux technologies EfficientDynamics, la X1 fut le premier modèle de la gamme à proposer la mise en veille du moteur. En 2015, la X1 fut transférée sur une toute nouvelle plateforme à traction.

2008 : Le concept de la X1 au Mondial de l'automobile fait écho à l'allure de la X3, avec seulement 100 mm d'écart.
2009 : Lancement de la X1 de série à Francfort, avec des moteurs essence 2 et 3 L et trois moteurs diesel 2 L allant jusqu'à 204 ch.
2010 : Lancement de la X1 xDrive23d haut de gamme.
2011 : La nouvelle X1 xDrive20d EfficientDynamics est le modèle BMW X le plus économe à ce jour, avec des émissions de CO_2 de seulement 119 g/km.
2012 : Révisions de l'allure et de l'habitacle, et lancement d'une transmission automatique à 8 vitesses en option.
2015 : Abandon de la production, après 730 000 exemplaires vendus dans le monde. Passage de relais à la toute nouvelle série F48, sur la plateforme à traction de la nouvelle Série 2. Tous les moteurs sont des unités 4 cylindres 2 L montées transversalement ; le moteur essence xDrive20i 192 ch est couplé à une transmission automatique 8 vitesses et transmission intégrale ; les diesels offrent 231 ch, 190 ch et 150 ch, ce dernier étant aussi disponible avec la traction sDrive. Tous les modèles offrent l'EfficientDynamics, l'iDrive, la navigation et l'ouverture automatique du coffre.
2019 : Retouche esthétique sur la X1 Phase II. La ligne est plus anguleuse. Un moteur xDrive25e hybride rechargeable est proposé. Ce moteur est celui monté dans la Mini Countryman. Il comporte un 3 cylindres essence à l'avant couplé à un moteur électrique de 95 ch à l'arrière.
2022 : Présentation du nouveau X1 de troisième génération (U11), conçu sur la nouvelle plateforme FAAR. Le X1 est proposé en essence, Diesel, hybride essence, avec en outre une version 100 % électrique baptisée iX1.

BMW fournit une flotte de véhicules à faibles émissions pour les Jeux Olympiques de Londres en 2012.

Mini passa à la taille supérieure avec le Countryman en 2010. Premier modèle disponible avec une transmission intégrale, il était construit par Steyr en Autriche.

le groupe fonctionnait à nouveau à plein régime ; les motos connaissaient une croissance de près de 17 % grâce à la nouvelle version performante de la K1300 4 cylindres en ligne, et BMW annonçait de nouvelles expansions de ses usines en Chine et à Spartanburg. Celle-ci deviendrait un centre d'excellence pour la Série X suite au transfert de la X3 de Steyr en Autriche, à l'usine américaine.

Mais ce furent deux autres annonces qui firent les gros titres : l'association entre BMW et PSA Peugeot Citroën pour développer des technologies de traction hybrides et, nouvelle plus controversée, la confirmation, tant redoutée par les passionnés, que BMW était en train de développer une architecture à traction qui serait déployée sur Mini et les modèles de BMW inférieurs à la Série 3. Suite au tollé de la presse spécialisée, qui redoutait que le passage à la traction ne sonne le glas de ce qui rendait BMW unique sur le segment des compactes, Reithofer présenta les résultats d'une étude auprès de possesseurs de Série 1 : « Avant de commencer, déclara-t-il, nous avons posé une question à des propriétaires de voitures de Série 1 : à quel point la propulsion est-elle importante dans votre BMW ? Contrairement aux possesseurs de véhicules plus grands, l'immense majorité des conducteurs de Série 1 ont répondu qu'il leur était égal que leur voiture soit à traction ou propulsion, dès lors qu'il s'agissait d'une BMW. Les clients nous font confiance. Et c'est ce qui compte. »

Six générations de Série 3, de haut en bas : F30 (2012), E90 (2004), E46 (1998), E36 (1990), E30 (1982) et E21 (1975).

BMW Série 5 (F10 2009-2016; G30 2017-2023), G60 depuis 2023

Avec cette sixième génération, la Série 5 est restée en tête du segment quatre années de suite. Remplaçant la version E60 de l'époque Bangle début 2010, la nouvelle F10 s'inspirait de la mécanique et de l'allure de la Série 7. Les choix de moteurs d'origine allaient du diesel 4 cylindres 518d et 520d aux 6-cylindres diesel et essence bi-turbo, le V8 étant réservé à la M5 haute performance. Seule anomalie, la Série 5 Gran Turismo, fastback 5 portes massive inspirée de la plateforme longue de la Série 7, lancée juste avant la gamme de berlines.

2009 : Présentation de la Série 5 Gran Turismo à hayon (F07), avec des moteurs diesel et essence 3 L ou un moteur essence V8 407 ch, tous dotés de la nouvelle transmission automatique 8 vitesses.

2010 : Lancement de la berline Série 5 et de la version à long empattement pour la Chine.

2010 : Commercialisation de la version break Touring (F11) ; ajout d'options de moteurs 535d et 525d, avec respectivement 299 ch et 204 ch

2011 : Lancement de la M5 avec moteur V8 4,4 L 560 ch bi-turbo, transmission DriveLogic M double embrayage 7 vitesses et nouveau différentiel actif M ; l'édition 520d EfficientDynamics associait 184 ch à des émissions de CO_2 de 119 g/km.

2012 : L'ActiveHybrid 5 offre un moteur essence 3 L et moteur électrique 54 ch. Édition limitée.

2013 : Lancement de la M5 Competition Package, la voiture de série la plus puissante de BMW à ce jour avec 575 ch.

2014 : Édition limitée M5 « 30 ans » offrant 600 ch.

2016 : Présentation à la fin de l'année de la série 5 G30 de septième génération avec boîte Steptronic 8.

2017 : Une 530e iPerformance hybride rechargeable est commercialisée, toujours avec moteur thermique 4 cylindres 2 L avant et moteur électrique arrière. Puissance totale : 252 ch. Un modèle sportif M550i avec V8 4 L bi-turbo et 462 ch intègre le catalogue.

2018 : Au printemps, la version sportive M550i est rejointe par la sportive M5 (F90) à moteur V8 bi-turbo de 600 ch (625 ch sur la M5 Competition).

2020 : Restylage de la gamme.

2023 : Huitième génération de la Série 5 sur une plateforme CLAR dérivée de celle de la Série 7. En mai apparaît une version berline 100 % électrique, la i5, suivie du break Touring en 2024.

BMW Série 6 (F12/F13 2011-2017; G32 2017-2023)

Fidèle à la tradition de luxe élégant des voitures de sport de BMW, la troisième génération de la Série 6 affina les proportions de base du modèle précédent, avec une calandre BMW en surplomb, des feux élancés vers l'arrière, une silhouette plus nette et haute, et une lunette arrière plus classique, pour une allure plus longue et élégante. Le châssis s'inspirait toujours de la Série 5, tandis que les deux groupes motopropulseurs turbo étaient dérivés de la Série 7. Étrangement, le cabriolet fut lancé en premier, et l'extension de la gamme avec le Gran Coupé, version 4 portes du coupé classique 2+2, fit l'effet d'une surprise en 2012.

2010 : Lancement du cabriolet de Série 6 (F12) avec une capote de type « aileron » unique. Les moteurs comprennent le 6-cylindres en ligne turbo 320 ch (640i) et le V8 407 ch avec les bi-turbocompresseurs situés sous le V. Boîte automatique 8 vitesses et systèmes EfficientDynamics de série.
2011 : Ajout de coupés ; le nouveau 640d, avec 313 ch, offre une alternative diesel.
2012 : Annonce des coupés et cabriolets M6. Le V8 TwinPower Turbo offre 560 ch pour une accélération de 0 à 100 km en 4,2 secondes ; la boîte 7 vitesses à double embrayage et le différentiel actif M sont de série, tandis que les freins Carbon Ceramic M sont en option.
2012 : Introduction du Série 6 Gran Coupé, avec un empattement allongé de 113 mm, une carrosserie 4 portes de type coupé, un toit bas, et des fenêtres sans cadre. Nouveau moteur V8 450 ch avec Valvetronic en 650i sur toute la gamme.
2013 : Ajout du M6 Gran Coupé.
2013 : Lancement de la M6 Competition Package. Partageant ce titre avec la M5, elle est la voiture de série de BMW la plus puissante à ce jour, et ainsi que la plus rapide, avec son V8 575 ch offrant une accélération à 100 km/h en 4,1 secondes.
2015 : Changements esthétiques et mécaniques sur toute la gamme. Amélioration du châssis avec le contrôle actif des amortisseurs, la direction active intégrale (propulsion) et stabilisation par Active Drive.
2017 : Commercialisation de la Série 6 GT qui remplace la Série 5 GT (2009-2017). Elle est alors la seule représentante de la Série 6, la version Coupé formant désormais la Série 8. La Série 6 GT existe en deux motorisations essence 630i GT (4 cylindres 2 L et 258 ch), 640i xDrive GT (6 cylindres 3 L et 340 ch) et trois Diesel 620d GT, 630d xDrive GT et 640d xDrive GT de 190 à 320 ch.
2023 : Fin de production de la Série 6 GT.

La sixième génération de la Série 5 atténua l'intensité visuelle du modèle précédent. La Série 3 de 2012 suivrait ses traces.

Les bénéfices et la pression de la performance

Tandis que BMW enchaînait les records trimestriels et annuels, prouvant que la crise financière était bien derrière elle, les investisseurs restaient peu satisfaits de ses marges, d'autant plus que Porsche avait publié des résultats exceptionnels et qu'Audi, sa nouvelle rivale, la rattrapait à toute vitesse. De nombreux efforts furent ainsi consacrés à l'amélioration des procédés et de l'efficacité pour rationaliser le versant industriel de l'équation, alors que la démocratisation des moteurs et des transmissions offrait des groupes motopropulseurs plus sophistiqués à un prix compétitif ; toutes ces améliorations découlaient directement de la détermination de BMW à conserver ses dépenses en faveur de la R&D et du développement de véhicules, même en temps de crise.

L'essor de BMW était tel qu'en juillet 2011, elle revit son objectif annuel à la hausse pour viser 1,6 million d'unités ; le résultat, publié en janvier 2012, faisait état de 1,669 million d'exemplaires vendus, un record en 94 ans d'histoire. Ses rivales Mercedes-Benz (avec Smart) et Audi n'atteignirent que 1,36 et 1,30 million d'exemplaires respectivement. Ian Robertson, saluant la performance de la X3, la X1 et la Série 5, championne de son segment, annonça avoir hâte de la sortie de la nouvelle génération de Série 3 le mois suivant.

^ Le PDG de Daimler, Dieter Zetsche, passa à l'offensive lors du Salon de l'automobile de Genève en 2012, avec la nouvelle Classe A, qui lançait un défi direct à la Série 1 de BMW. ***Daimler***

Conscient de l'accélération de BMW, le PDG de Mercedes-Benz, Dieter Zetsche, ouvrit les hostilités en dévoilant sa nouvelle Classe A (concurrente directe de la Série 1 de BMW) au Salon de l'automobile 2012 de Genève ; il avait auparavant annoncé un nouveau programme d'ampleur inédite à l'horizon 2020, avec dix nouvelles gammes prévues. En parallèle, il annonça vouloir atteindre deux millions d'exemplaires vendus, une marge de 10 % et la première place du segment haut de gamme sur la même période ; la situation mena à une surenchère avec Audi, à qui deviendrait le premier à vendre plus de deux millions d'unités annuelles.

En aparté, *Automotive News Europe* rapporta en avril 2013 que même si BMW était le chef de file incontesté du marché, c'était à Mercedes que revenait cette place sur la base du bénéfice moyen par unité (ARPU), indicateur employé par les analystes financiers pour comparer le « niveau haut de gamme » de différentes marques. Ce rapport indiquait qu'en 2012, Mercedes avait généré en moyenne 45 800 € de bénéfices par unité, selon l'indicateur de Barclays Equity Research. « Le résultat est d'autant plus stupéfiant, selon le journal, que l'ARPU de Mercedes est tiré par le bas par le prix de ses micro-voitures Smart. Le bénéfice moyen de BMW par unité était de 41 350 €, et Audi était loin derrière avec 37 500 €. »

BMW Série 1 (F20 2011-2019, F40 2019-2024)

Certaines personnes craignaient que la deuxième génération de la Série 1 ne passe à la traction, à tort. Le nouveau modèle F20 s'inspirait de la Série 3 à propulsion pour garder ce que BMW considérait comme un atout unique sur le marché, et l'évolution du style resta fidèle aux proportions axées sur l'arrière du modèle d'origine. Une calandre revisitée débordait légèrement sur le capot pour une allure plus originale, les feux arrière s'enroulaient autour du coffre et l'habitacle était monté en gamme dans son ambiance. Surtout, le modèle était plus long et plus large, au profit de la banquette arrière et du coffre, et la liste d'options s'agrandit pour englober les systèmes sophistiqués autrefois réservés aux grands modèles de BMW.

2011 : Nouvelle Série 1 à hayon à Francfort. Les moteurs vont du 116i essence au 120d essence ; les transmissions sont des manuelles 6 vitesses ou automatiques 8 vitesses.

2012 : Trois nouveaux groupes motopropulseurs : le 116d Efficient-Dynamics, les 125d (218 ch) et 125i (218 ch) ; le 116d ED est le plus propre jamais conçu par BMW (99 g/km de CO_2). Ajout des modèles 3 portes (F21) et M135i, haute performance.

2012 : Ajout de la 114i en entrée de gamme ; de la 114d Sports Hatch, avec moteur diesel 1,6 L offrant 95 ch et des émissions de CO_2 de 112 g/km ; et de l'option de transmission intégrale xDrive sur les 120d et M135i.

2013 : Fin de la production des coupés et cabriolets, toujours sur l'ancienne architecture E82/88. Lancement des coupés (F22) et cabriolets (F23) de nouvelle génération sous la Série 2 (2014).

2015 : Calandres élargies et aplaties, feux DEL arrière et avant en option, navigation de série. Nouvelle gamme de moteurs essence bi-turbo entre 136 et 326 ch (M 135i) ; cinq choix de diesel dont le 116d 3 cylindres 1,5 L à 116 ch et 94 g/km de CO_2. Le modèle 116 EfficientDynamics Plus est ultra-économe (89 g/km). La boîte automatique gagne un mode roue libre, pour économiser toujours plus de carburant.

2016 : Restylage de la gamme Série 1.

2019 : F40 nouvelle génération avec une carrosserie inédite en cinq portes basée sur la plateforme modulaire UKL (Untere Klasse), inaugurée sur la Mini. La M135i xDrive troque le moteur six cylindres en faveur d'un quatre cylindres turbo de 2,0 litres, avec 306 ch.

2020 : Ajout de la 128 TI à traction avant.

2024 : Nouvelle Série 1 de quatrième génération. Toujours proposée en cinq portes et traction avant, elle est un peu plus longue et un peu moins haute que la génération précédente. L'intérieur s'inspire de celui du X1 (U11). Pour la première fois, les modèles essence ne sont plus désignés par la lettre « i », réservée aux versions électriques. La transmission manuelle disparaît. Deux moteurs essence de 1 499 cm^3 et 1 998 cm^3 et les deux variantes Diesel de mêmes cylindrées sont proposés, ainsi qu'une hybridation.

BMW X3 (F25 2010-2017, G01 2017-2024; G45 depuis 2024)

La deuxième génération de véhicule de loisirs polyvalent de milieu de gamme, la X3, était plus sophistiquée, et plus harmonieuse que son prédécesseur, mais seul un œil aguerri pouvait les distinguer. Sous le capot, une toute nouvelle suspension côtoyait les permutations familières des moteurs et transmissions EfficientDynamics et, en première mondiale, la direction assistée électromécanique était de série. Les innovations luxueuses comme l'affichage tête haute et l'iDrive caractérisaient l'habitacle, désormais monté en gamme.

2010 : La gamme initiale comprend une version essence et trois versions diesel, allant de 143 à 258 ch.
2011 : Augmentation du choix de moteurs pour inclure des versions essence xDrive20i d'entrée de gamme offrant 184 ch, xDrive 35i essence 6 cylindres bi-turbo (306 ch) et 35d diesel avec 313 ch.
2012 : Passage de toute la gamme au bi-turbo. Le moteur essence xDrive 28i offre 4 cylindres et 245 ch ; tous les modèles sont équipés du système Driving Experience Control pour choisir le mode de conduite : la X3sDrive 18d (143 ch) à propulsion devient le modèle d'entrée de gamme.
2014 : Révision de l'avant de la carrosserie pour mieux refléter la nouvelle Série 3, avec des phares qui s'étirent vers les calandres revisitées ; moteur diesel 2 L de nouvelle génération avec 190 ch.
2017 : Lancement du nouveau X3 (G01). Plus luxueux et plus léger, il conserve les motorisations essence et Diesel précédentes et adopte la transmission Steptronic 8.
2019 : Présentation des modèles M et M Competition avec des puissances de 480 et 510 ch.
2020 : Lancement de la iX3 électrique (code G08).
2021 : La gamme est restylée avec de nouveaux feux avant et arrière.
2024 : Présentation de la quatrième génération (G45) sur plateforme CLAR, avec pour la première fois une version à grand empattement pour le marché chinois. La iX3 continue sur la plateforme G08.

Annonçant une série de performances trimestrielles record, dues à l'augmentation de la demande en Chine, Reithofer avança l'objectif de deux millions d'unités à 2016 au lieu de 2020. Mais cet objectif fut atteint encore plus tôt, en 2014, à la faveur de deux années records et du début d'une expansion ambitieuse des modèles de niche dérivés de l'architecture de la Série 3 F30. Au cours des années suivantes, ce programme donnera naissance à une gamme époustouflante de nouveaux dérivés, se recoupant souvent. La Série 3, qui commençait à ressembler singulièrement à la Série 5 par son allure et sa taille, comptait désormais trois modèles : une berline, le break Touring et la Série 3 GT, modèle à hayon haut perché. Mais le haut de cette gamme fut rebaptisé Série 4 et engloba le coupé et le cabriolet novateurs, le Gran Coupé (qui imitait la Série 6 et était facile à confondre avec la 3 GT) et la X4, version légèrement plus petite du coupé de loisirs polyvalent X6.

Les deux gammes étaient réunies par une nouvelle identité frontale visant à distinguer la quasi-totalité des nouveaux modèles de BMW. « La Série 3 F30 fut une étape importante pour nous, indiqua le concepteur en chef Karim Habib lors d'un entretien pour ce livre. Nous avons réussi à obtenir un avant très bas, et nous avons pris la décision importante de relier les calandres aux phares, détail amené à se répandre. »

Même avant cet assaut en règle sur ces niches de milieu de gamme, BMW travaillait à différents niveaux

Les recherches de BMW dans le domaine de l'électromobilité urbaine se sont matérialisées sous la forme d'un deux-roues à la fin des années 2020, avec l'étude conceptuelle du CE04, un scooter pratique, haut de gamme, destiné à une clientèle urbaine branchée. On s'attend à ce que le modèle de production conserve le vaste écran de bord, le long empattement et le système de rangement astucieux prévus par le concept.

BMW Série 3 (F30, 31, 34 2011-2019 et G20), depuis 2019 et BMW Série 4 (F32, 33, 36), depuis 2011

La Série 3 reste la plus importante pour BMW ; la sixième génération, lancée en 2011, ne se résumait pas à de grands volumes de ventes : elle définissait aussi un nouveau langage de design qui serait déployé progressivement sur les autres gammes. Plus grande, spacieuse et légère que le modèle précédent, la F30 arborait la nouvelle silhouette plus ramassée, avec les phares encastrés allant à la rencontre des calandres. D'un point de vue mécanique, elle proposait une nouvelle suspension avant en aluminium et un système arrière à cinq bras revisité ; la direction Variable Sport et la suspension Adaptive M Sport étaient en option. La F30 est remarquable pour avoir inspiré une gamme de Série 4 supplémentaire, composée exclusivement de coupés, cabriolets et Gran Turismo.

2011 : Présentation de la berline de Série 3 (F30) au salon de Francfort ; les moteurs TwinPower Turbo essence se composent du 4-cylindres 328i avec 245 ch et du 6-cylindres 335i avec 306 ch ; quant aux diesels, ils comprennent le 320d EfficientDynamics à 163 ch, le 320d à 184 ch, et le 330d à 258 ch. Les choix de transmission comprennent une version manuelle 6 vitesses et une automatique 8 vitesses.

2012 : Ajout des 316d, 318d et 320i (184 ch) à la gamme. Ajout de versions break Touring avec carrosserie à la façon de la Série 5, avec moteur essence 316i 2 L en entrée de gamme. Lancement de modèles à transmission intégrale xDrive et ActiveHybrid 3.

2013 : Lancement de la nouvelle Série 3 Gran Turismo, avec un empattement allongé, une carrosserie plus haute et un arrière fastback de type coupé. Gamme de cinq moteurs, de 143 à 205 ch.

2013 : Le coupé de Série 4 (F32) a une carrosserie semblable à la Série 6, mais plus basse, fine et sportive que la Série 3, tandis que les moteurs comprennent un 6-cylindres et deux 4-cylindres. Lancement de versions cabriolet, avec un hardtop en métal escamotable 3 sections pouvant être installé ou retiré en 20 secondes.

2014 : Lancement de la berline M3 et du coupé M4 avec moteur 6 cylindres 3 L à turbocompresseur offrant 431 ch ; choix d'une boîte manuelle 6 vitesses ou de la toute dernière transmission à double embrayage 7 vitesses avec DriveLogic et Launch Control, sans oublier le différentiel actif M.

2014 : Ajout du Gran Coupe de Série 4 à la gamme, qui associe le style d'un coupé à la fonctionnalité d'un modèle à hayon ou break quatre portes. De la même longueur et largeur que le coupé, il possède un toit plus haut s'étendant davantage vers l'arrière pour élever l'habitacle.

2014 : Le M4 Cabriolet rejoint la gamme.

2015 : La berline et le Touring de Série 3 font peau neuve, pour ajouter des bandes en guise de feux diurnes entre chaque paire de phares ronds. Nouvelle gamme de moteurs modulaires avec le moteur essence 3 cylindres 1,5 L 136 ch ; le moteur essence 4 cylindres 2 L offrant 184 ch (320i) ou 252 ch (330i) ; et le 6-cylindres 3 L offrant 326 ch sur la 340i. Les diesels 4 cylindres vont de 116 ch (316d) à 190 ch (320d). Les transmissions automatiques 8 vitesses offrent à présent le mode roue libre. Le système xDrive désormais en option sur les 320i, 320d et 330d et de série sur la 335d ; la 330e est une hybride rechargeable avec des émissions de CO_2 de seulement 49 g/km, qui remplace l'ActiveHybrid3.

2016 : Série 325d avec nouveau moteur diesel 4 cylindres.

2019 : La nouvelle Série 3 (G20) inaugure une plate-forme commune CLAR (Cluster Architecture) spécialement pensée pour recevoir une propulsion électrique. Les motorisations sont confiées à des blocs essence ou Diesel 4 cylindres ou 6 cylindres turbo ou un mode hybride sur la 330e iPerformance. Fin 2019 sont dévoilées les versions Alpina B3 et D3S à hautes performances.

2020 : Lancement de la BMW Série 4 Phase II. Elle rompt avec le reste de la gamme avec une calandre originale qui, même si elle ne remporte pas tous les suffrages, a le mérite de distinguer ce modèle.

2021 : Ajout des versions M3 et M4 à fortes performances, 480 ch, et transmission intégrale en option. Les modèles Competition proposent 510 ch.

Le restylage de 2021 de la Série 2 Active Tourer a doté ce monospace compact de BMW d'un style plus agressif, de type SUV. L'original de 2014 avait été critiqué pour son allure dénuée de caractère et la lenteur de ses ventes, surtout dans sa version Gran Tourer avec son long empattement et ses sept places.

pour atteindre son objectif de solutions durables pour la mobilité personnelle. Parmi les nombreuses initiatives visant à asseoir la place de leader de l'entreprise, on comptait la mégacitadine i3 électrique, annoncée en 2011 pour un lancement en 2013, des hybrides pour de nombreuses gammes, notamment la Série 3 et 5 et la X5, et la voiture sportive hybride rechargeable i8, qui suscita l'enthousiasme. Par ailleurs, un accord de partenariat hybride et électrique fut signé avec Toyota en 2011 et prolongé en 2013 pour inclure des piles à combustible, des technologies « post-lithium » et le développement conjoint d'une voiture sportive. Des investissements venaient d'avoir lieu en faveur de programmes comme ParkatmyHouse (désormais JustPark) et le projet d'autopartage DriveNow.

Alors que des Mini spéciales avaient dominé le difficile Paris-Dakar, au siège social de la marque, de nouveaux investissements en faveur du site d'Oxford devaient lever les limites chroniques de capacité. Ils prépareraient aussi le terrain à la nouvelle génération de Mini post-2014 sur la plate-forme UKL, commune aux modèles BMW en préparation, comme la Série 2 Active Tourer, le Grand Tourer et, plus tard, la remplaçante traction de la Série 1 F20. Du côté des motos, les affaires étaient florissantes aux deux extrémités de la gamme : l'extravagante K1600 6 cylindres faisait office de spectaculaire modèle d'entrée dans le haut de gamme et, après l'échec du scooter à toit C1 entre 2000 et 2002, l'entreprise prit la décision courageuse de revenir sur le segment des déplacements urbains avec les scooters de luxe C600 Sport et C650GT. Ceux-ci reçurent un accueil bien plus chaleureux que le C1, trop en avance sur son temps.

À l'heure de sa dernière présentation aux actionnaires en mai 2015, Norbert Reithofer fut en mesure de tirer un bilan positif de ses neuf années à la tête de l'entreprise. En 2014, cinquième année record de suite, les ventes dépassèrent l'objectif de 2 millions d'unités prévu pour 2016, avec les Mini largement au-dessus de 300 000 unités et les motos tournant autour de 125 000 unités. Des projets d'envergure étaient déjà en place : la Série 2 à traction pour le segment familial, les i3 et i8 en guise de pionniers des véhicules durables haut de gamme, et le programme DriveNow, lancé dans plusieurs villes pour offrir aux clients moins nantis le privilège de conduire une Mini ou une BMW. De l'avis général, Reithofer fut l'un des PDG les plus talentueux de toute l'histoire de BMW : il fit passer les ventes de 1,4 million en 2005 à plus de 2,1 millions en 2014, malgré la pire crise économique que le monde ait connu depuis les années 1920 ; en parallèle, il augmenta les bénéfices de plus de 50 %, sans oublier que de 19 modèles en 2006, les trois marques étaient passées à 40 à l'heure de la passation de pouvoir à Harald Krüger.

^ La Mini Countryman à transmission intégrale fournit la base idéale pour la puissante Mini ALL-4 de rallye, qui remporta l'éreintant Paris-Dakar, long de 9 000 km, quatre fois d'affilée.

Et si ce dernier hérita de problèmes, ils étaient communs à tout le secteur : le ralentissement économique en Chine, premier marché haut de gamme au monde et depuis longtemps une source de revenus considérables ; la menace posée par Tesla, tout jeune constructeur de voitures électriques haut de gamme chouchou de Wall Street, et le point d'interrogation sur la place du diesel parmi les carburants propres et respectueux des normes sur les émissions dans le monde entier.

Pourtant, peu de temps après le début de sa prise de fonction, des inquiétudes ont commencé à poindre quant aux performances de Krüger et à la pertinence de son élection au poste de président-directeur général. Lors de sa première conférence de presse, au salon automobile de Francfort, il a fait un malaise sur scène. Par la suite, il s'est révélé un communicant réticent, se méfiant des feux des médias. Comme nous le verrons dans les chapitres suivants, sa prudence sur le plan des investissements a vu BMW sacrifier une grande partie des avances technologiques gagnées à grands frais avec ses paris compétitifs sur l'électrique, comme avec les i3 et i8, dont aucun n'avait rencontré de succès notable sur le marché. Les chroniqueurs financiers s'interrogeaient déjà sur un ralentissement économique de BMW. Le conseil de surveillance de BMW, toujours vigilant, s'est emparé rapidement de la question. Au cours de l'été 2019, Krüger s'est retiré du poste de président-directeur général et a été remplacé par son directeur de production, Oliver Zipse. Comme nous le verrons au chapitre suivant, il incombera à Zipse de prendre les décisions courageuses – dont toutes ne firent pas l'unanimité – qui propulseraient hardiment l'entreprise dans l'ère électrique imminente.

BMW X4 (F26 2014-2018, G02), depuis 2018

Enhardie par le succès de la grande X6 tout en répondant à l'Audi Q5, BMW lança la X4 de milieu de gamme en 2014. La marque revendiquait la prestance haute et musclée de la X4 associée au côté volontaire de la silhouette X et à l'élégance d'un coupé classique. Plus long mais plus bas qu'une X3, le nouveau modèle a une présence forte et agressive sur la route, accentuée par des roues et pneus larges, et des lignes complexes sur le nez, le capot et les ailes. Du côté mécanique, la X4 est très proche de la X3, avec trois choix de moteurs essence et trois versions diesel, tous liés à la transmission intégrale xDrive.

2013 : Débuts du concept X4 de milieu de gamme, un coupé de loisirs polyvalent.
2014 : Lancement de la X4 de série sous le nom xDrive20i, 28i, 35i, 20d, 30d et 35d.
2016 : Ajout de la X4 xDriveM40i haute performance, avec un nouveau 6-cylindres en ligne TwinPower Turbo offrant 360 ch.
2018 : Le nouveau X4 type G02 est un peu plus grand et plus luxueusement traité que le modèle précédent. Il emprunte sa plate-forme au X3 et s'avère très dynamique.

M EV 5122

CHAPITRE

19

BMW se dirige vers un avenir plus durable

C'est fin 2007 qu'une idée éminemment subversive commença à germer chez BMW. Dans le sillage de la toute nouvelle stratégie Numéro Un du PDG Reithofer, le groupe s'apprêtait à voir encore plus grand pour ses activités, élargissant son point de vue pour englober le contexte dans lequel interviendraient les futurs modèles. Pour que le groupe conserve sa place de leader au-delà de 2030 ou 2040, il devrait repenser de manière radicale non seulement l'automobile, mais aussi ses procédés de construction, de commercialisation et le type d'environnement dans lequel elle serait conduite.

L'échelle colossale de cette tâche mena à la création d'un groupe de réflexion trié sur le volet, comparable à un laboratoire secret, pour offrir un regard neuf sur l'ensemble de la chaîne de valeur d'une nouvelle voiture et d'un nouveau modèle de propriété. Le premier indice de cette activité arriva à l'été 2008, quand le groupe révéla qu'une version électrique de la Mini était en développement et que 500 voitures pilotes seraient testées sur le terrain aux États-Unis. Deux ans plus tard, la BMW ActivE, version rechargeable du coupé de Série 1, vit le jour pour procéder à des tests de terrain, cette fois en Europe et en Chine. Au printemps 2011, le groupe de réflexion avait assez de matière pour que BMW le rende public, le transformant en une sous-division appelée BMW i, chargée de développer des concepts de mobilité durables et novateurs.

Dans les mois qui précédèrent, les cadres de BMW avaient évoqué, non sans inquiétude, l'avènement des mégalopoles comme habitat humain prédominant ; ces zones urbaines à grande échelle nécessiteraient un tout nouveau type de voiture, qualifié par BMW de « mégacitadine ». Ce véhicule devrait produire zéro émission, expliquèrent les ingénieurs et afin d'offrir les performances et la maniabilité attendues par les clients de BMW, il devrait arborer une structure ultra légère en fibres de carbone pour compenser le surplus de poids des batteries. Avec le lancement de la division i, la mégacitadine fut baptisée « i3 ». Une voiture de

Les investissements de BMW dans le Projet i sont les plus élevés de toute l'histoire de l'entreprise. Celui-ci comprend non seulement la voiture 100 % électrique i3, mais aussi la sportive hybride rechargeable i8 (ci-dessus et à gauche), des structures en fibres de carbone, de nouveaux systèmes de fabrication et des idées neuves sur la vente, la possession et le partage de voitures.

La Série 7 de 2015 fut la première voiture de série à employer une cellule de sécurité en fibres de carbone ; parmi ses autres innovations, le stationnement autonome, le contrôle gestuel et l'option d'un groupe motopropulseur hybride rechargeable (ci-dessous).

sport s'inspirerait aussi du concept révolutionnaire de la Vision EfficientDynamics de 2009.

« Tout dérivait de la stratégie Numéro Un, expliqua le vice-président de BMW i, Henrik Wenders, lors d'une interview pour ce livre. Évidemment, le projet i n'était pas sans controverse : nous parlions du plus grand investissement jamais fait par BMW. C'était une révolution, pas moins. Nous parlions d'une architecture complètement inédite, de l'industrialisation d'un nouveau matériau, la fibre de carbone, et d'une nouvelle usine à Leipzig. Nous investissions en faveur d'une technologie qui n'existait tout simplement pas, nous investissions en faveur de nouveaux modèles commerciaux, de changements iconiques. »

« Pour réussir votre avenir, vous devez voir et comprendre clairement ce qui va arriver durant les prochaines décennies, ajouta Wenders. Tout le conseil d'administration ainsi que le comité de surveillance partageaient notre point de vue sur les principaux éléments à même d'influencer la mobilité du futur en termes de réglementation et de fourniture d'énergie, et s'accordaient à dire que la durabilité serait un facteur incontournable dans les achats de nos clients. »

Suite à la présentation de versions du concept, en pleine évolution, lors d'une série de salons de l'automobile, l'i3 finale, prête à passer à la production, fut dévoilée en juillet 2013. Avec sa propulsion et sa direction rapide, l'i3 se vantait d'illustrer à la perfection le mantra de conduite ludique de BMW. Son autonomie annoncée était de 160 km, et pour les clients qui redoutaient encore de tomber à court d'électricité, une autre version, dotée d'un moteur essence bicylindre en plus du moteur électrique sous le coffre, offrait le double d'autonomie. En parallèle à l'i3, le service de réseau ConnectedDrive de BMW fut revu à la hausse, faisant de la gestion de l'énergie la priorité du système de navigation. BMW martela qu'il s'agissait d'une vision véritablement haut de gamme de la mobilité durable.

Ce qui s'avéra vrai un an plus tard avec le lancement de la sportive i8. Avec un prix dépassant la centaine de milliers d'euros, de livres sterling ou de dollars, l'i8 devint immédiatement le modèle le plus cher et le plus prestigieux de BMW. Il était tout aussi exotique dans sa carrosserie fluide et ses portes en élytres que dans sa technologie : on ne pouvait que s'émerveiller de la complexité du groupe motopropulseur essence-électrique, du moteur électrique avant et de la transmission, ainsi que de la gestion intelligente de l'énergie, qui promettait des économies remarquables. Le fait que son principal moteur, à 1,5 L, soit le plus petit du catalogue de BMW ne semblait pas vraiment inquiéter ; les critiques étaient dithyrambiques et le nouveau modèle fut dûment consacré porte-étendard de BMW et ambassadeur de la technologie écologique.

Bien qu'il n'ait jamais été prévu que l'i3 et l'i8 fassent fureur, la nouvelle philosophie technique développée sous le Projet i fut rapidement appliquée à d'autres gammes de BMW plus classiques. Des versions hybrides de la X5, la Série 3 et la nouvelle Série 7 firent bientôt leur apparition, et la Série 7 elle-même fut construite autour d'une cellule de sécurité centrale Carbon-Core légère mais résistante, inspirée du Life Module de l'i3. La Série 7 fut la première conçue autour de la nouvelle architecture modulaire de BMW, appelée « 35-up » en interne, car elle pouvait servir tous les modèles à propulsion et transmission intégrale à partir des Séries 3 et 5. La Série 7 représentait à nouveau une évolution prudente du style de BMW et comportait plusieurs innovations au niveau de l'intérieur et la connectivité, comme le contrôle gestuel des systèmes de l'habitacle, grande première pour le secteur.

Plus important stratégiquement, le lancement de la Série 2 Active Tourer et, peu après, du Gran Tourer 7 places, deux véhicules qui constituaient une rupture pour BMW à bien des niveaux. Non contents d'être construits sur la plate-forme UKL2 à traction (désormais partagée avec Mini), ils assumaient aussi leur côté familial, sans prétention sportive et avec peu d'éléments prouvant qu'il s'agissait bien de BMW,

BMW i3 (i01), depuis 2013

L'i3 est le résultat de l'ambitieuse mission que s'est donnée BMW : créer une « mégacitadine » pour répondre aux futures évolutions du marché. Elle restera dans l'Histoire comme la toute première citadine de luxe avec conduite électrique. La plupart des secrets mécaniques de la voiture étaient dans le domaine public bien avant ses débuts à l'été 2013 : le module Drive avec un châssis en fibres de carbone, une batterie et un moteur électrique monté à l'arrière, ainsi que le module Life, superstructure de sécurité pour les passagers, ici aussi en carbone. Le concept de l'i3 haut perchée lors du Salon de l'automobile de 2011 à Francfort donnait un bon aperçu des thèmes de design de la voiture de série finale, dévoilée à l'été 2013. Celle-ci était clivante, avec ses 4 m de long, une carrosserie plus angulaire et des portes arrière plus basses à la place des portes transparentes du Concept. L'habitacle de type loft fit l'unanimité grâce à sa clarté et sa simplicité toute scandinave.

2013 : Lancement de l'i3 de série au Salon de Francfort avec un moteur électrique 170 ch et une batterie lithium-ion 18,8 Kw, avec une accélération à 100 km/h en 7,2 secondes et une autonomie maximale de 160 km. Des options permettant d'allonger l'autonomie placent le moteur de moto bicylindre à l'arrière pour gagner 300 km.

2014 : Augmentation de la production pour répondre à la demande et en prévision du lancement aux États-Unis ; annonce d'une deuxième usine pour les fibres de carbone.

2015 : L'i3 rejoint la flotte d'autopartage de DriveNow à Londres et Berlin, entre autres.

2017 : La i3 est retouchée esthétiquement et est accompagnée d'une i3S plus sportive dont le moteur passe de 170 à 184 ch. En outre, la voie avant est élargie, la suspension rabaissée et des extensions de passage de roue modifient la silhouette.

2018 : Point faible de l'i3 par rapport à ses concurrentes, l'autonomie de la voiture électrique est améliorée avec une batterie de 120 Ah (42 kWh), faisant passer en théorie l'autonomie de 235 à 285 km.

2021 : Pour marquer la fin d'un cycle de production d'environ une décennie, BMW lance une série spéciale Forever Edition, limitée à 2 000 unités.

BMW i8 (i12), depuis 2013

En 2009, l'allure du concept car Vision EfficientDynamics tenait tellement de la science-fiction que BMW n'eut d'autre option que de lancer une version de série de cette supercar hybride rechargeable 2+2. Dévoilée pour la première fois en septembre 2013, l'i8 gardait une grande partie de l'extravagance futuriste du concept, ainsi que sa structure en fibres de carbone, sa configuration hybride et son essieu avant électrique, même si le moteur turbo trois cylindres passa du diesel à l'essence et que la boîte de vitesses à double embrayage devint une automatique à trains planétaires. Grâce à ses statistiques de performance, comme une puissance maximale de 362 ch, une accélération à 100 km/h en 4,4 secondes et des émissions de CO_2 ultra-basses, le monde prit conscience qu'une supercar responsable était possible. Il y eut un avant et un après l'i8.

2011 : Présentation du concept de l'i8 au Salon de l'automobile de Francfort, en guise d'aperçu du modèle de série de 2014.
2012 : Présentation du concept de l'i8 Spyder au Salon de l'automobile de Pékin, avec deux sièges et un empattement plus court.
2013 : Annonce de la sportive hybride rechargeable i8 pour une production en édition limitée.
2014 : Début de la production à Leipzig ; les nouveaux feux Laserlight sont une exclusivité mondiale.
2015 : Le groupe motopropulseur de l'i8 est élu Moteur international de l'année ; 5 456 exemplaires sont vendus en 2015, chiffre qui dépasse toutes les sportives hybrides haut de gamme des concurrents.
2016 : Présentation du concept Vision Future Interaction de BMW i au Las Vegas Consumer Electronics Show : une i8 ouverte avec de nombreuses innovations au niveau des écrans et des commandes, notamment les capteurs AirTouch pour le contrôle gestuel et trois modes de conduite : auto-conduite, conduite assistée et conduite automatique.
2020 : Fin de production.

hormis la calandre mythique ; avec le restylage de 2021, l'Active Tourer affichait un design avant bien moins ingrat et le sept-places aux ventes poussives fut définitivement abandonné. Malgré le virage de 2014 vers la traction avant, la Série 2 Coupé et Cabriolet demeurait à traction arrière. Début 2016, BMW provoqua l'émoi avec un tout nouveau modèle M : inspiré du coupé de Série 2, la M2 comprenait un 6-cylindres en ligne bi-turbo puissant dans un châssis compact et précis, et les critiques applaudirent sur-le-champ BMW, qui revenait aux racines de la M3 avec une option exaltante mais accessible pour les amateurs de sport.

Ce design devait être systématiquement peaufiné par les ingénieurs de BMW M jusqu'à ce qu'il atteigne son apogée en 2020 avec la version CS, saluée par les amateurs comme une digne héritière de l'originelle M3 et incitant des comparaisons avec la Porsche Cayman et la 911.

Proche parent de l'Active Touring, le véhicule de loisirs polyvalent X1 de deuxième génération, à traction ou transmission intégrale, était le portrait craché du modèle sortant. Encore à venir sur cette nouvelle plateforme se trouvaient la Série 1 à traction avant, le X2, un SUV coupé sportif, et le Mini Countryman. Néanmoins, l'entreprise ne voguait pas sur des eaux calmes. Pour le centenaire officiel de BMW, au printemps 2016, Krüger pouvait révéler les

L'année 2015 fut aussi le théâtre du lancement de deux autres hybrides rechargeables, la 225xe et la 330e.

❮ L'i3 rechargeable est au cœur d'ambitieuses initiatives de BMW telles que ChargeNow et DriveNow, service d'autopartage qui invite les clients à « trouver, conduire et reposer » leur voiture, selon le slogan.

❯ M2 CS : Ils sont nombreux à la considérer comme la voiture qui résume le mieux l'esprit de M.

BMW Série 2 Coupé et Convertible (F22/23), 2013-2022, Coupé (G42) depuis 2022 et BMW Série 2 Active Tourer, Grand Tourer (F45/F46), 2014-2021, Active Tourer (U06) depuis 2022

La Série 2 marque une étape capitale pour BMW : le moment où, après des décennies en faveur de la propulsion, elle fit une place aux premiers modèles à traction dans son catalogue. Ces modèles étaient des voitures familiales comme l'Active Tourer 5 places et le Gran Tourer 7 places à long empattement, toutes deux sur la plateforme UKL2 qui équipait aussi les grands modèles Mini au Royaume-Uni. Mais l'histoire devint confuse avec l'arrivée d'une branche complètement séparée de modèles de Série 2, à savoir le coupé, le cabriolet et la M2, dont la mécanique n'avait rien à voir et qui utilisaient la plateforme à propulsion classique de la Série 1.

2012 : Présentation du concept de l'Active Tourer au Mondial de l'automobile de Paris à traction, un nouveau moteur trois cylindres 1,5 L bi-turbo, et un système hybride rechargeable eDrive. Le concept « Outdoor » suivra, avec un rail de rangement pour vélos.

2013 : Présentation du coupé de Série 2, remplaçant la Série 1 ; la plateforme à propulsion repose sur l'architecture de Série 1, et les moteurs comprennent une version 220i essence 4 cylindres à 185 ch et le M235i 6 cylindres en ligne offrant 326 ch.

2014 : Annonce de l'Active Tourer de Série 2 pour une sortie en automne, initialement avec les moteurs essence 3 cylindres et diesel 4 cylindres (218i et 218d) et une plateforme traction. Parmi les fonctions novatrices, la zone de charge multifonction, l'affichage tête haute, le freinage automatique en ville et l'assistance au stationnement. La gamme sera complétée par la suite par les modèles 220i, 216d, 220d et 225i, les deux derniers étant dotés de la transmission intégrale xDrive.

2014 : Débuts du cabriolet de Série 2, inspiré du coupé à propulsion et offrant des options semblables pour le moteur, ainsi que de la 228i M Sport à 245 ch.

2015 : Nouvelles versions du coupé, dont les 218i, 218d, 225d et 220d avec transmission intégrale xDrive.

2015 : Lancement du Gran Tourer 7 places de Série 2 avec une carrosserie allongée de 214 mm et un siège central coulissant. Parmi les moteurs disponibles, on trouve les versions essence à 3 et 4 cylindres et les diesels à 4 cylindres offrant 190 ch sur le Gran Tourer 220d xDrive.

2016 : Lancement de la version hybride 225xe de l'Active Tourer, présentée pour la première fois en septembre 2015 à Francfort. Elle comporte un moteur essence 1,5 L bi-turbo avec traction par une boîte automatique 8 vitesses, ou un moteur électrique 88 ch sur l'essieu arrière avec transmission intégrale et eDrive pure en ville, avec une portée de 41 km.

2016 : Lancement mondial du nouveau Coupé M2, avec un 6-cylindres en ligne 3 L TwinPower Turbo M offrant 370 ch, lié à une transmission 6 vitesses et au différentiel actif M : la boîte 7 vitesses à double embrayage M est en option. Son châssis à propulsion agile, sa suspension en aluminium inspirée de la M3 et ses performances ébouriffantes sont salués par les médias, comme pour les prédécesseurs de la M2, l'E30 M3 et la Turbo de 2002.

2018 : Apparition d'une M2 Competition avec le moteur des M3/M4 bridé à 410 ch. Toute la proue est redessinée.

2019 : Lancement de la version M2 Competition Edition Héritage rapidement suivi d'une édition très limitée de la M2 CS avec 450ch, à la fin de l'année 2019.

2022 : La Série 2 Coupé (G42) apparaît en 2022, mais n'est pas accompagnée par une version cabriolet (convertible). Ce coupé est basé sur la plateforme CLAR et partage bon nombre de composants mécaniques avec la Série 3 (G20) et la Série 4 (G22). Une partie de la gamme peut recevoir les pièces de performances « M », et un modèle M2 (G87) de 460 ch complète la gamme.

2022 : La Série 2 Active Tourer U06 est la seconde génération du monospace allemand. Elle présente une ligne affinée et un tableau de bord avec double dalle numérique. Le Grand Tourer n'a quant à lui pas eu de successeur et sa production s'est arrêtée en 2022.

▲ Le roadster Z4 de 2018 naquit d'une collaboration avec Toyota. Il était jumelé avec la Supra de l'entreprise japonaise, disponible seulement en coupé. Les deux gammes offraient un choix entre des moteurs turbo BMW quatre et six cylindres.

▼ Septembre 2017 : Le président-directeur général de BMW, Harald Krüger, prend la pose à côté du concept-car iVision Dynamics. Ce design influera sur le style de la Série 4 Gran Coupé de 2020 – mais moins de deux ans plus tard, Krüger serait remplacé par Oliver Zipse à son poste de président-directeur général.

meilleurs chiffres et ventes qui soient, mais la vérité tacite n'en demeurait pas moins que la grande rivale Mercedes-Benz s'approchait avec une rapidité menaçante de la position de leader occupée par BMW sur le marché premium. Le *Financial Times* ne tarda pas à alerter sur un « besoin massif » d'investir dans la mobilité électrique – une attente à laquelle le concept-car au futurisme déroutant, la BMW Vision NEXT 100, présenté aux festivités du centenaire ne répondait que faiblement.

Dans la même veine, lors d'une exposition à la Roundhouse de Londres, au mois de juin de cette même année, BMW dévoila son propre concept-car du centenaire et présenta en parallèle des voitures NEXT 100 de chez Mini et Rolls-Royce. Alors que la Mini toujours inventive récoltait de nombreuses louanges, la Rolls-Royce deux places inexplicablement géante échouait à inspirer les commentateurs ou, selon toute probabilité, les potentiels acheteurs de la noble marque.

Tandis qu'Apple révélait officiellement travailler à un projet de véhicule et que Tesla commençait à inonder le marché de sa berline électrique, la Model S – une concurrente directe de la Série 5 –, le Financial Times exhorta une nouvelle fois BMW à « mettre les gaz » en matière d'investissement dans les technologies vertes et de conduite autonome. Malgré des ventes considérables

2016, l'année du centenaire de BMW : les quatre marques ont chacune produit des concepts cars NEXT100 au design futuriste, se tournant résolument vers le centenaire à venir. De gauche à droite : Mini, BMW, Rolls-Royce et la Motorrad qui s'auto-équilibre.

BMW Série 7 (G11-12), 2015-2022 (G70-73), depuis 2022

La sixième génération de la berline de Série 7 emblématique fit ses débuts à l'été 2015, après un battage médiatique considérable autour de sa technologie, surtout la section centrale de sécurité Carbon-Core, qui jouait un rôle essentiel dans la cure d'amincissement de 130 kg de ce modèle. La carrosserie, révélée en juillet, montrait une évolution plus élégante des thèmes précédents, moins massive, avec un nez plus bas et des chromes plus présents autour des glaces latérales et au-dessus du bas de caisse. Parmi les innovations techniques, les 6-cylindres de nouvelle génération et les V8 revisités, ainsi que l'hybride rechargeable 740e avec des émissions de CO_2 de 49 g/km et une autonomie électrique de 40 km. Parmi les autres prouesses techniques, la suspension pneumatique, la direction active intégrale arrière et la transmission intégrale xDrive ainsi que des feux laser et l'assistance au stationnement à distance depuis la nouvelle clé Display Key. L'intérieur pouvait se vanter de nombreuses exclusivités mondiales, comme un système de charge inductive pour les appareils mobiles, le contrôle gestuel pour les fonctions audio et téléphoniques et l'iDrive de cinquième génération avec, pour la première fois, un écran tactile.

2015 : Lancement de la Série 7 dans des versions à empattement standard et allongé, avec un choix de 6-cylindres en ligne 730d et 740i, V8 750i et 740e hybride rechargeable. Tous proposent la transmission automatique 8 vitesses.

2016 : Lancement de la M760Li xDrive, premier modèle M de toutes les Séries 7. Nouveau moteur V12 6,6 L TwinPower Turbo offrant 610 ch et une accélération à 100 km/h en 3,7 secondes. Le pack M Driver en option porte la vitesse de pointe à 305 km/h ; recalibrage de la boîte automatique 8 vitesses pour des changements de vitesses plus sportifs si besoin.

2016 : Commercialisation de la 730i avec moteur 4 cylindres en ligne turbo 2 L et 258 ch.

2017 : Présentation d'une M 760 Li avec moteur V12 6,6 L et 610 ch, transmission Xdrive et 4 roues directrices.

2019 : Restylage de la gamme avec une calandre plus massive. La version hybride rechargeable devient la 745e xDrive. Baisse de la puissance sur la M 760 Li, mais le couple est augmenté.

2022 : La nouvelle Série 7 est introduite à l'été 2022. Le fleuron de la marque adopte une ligne plus allongée et est accompagné d'une version 100 % électrique i7 de 450 à 660 ch. Tous les modèles de la gamme essence ou Diesel sont hybridés.

et la promesse que sa production comporterait 25 % de véhicules électriques d'ici 2025, les graines du doute étaient semées. De nouveaux modèles comme les X2, X3, X7, le SUV Cullinan de Rolls-Royce, et les sportives M5 et Z4 aux belles performances contribuèrent à renforcer le message indiquant que rien ne changeait. Seul le concept-car iVision Dynamics faisait figure de rappel des promesses futuristes de BMW.

Peut-être piqué par ces critiques, BMW présenta un autre concept-car électrique – la grande iNext, qui allait devenir l'iX, le SUV de 2021 – lors de l'assemblée des actionnaires en mai 2018.

Un autre élan vit le jour avec l'annonce d'une nouvelle usine de voitures électriques implantée en Hongrie. La première mondiale à Paris, cet automne-là, de la septième génération de la ligne la mieux vendue de BMW, à savoir la Série 3, promettait une autre relance. Pourtant, au printemps 2019, et malgré d'autres ventes records, BMW se mit à décrire les conditions du marché comme « difficiles ». L'entreprise alerta sur la question des profits et annonça un plan de réduction des coûts de 12 milliards d'euros, qui impliquait de réduire de moitié les variantes à groupes motopropulseurs disponibles d'ici 2021. Les résultats du premier trimestre affichèrent une chute des profits, ajoutant à la pression sur les épaules de Krüger et le conduisant, indirectement, à ne pas chercher une réélection au terme de son contrat. Pourtant, comme cela avait été souvent le cas, un leader fort attendait déjà en coulisses, une personne qui – comme nous le verrons au chapitre suivant – était capable de fournir à la fois la vision stratégique et l'inspiration à même de refaçonner l'entreprise, ses technologies, son réseau de production et ses produits, afin d'affronter le défi le plus impressionnant de tous les temps : la transition vers la mobilité durable des années 2020.

Le coupé BMW M2 CS (2025) bénéficie du même moteur que la M4 compétition, le 6-cylindres 3.0 biturbo de 530 ch qui sont transmis aux roues arrière.

CHAPITRE

20

BMW passe à l'électrique

Alors qu'il se glissait en douceur dans le fauteuil de président-directeur général en ce jour d'août 2019, l'ancien directeur de production, Oliver Zipse, a immédiatement exhorté toutes les équipes à adopter un état d'esprit positif et à travailler ensemble pour reprendre la tête et doubler Mercedes. À première vue, la position était pour le moins troublante : les ventes de BMW demeuraient fortes, mais le cours de ses actions et ses marges faiblissaient, l'Union européenne la menaçait d'une action antitrust, et Mercedes avait le vent en poupe avec des voitures et des SUV à la jeunesse impertinente. S'ajoutant à ces inquiétudes, une grande incertitude demeurait concernant les perspectives de la Mini au lendemain du résultat du referendum de 2016, quant à la décision du Royaume-Uni de quitter l'Union européenne. En effet, à la suite du Brexit, le patron de la Mini, Peter Schwarzenbauer, avait déclaré – provoquant en cela la fureur des traditionalistes britanniques – que la production sur le sol du Royaume-Uni n'était plus essentielle à la marque Mini.

À l'occasion du Salon de l'automobile de Francfort en septembre 2019 – le plus important au monde –, la proposition variée de BMW a grandement contribué à rassurer les commentateurs et les gestionnaires de placement sur le fait que les fondations étaient en place pour permettre une transition douce et agile vers le futur, quel qu'il puisse être. Le SUV sport X6, haut de gamme, avait été actualisé, les Série 1 et X1 (le SUV parmi les plus vendus de BMW globalement) roulaient maintenant sur des architectures à traction avant pour maximiser les économies de production, et le Concept 4 coupé offrait un avant-goût du modèle de production de

Un impact marquant : le nouveau visage de BMW embrasse les i4 et iX entièrement électriques (ci-dessus), développés respectivement à partir des concepts cars i4 et iNEXT. L'étude conceptuelle brutale du XM (à gauche) tendra vers une image adoucie pour son exploitation commerciale, mais le concept-car Vision NEXT100 (ci-dessous) incarne un futurisme trop spéculatif pour partir en production.

▲ **En 2018, avec le modèle sport X2 naquit une autre évolution du style BMW, entre autres l'extérieur épuré, la calandre double rein réactualisée et le raffinement du « pan Hofmeister » sur le montant. Peu de ces améliorations furent reconduites sur d'autres modèles.**

l'année suivante, parfait par son audacieuse interprétation de la calandre double rein de la marque. La forme racée du concept Vision M Next, qui rappelait la magie de la légendaire M1, mais bénéficiait d'une motorisation hybride rechargeable, ravissait les fans de M – habituellement, les acheteurs au budget le plus élevé.

Une autre source de confiance découlait de la signature d'un accord avec Great Wall Motors en Chine pour fabriquer des Mini, à la fois conventionnelles et électriques, de l'annonce du cruiser de luxe R18 au puissant moteur « big boxer » pour le marché lucratif américain et, peut-être plus significatif encore, de l'entrée en production confirmée de la nouvelle i4 100 % électrique pour 2021 en vue d'un lancement sur les marchés mondiaux. Décrite par ses créateurs comme le « premier modèle purement électrique destiné au secteur premium milieu de gamme », l'i4 grâce à ses caractéristiques techniques – en particulier son autonomie revendiquée de 600 km – suffit à séduire les plus sceptiques. Plus tard, BMW finit de convaincre le contingent des passionnés en révélant qu'une version à fortes performances développée par M serait également disponible.

Le temps que la matérialisation du concept de l'i4 soit programmée au Salon de l'automobile de Genève, le mois de mars suivant, le monde avait changé. Le Covid-19 s'était répandu à travers l'Asie, l'Europe et l'Amérique, les voyages en avion avaient cessé, les rassemblements, tels les salons de l'automobile, furent annulés et de nombreux pays confinés. On était en territoire inconnu : les affaires et le commerce connaissaient une chute vertigineuse, les usines fermaient, les gens se mettaient massivement au télétravail, les réunions se déroulaient sur Zoom, et personne ne savait ce que l'avenir réservait.

Le secteur de l'automobile décida qu'il fallait aller de l'avant et prépara à la hâte des conférences de presse et des événements virtuels en ligne. C'est ainsi que BMW livra aux médias le premier aperçu du concept i4. Selon l'entreprise, le design donnait une « projection » de la production de l'i4. Le style en retenue du Gran Coupé cinq portes paraissait moins agressif que toutes les autres études conceptuelles récentes de BMW, et même la calandre en question avait perdu la force de son impact. Ce lever de rideau sur le futur des BMW électriques ouvrait sur un univers plus rassurant que surprenant, malgré la puissance de 530 ch et les quatre secondes nécessaires à l'exercice de 0 à 100 km/h qui attiraient sans aucun doute l'attention.

« Le Concept i4 de BMW amène l'électrification au cœur de la marque, déclara Adrian van Hooydonk, vice-président senior du groupe de design BMW. Le design est dynamique, propre et élégant. En bref : une BMW parfaite qui est aussi à zéro émission. »

Mais ce n'était pas terminé. Le concept-car i4, de même que l'étude iNEXT, initia une ribambelle d'innovations, qui au fil du temps devaient se propager dans toute la lignée de BMW : l'affichage du tableau de bord délicatement incurvé, le puissant système d'exploitation 8 et la dernière actualisation du système de commande iDrive. Et de façon emblématique, la nouvelle identité de marque, avec le badge iconique aplani en une forme bidimensionnelle pour une meilleure reproduction sur les multiples supports de communication.

Parallèlement aux détails techniques, des investissements massifs dans l'e-mobilité furent annoncés, entre autres, 400 millions d'euros pour équiper l'usine de Dingolfing pour l'iNEXT. Autre décision à forte valeur symbolique : la fermeture des dernières lignes consacrées au moteur thermique dans la principale usine de Munich. L'espace allait être reconfiguré afin d'assembler l'i4, dont la batterie s'installe par en dessous.

Soulignant la volatilité de la situation économique, au même moment, BMW avait reporté le développement de la nouvelle génération de Mini au vu de l'incertitude post-Brexit sur les accords commerciaux entre l'Europe et le Royaume-Uni. En Allemagne, certains reprochaient à BMW de payer un dividende aux actionnaires de 2,50 euros en période de Kurzarbeit, alors que l'état allemand subventionnait la compensation des travailleurs de BMW confinés à cause du Covid-19. Simultanément, l'entreprise soulignait la flexibilité et la durabilité de son business plan, en particulier la capacité de ses plateformes d'ingénierie et ses chaînes de production à accueillir une diversité de groupes motopropulseurs à essence, diesel, hybride ou 100 % électriques. La Série 7 suivante serait disponible avec ces quatre systèmes de propulsion, déclara Zipse – même si ce commentaire se retournerait ultérieurement contre lui.

À la mi-juin 2020, alors que les règles du confinement s'assouplissaient et que les transports reprenaient, BMW reprogramma des horaires de travail réguliers dans toutes ses usines. Malgré de nouveaux modèles comme la Série 2 Gran Coupé, l'électrique iX3 et la Série 4 coupé arborant le design « choc » de sa nouvelle calandre, les mois de confinement se répercutèrent durement sur les ventes du troisième trimestre. L'année pleine se termina avec une baisse de 8,4 % sur 2019, et avec une marge opérationnelle compressée de 2,7 %. Comparé aux autres entreprises, BMW connaissait une

En 2018, avec la X7, BMW pénétra enfin l'important segment des SUV. Malgré une allure imposante et un poids conséquent, la X7 faisait preuve d'une agilité et d'une aisance surprenantes. À l'exception des X1 et X2, tous les modèles de la Série X sont fabriqués dans l'usine américaine de Spartanburg, la plus grande usine du groupe au monde.

Lancée à la fin de l'année 2018, la Série 8 Coupé, Cabriolet et Gran Coupé a marqué un bond significatif dans le haut de gamme par rapport à ses prédécesseurs de la Série 6, avec des prix et des caractéristiques techniques avoisinant ceux d'Aston Martin et de Bentley.

Une fois calmées les vives réactions suscitées par la nouvelle calandre de BMW, la Série 4 de 2020 est apparue comme un excellent véhicule en soi, disponible en coupé deux portes ou cabriolet, en Gran Coupé cinq portes, ainsi qu'en i4 100 % électrique. Sur la photo figure la performante M4, la première à offrir quatre roues motrices et une transmission automatique.

performance relativement bonne qui rendait hommage à la flexibilité de son système de production. Entre-temps, une série d'annonces renforça la crédibilité d'une migration vers des architectures électriques : Mini allait se muer en marque purement électrique d'ici 2030. Le concept car Vision iNext dévoilé en 2018 au salon de l'auto de Los Angeles a finalement donné naissance à un modèle de série, l'iX, seconde voiture BMW 100 % électrique après l'i3. Reprenant le volume du X5, l'iX est commercialisée depuis l'automne 2021, en même temps que l'i4.

Lors de la conférence annuelle de l'entreprise en 2021, l'i4 physique fut dévoilée pour la première fois. La nouvelle architecture du véhicule, qui entrerait en production en Hongrie, allait porter le label Neue Klasse. Cette annonce reçut un accueil chaleureux. Ce label renvoyait délibérément au titre chargé d'émotion attribué à la 1500, une berline classique, aux brillantes performances et à la qualité impeccable, qui sauva BMW en 1961 et qui constitua un modèle pour les générations suivantes.

Bien entendu, il est inconcevable de rapprocher la situation de BMW en 2025 du marasme financier dans lequel la société se trouvait quand la première Neue Klasse l'avait sauvée dans les années 1960. Pourtant, à d'autres égards, les parallèles sont aussi poignants que manifestes : La Neue Klasse 1500 de 1961 représentait plus qu'un moteur exceptionnel : c'était un ensemble cohérent de prestations de qualité, habilement en phase avec l'esprit de l'époque. D'après les détails révélés jusqu'ici sur le nouveau projet Neue Klasse, ce dernier montre l'étoffe d'une machine qui, à son tour, s'accordera avec le Zeitgeist de 2025. Il s'agit davantage d'un esprit de famille et une manière inédite de faire les choses que d'un modèle spécifique. La nouvelle génération de Neue Klasse proposera les dernières performances en termes de transmission et de batteries électriques – avec BMW, cela va sans dire. Outre les derniers systèmes et fonctionnalités digitales, elle arbore des lignes aérodynamiques adaptées à des proportions extérieures inédites et, le plus important, elle symbolisera une approche singulière vis-à-vis des ressources et de la durabilité qui, en visant le concept d'économie circulaire, donnera la priorité à l'emploi de matériaux secondaires au détriment des primaires. Cette approche coïncide avec les perspectives de BMW de rendre durables tous les aspects de ses opérations.

Il était naturel que le concept-car de BMW choisi pour être montré au salon de l'automobile de Munich de 2021 incarne précisément ces valeurs. L'i Vision Circular, une petite

Introduite début 2025, la BMW iX 100 % électrique a été restylée et bénéficie d'améliorations de l'électronique de puissance. Trois modèles sont proposés : l'iX xDrive45 de 408 ch (jusqu'à 602 km d'autonomie), l'iX xDrive60 de 544 ch (jusqu'à 701 km d'autonomie) et l'iX M70 xDrive de 659 ch (jusqu'à 600 km d'autonomie).

Dévoilé lors du salon IAA Mobility de Munich en 2021, le concept Vision Circular matérialise l'élégance d'une ingénierie pure. Il utilise moins de pièces, presque toutes issues de matériaux secondaires : la peinture superficielle est remplacée par une finition anodisée sur la carrosserie et le logo BMW est gravé à la surface du capot. Même la batterie recycle des composants secondaires, faisant de ce design un remplacement réaliste et durable de la citadine i3.

citadine de quatre places, qui pouvait vraisemblablement succéder à l'i3, est conçue jusqu'aux moindres détails dans le but de réduire les émissions et les besoins en ressources à travers l'intégralité de son cycle de vie, depuis le design et la création jusqu'à son usage et son éventuel recyclage. Elle apparaît comme une véritable énergie créatrice, non pas en termes de puissance ou de vitesse, mais sur le plan des idées ingénieuses mises en place pour économiser les ressources : entre autres, la batterie solide fabriquée intégralement à partir de matériaux recyclés et la carrosserie dénuée de toute peinture. Même le badge du véhicule ne nécessite aucune ressource : il est gravé dans la surface métallique du capot.

« Nous sommes à la pointe de l'efficacité des ressources dans la production et nous cherchons à étendre ce statut à toutes les étapes du cycle de vie des véhicules, a déclaré Zipse lors du salon. Il s'agit également d'une question de durabilité économique, car la tendance actuelle des prix des matières premières montre clairement les conséquences financières à venir pour toute industrie qui dépend de ressources limitées. »

Zipse a ajouté : « Nous allons faire un grand pas en avant dans cette direction avec les modèles "Neue Klasse". Nous sommes conscients que de nombreux fans de BMW souhaitent avoir un avant-goût de la "Neue Klasse", mais la BMW i Vision Circular ne l'est pas. Je peux toutefois vous promettre que, sur le plan de la durabilité, la "Neue Klasse" est développée dans le même esprit que la BMW i Vision Circular. »

Malgré ces nobles idées et les résultats aussi impressionnants que réguliers de l'entreprise, les médias ont continué de réprimander BMW pour ce qui était perçu comme un échec dans la tentative d'embrasser pleinement un futur 100 % électrique. Certains n'ont pas pardonné à BMW d'échouer à capitaliser sur les avancées électriques précoces que l'entreprise avait acquises en 2013 avec l'i3. D'autres s'inquiètent du fait qu'en continuant à poursuivre une stratégie axée sur le choix du consommateur, plutôt que de tout miser sur l'électrique comme VW et Daimler, les actions de BMW n'atteignent jamais les envolées flamboyantes des chouchous de Wall Street, comme Tesla. De façon pragmatique, Zipse a systématiquement refusé de donner une date d'abandon progressif des modèles à essence, même si ces concurrents l'avaient fait. Bien qu'il ait prononcé une allocution liminaire au COP26, en novembre 2021 à Glasgow, en tant que président-directeur de BMW, son entreprise ne figurait pas parmi les six constructeurs automobiles à avoir signé l'engagement pour l'élimination des moteurs thermiques sur les principaux marchés d'ici 2035.

Le développement de la voiture 100 % électrique passe par l'étude d'une nouvelle plateforme (qui aura 6 variantes différentes, dont la Touring ou la Gran Turismo) formant la « Neue Klasse platform ». Celles-ci sont actuellement (en 2025) à l'étude et seront mises sur le marché à partir de 2026. Par ailleurs, le constructeur va a priori réintroduire le système Rex, apparu sur feue l'i3. Ce prolongateur d'autonomie, composé d'un petit moteur thermique rechargeant la batterie, augmente nettement l'autonomie (jusqu'à 960 km). Ce sont les nouvelles batteries cylindriques qui donnent à la Neue Klasse ce genre d'autonomie. Le nouveau iX3 sera le premier modèle de la Neue Klasse à ête commercialisé et offrira une bonne autonomie (jusqu'à 800-900 km). Mais c'est justement ce marché chinois qui, aujourd'hui, pose problème. Les ventes y ont en effet reculé, aussi bien en 2023 qu'en 2024, constat partagé par Audi et Mercedes-Benz. Toutefois, la commercialisation de voitures hybrides et surtout électriques a nettement progressé. Le marché américain est resté jusque-là fidèle, mais la hausse des droits de douane récemment adoptée pourrait perturber les ventes du secteur dans les mois à venir. Pour le premier trimestre 2025, BMW Motorrad a lui aussi connu un léger repli (-3,9 %), tandis que Rolls-Royce a subi une chute plus marquée (-9,4 %). La marque Mini reste quant à elle une valeur sûre qui continue de séduire (+4,1 %), et notamment les Mini E et SE électriques. BMW ne renie toutefois pas complètement le moteur thermique, comme le démontre le concept car Speedtop aperçu en 2025, basé sur la Série 8, un très élégant break de chasse qui n'est pas sans rappeler un autre concept car, le Skytop, avec une carrosserie qui évoque le Touring Coupé jamais produit. Le Speedtop sera doté du moteur V8 biturbo de 625 ch.

^ Le directeur général de BMW, Oliver Zipse, présente le concept imaginatif iVision Circular lors du salon automobile de Munich en 2021. Tout en soutenant fermement les véhicules électriques, Zipse a été critiqué pour avoir refusé de fournir un calendrier de sortie pour les modèles à moteur à combustion.

Index

Art Cars, 101-107

Bangle, Chris, 77-80, 117, 165, 168-169, 172-175, 177, 219
BMW, modèles automobiles
Série 1, 171, 177-178, 223
Série 1, coupé M, 143-144, 178, 202, 217
Série 2, 219, 226, 231
3/15, 17
3/20 (AM-1), 17
3.0 CSL, 69
Série 3, 91-93, 97-98, 114-115, 157-158, 166, 178-179, 220-222, 225
Série 4, 151, 225, 242
Série 5, 88-89, 91, 95-97, 113, 153, 174-175, 219, 221
Série 6, 93-94, 177, 222
Série 7, 53, 93-95, 109-110, 150-151, 158, 166-167, 172, 211, 214, 219, 221, 231, 235
300SL, 49-50
303, 17, 26-27
309, 28
315, 27-28
319, 28
325 KFz3, 46
326, 30, 30-31
327, 31
328, 30-31, 33
335, 31
501 « ange baroque » et 502, 49, 68
503, 52-53
507, 50, 52
600 « grand pot de yaourt », 55, 59
700, coupé, 55, 59-60, 67
1500-2000 Neue Klasse, 64-70
1602-2002, 70-71, 90
1800 TI et 1800 TI/SA, 68
2000 C/CS, 69
2000 TI, 68
2002 tii, 70-71
2500/2800, 72
2800 CS, 69
Austin 7, 10, 14
CSi, 69
Dixi DA1, 15, 17, 57
E1 (Z11), 60-61
i3, 226-227, 229, 231, 244
i8, 217, 226-227, 229, 231-232
Isetta, 54, 58, 68
M, coupé et roadster, 136
M1, 129-130
M2, 233, 237
M3/M3 CSL, 132-135, 138, 140-141, 143, 145, 225, 233
M4 (F82), 145
M5, 132-134, 137-139, 143-144, 175, 221
M135i/M235i, 144
M535i (E28), 131
M635 CSi/M6, 130-132
Mini Clubman, 187, 193, 211
Mini Convertible, 185
Mini Cooper, 61, 183
Mini Cooper S, 173, 184
Mini Countryman, 189, 211, 219, 227, 232
Mini GP, 172, 186
Mini Hatch/Hardtop, 186-187
Mini Paceman, 190
RR4, 201
X1, 211, 217, 219
X3, 172, 176, 207, 217, 219, 224
X4, 224, 227
X5, 157, 166, 209
X5 et X6 M, 140-141
X6, coupé de loisirs polyvalent, 211, 213
Z3, 52, 153-154
Z4 (E85/86/89), 174-175
Z4 M, roadster et coupé, 140, 178
Z8, 52
Z13, 61
Voir aussi Concepts cars ; Rolls-Royce ; Groupe Rover
BMW, modèles de motos
Série/5, 42, 73
Série/6, 42
C600 Sport et C650 GT, 124, 226
Série F, 120
G310 R, 125
HP2/HP2 Sport, 122
HP4, 123
K1, 120
K100/K75, 119-120
K1200/K1300, 122
K1600, 123, 220
R nineT, 125
R2/R3/R4, 37
R5, 39
R11/R16, 36-37
R12/R17, 38
R24/R25, 40, 48
R27, 41
R32, 13-14, 35
R37, 36
R39, 36
R45, 43
R50, 41
R51/2, 40, 48
R62/R63, 36
R65/R65LS, 43
R67/R68, 40
R69/R69S, 41
R75, 39, 46
R80 GS et G/S, 43, 95, 98, 120
R90S, 42
R100 RS/RT, 42
R1100 RS/RT, 121
R1150 GS Adventure, 121
R1200 GS/R1200 RT, 124
S1000 RR, 123
Böning, Alfred, 17, 27, 29-30, 58

Concept cars
3.0 CSL Hommage, 84-85
328 Hommage, 82
ACV30, concept, 180
CS, 79-80, 203
Gina, 80
M1 Hommage, 80-81
Mille Miglia, 78-79
Mini, concept cars, 183- 191
Pininfarina Gran Lusso, coupé, 83
Rover Spiritual, concept, 180
Turbo, 75-76, 88-89, 127
Vision ConnectedDrive, 81-82
Vision EfficientDynamics, 81, 211
Vision Future Luxury, 83
Vision Next 100, 231-236
X, coupé, 78, 170
Z07, 52, 76-77, 155
Z9, 77-78, 166-167
Z21, 76

Donath, Kurt, 50, 52

Fiedler, Fritz, 27, 29, 30, 31, 49
Friz, Max, 10-14, 17, 19-20

Groupe Rover, 6, 61, 116, 149, 151, 158, 163
Range Rover, 121, 154, 170-171,
Rover 61, 98, 116, 147-148, 149-152, 154, 152, 157-158, 160, 163-167, 170-171, 181, 207, 217
Rover Spiritual, concept, 182

Habib, Karim, 214, 216, 224
Hahnemann, Paul, 64, 66, 68-69, 71, 73,

87-88
Henne, Ernst, 14-15, 31, 38-39

Krüger, Harald, 226-227, 232, 234-235

Milberg, Joachim, 6, 161, 163, 165, 170,171,
moteurs
132, 20
801, 21-22
803, 21-22
Série BR700, 23
J79-GE-11A, 23
M20, 88, 92, 95, 135
M88, 130, 132-133,
M635 CSi, 94, 97, 115, 129-132
S70/2, 135

Neerpasch, Jochen, 101, 129

Panke, Helmut, 6, 170, 174, 178, 207

Pischetsrieder, Bernd, 6, 87, 117, 147-151, 157-158, 160-161, 163-164, 166, 197,
Popp, Franz Josef, 10, 12, 15, 17, 25, 28, 31, 46-47, 49

Quandt, Harald, 73, 109, 161, 163, 167
Quandt, Herbert, 41, 55, 63-64, 67, 73, 87, 109, 161, 163, 167

Rapp, Karl Friedrich, 9-10, 12, 15, 19
Reithofer, Norbert, 6, 178, 207-209, 211, 215, 217, 219-220, 224, 226, 229
Reitzle, Wolfgang, 147-148, 151, 161, 163-164, 170-171
Richter-Brohm, Heinrich, 54-55, 59
Robertson, Ian, 200 , 213, 215, 222
Rolls-Royce, 6, 21, 23, 147, 150, 158-159, 173-174, 176, 178, 197-203
100EX, prototype, 199-200
Dawn, 202-203
Ghost, 201
Phantom, 173-174, 176, 198-199
Phantom, coupé, 199-202
Phantom Drophead, coupé, 199-200, 202
Projet Cullinan, 203
Wraith, 202-203

Van Hooydonk, Adrian, 80, 85, 169, 172, 177, 240
Von Falkenhausen, Alex, 29-30, 39, 64, 66
Von Kuenheim, Eberhard, 6, 67, 73, 87-88, 91, 93-95, 97-98, 109-110, 112-113, 117, 147-148, 161, 163, 165

Wenders, Henrik, 230

Bibliographie et ressources

Ouvrages

Brady (Chris) et Lorenz (Andrew), *End of the Road: BMW and Rover, a Brand Too Far*, Financial Times Prentice Hall, Londres, 2001.

Buckley (Martin), *BMW Cars*, MBI Publishing Co., St. Paul, MN, États-Unis, 2001.

Carver (Mike), Seale (Nick) et Youngson (Anne), *British Leyland Motor Corporation 1986-2005: The Story from Inside*, The History Press, Stroud, Royaume-Uni, 2015.

Dymock (Eric), *BMW: A Celebration*, Pavilion Books Ltd., Londres, 1990.

Hutton (Ray), *Jewels in the Crown: How Tata of India Transformed Britain's Jaguar and Land Rover*, Elliot and Thomson, Londres, 2013.

Larimer (Fred), *BMW Buyer's Guide*, MBI Publishing Co., St. Paul, MN, 2002.

Lewin (Tony), *A-Z of 21st Century Cars*, Merrell Publishers, Londres, 2011.

Lewin (Tony), *The Complete Book of BMW: Every Model Since 1950*, MBI Publishing Co., St. Paul, MN, 2004.

Meredith (Laurence), *BMW 1975-2001 Model by Model*, Crowood Press, Marlborough, Royaume-Uni, 2002.

Mönnich (Horst), Bastow (Anthony) (trad.) et Henson (William) (trad.), *The BMW Story: A Company in Its Time*, Sidgwick & Jackson, Londres, 1991.

Nahum (Andrew), *Design Museum: Fifty Cars that Changed the World*, Conran Octopus, Londres, 2009.

Norbye (Jan P), *BMW: Bavaria's Driving Machines*. Publications International Ltd., Skokie, IL, 1984.

Werner (Oswald) et Kittler (Eberhard), *Alle BMW Automobile seit 1928*, 2e éd. Motorbuch Verlag, Stuttgart, Allemagne, 2002.

Schrader (Halwart), Wakefield (Ron) (trad.), *BMW: A History*, Osprey, Londres, 1979.

Schrader (Halwart), *BMW: Performance, Passion, Perfektion*, Motorbuch Verlag, Stuttgart, 2014.

Simons (Rainer), *BMW 328: From Roadster to Legend*, BMW Mobile Tradition, Munich, 1996.

Taylor (James), *Driving Machines: The BMW Story*, Unity Media, Westerham, Kent, Royaume-Uni, 2000.

Womack (James P.), Jones (Daniel T.) et Roos (Daniel), *The Machine that Changed the World*. Rawson Associates Macmillan, New York, 1990.

Zeichner (Walter), *BMW Coupes: A Tradition of Elegance*, BMW Mobile Tradition, Munich, 2003.

Périodiques et ressources en ligne

Autocar
Automotive News Europe
Car
Die Zeit
The *Economist*
Financial Times
Financial Times Automotive World
The *Guardian*
New York Times
Wall Street Journal Europe
Auto Motor und Sport

www.cardesignnews.com
www.bmwgroup.com
www.bmwgroup-classic.com
www.bmwmregistry.com
www.motorcycleclassics.com
www.motorcyclenews.com
www.motorgraphs.co

Remerciements

Entreprendre un livre d'une telle envergure aurait été impossible sans l'entière collaboration de l'entreprise concernée. J'adresse mes remerciements les plus sincères à Graham Biggs et Gavin Ward de BMW au Royaume-Uni, ainsi qu'à Emma Begley à Munich. Tout aussi essentielles sont les images d'archives aimablement transmises par Ruth Standfuss, du service d'archives de BMW à Munich. Je remercie également mon collègue Jesse Crosse pour son aide sur les moteurs d'avion et les modèles M, et Tom Purves pour avoir accepté de rédiger l'avant-propos. Je suis l'obligé de Zack Miller, de Quarto, pour sa fidélité au projet durant toutes ces années, et à la responsable de projet Madeleine Vasaly pour avoir assoupli les règles de Quarto afin de répondre à mes caprices linguistiques britanniques. Et enfin, un grand merci à ma famille, mes amis et mes confrères pour leur soutien et leur tolérance pour tout, des dîners tardifs aux séances de ciné ratées en passant par les délais stressants et les montagnes de documents toujours plus encombrantes.

Pages suivantes : les concepts de BMW et leurs sources d'inspiration. Rangée du fond, de gauche à droite : 328 Hommage (2011) et 328 (1936) ; Mini ACV30 (1997) et Mini Cooper S de rallye (1964) ; concept Mille Miglia (2006) et coupé 328 par Touring (1939) ; CSL Hommage (2015) et 3.0 CSL (1973). Rangée du milieu : R90S (1973) et concept R nineT (2013) ; M1 Hommage (2008) et M1 (1978) ; R5 Hommage (2016) et R5 (1935). Premier plan : 2002 Hommage (2016) et 2002 Turbo (1973).